자원봉사론

구재관 · 권향임 · 김근아 · 김남용 · 김현옥
박성석 · 박정숙 · 이민숙 · 이영실 · 조미숙

창지사

국립중앙도서관 출판시도서목록(CIP)

자원봉사론 / 지은이: 구재관, 권향임, 김근아,
김남용, 김현옥, 박성석, 박정숙, 이민숙, 이영실,
조미숙. ─ 서울 : 창지사, 2013
p. ; cm

ISBN 978-89-426-2246-7 93330 : ₩17000

자원 봉사[自願奉仕]

334.14-KDC5
361.37-DDC21 CIP2013005497

머리말

최근 우리나라에서 경제적, 사회적 발전에 따라 자원봉사에 대한 관심이 높아지고 있습니다. 이러한 관심은 자원봉사활동을 활성화하기 위한 다양한 노력으로 발전하고 있습니다.

자원봉사론은 사회복지학을 전공하는 사회복지학도가 이수해야 할 교과목이지만 사회복지 현장에서 자원봉사활동을 수행하는 자원봉사자나 이러한 활동을 수행할 수 있도록 도와주는 전문가들에게는 안내서나 지침서이기도 합니다.

이 교재는 사회복지를 전공하는 학생과 자원봉사에 관심이 많은 일반학생들에게 전공 또는 교양과목으로서 자원봉사에 관한 기초와 전문지식을 제공하는 교재로, 현장전문가들에게는 자원봉사활동과 관련이 있고 실제 도움을 줄 수 있는 내용으로 구성하였습니다.

이러한 목적으로 집필진은 자원봉사에 대한 소개, 외국 자원봉사와 우리나라 자원봉사의 역사와 현황을 자세히 비교하여 다루었고, 자원봉사자 및 자원봉사 관리자의 역할과 자세, 자원봉사 프로그램 기획과 직무개발, 자원봉사자 모집과 선발, 자원봉사자 훈련과 동기부여 등 자원봉사를 관리하고 교육하고 조장하는 전문적인 기술과 방법을 설명하였습니다.

자원봉사가 이루어지고 있는 현장에 관한 내용은 사회복지전공 학생이나 현장 전문가에게 자원봉사가 이루어지고 있는 현실과 실제현황을 파악하는 데 도움을 줄 것이라 기대합니다. 본서의 집필진들은 계속적으로 수정 보완하여 많은 독자들이 자원봉사의식을 고양하고 자원봉사론을 체계적으로 쉽게 이해하는 데 보탬이 될 수 있도록 노력할 것입니다. 아울러 책 발간에 도움을 주신 창지사 여러분께 감사드립니다.

한국임상사회사업학회장

이 윤 로

CHAPTER 01 자원봉사의 이해

CHAPTER 02 외국자원봉사의 역사

CHAPTER 03 우리나라 자원봉사의 역사

CHAPTER 04 우리나라 자원봉사의 현황

CHAPTER 05 자원봉사관리의 개요

CHAPTER 06 자원봉사 관리과정

CHAPTER 07 자원봉사센터

CHAPTER 08 시민단체(NGO)의 자원봉사

CHAPTER 09 자원봉사교육 및 봉사학습

CHAPTER 10 활동주제별 자원봉사

CHAPTER 11 활동분야별 자원봉사

CHAPTER 12 자원봉사활동의 과제와 전망

CHAPTER 01

자원봉사의 이해

1 21세기와 자원봉사

1) 사회발달로 인한 사회문제의 발생

탈산업사회로의 진전은 국가마다 새로운 사회현상을 만들어 낸다. 끊임없이 변화하는 사회 속에서 경쟁력을 갖지 못한 기업은 도태되고, 새로운 정보와 기술을 가진 기업이 새롭게 생겨난다. 따라서 노동자는 새로운 기술과 정보습득에 열중하게 된다.

반면, 탈산업사회는 산업사회에서처럼 고도 경제성장이 어렵고 일자리 창출이 쉽게 이루어지지 않는 특징을 갖는다. 그래서 청년실업이나 비정규직 노동자 집단이 발생하며, 여성의 노동시장 참여확대로 인해 새로운 사회적 위험이 등장하였다고 볼 수 있다. 인구의 고령화, 노동시장의 양극화, 공적복지제도 발전의 어려움 등의 사회적 배경은 저임금, 빈곤, 실업, 가족해체 등 사회적 일탈 현상이 늘어날 수 있는 요인을 제공하며, 국가와 사회는 이러한 문제를 해결하기 위해 노력하고 있다. 또한 시민사회와 NGO 등에서도 이러한 문제에 대해 자원봉사활동을 전개하고 있다. 이와 같은 여러 가지 요인에 의해 자원봉사의 필요성 및 그 기능이 현대사회에서 중시되고 있다(현외성, 2011).

사회가 발전하고 1인당 국민소득이 2만 달러로 점점 높아져 가면서 국가에서는 소득 불균형에 따른 빈부격차, 산업재해, 각종 공해, 가족기능의 약화 등의 사회 문제가 발생하게 되었다. 특히 노인, 아동, 장애인에 대한 보호의 필요성이 대두되면서 인간적인 만남, 정서적인 교류, 외출·식사·목욕서비스 등 물질적인 서비스뿐만 아니라 사람에 의해서만 해결이 가능한 대인적 서비스에 대한 욕구가 증대되었다. 이러한 사회문제를 해결해 나가는 데 정부와 공공기관의 힘만으로는 어려운 것이 현실이다. 문제 해결의 방안으로 선진국의 경우 많은 자원봉사자들과 시민단체들이 자발적으로 참여하고 있다.

오늘날 사회는 극심한 구직난과 교통난, 열악한 주거, 교육, 작업환경, 심각한 범죄율과 부정부패, 자살, 노인·장애인·청소년 등과 관련된 심각한 사회문제가 등장하고 이에 따른 소외감, 주체성의 상실감에 따른 삶에 대한 불안이 높아져 그것이 자신의 문제가 될 수 있다는 문제의식이 고양되고 있다.

그리고 그에 따른 높은 불만과 불신 등은 인간성 상실에 대한 총체적 위협으로 다가오고 있다. 이러한 문제를 해결하기 위해서는 민간과 기업 및 정부가 공통된 목표를 가지고 동반자 관계를 이루어야 하며, 이를 위해 자발적인 자원봉사활동이 더욱 필요하다 하겠다.

2) 사회복지기관·시설의 인력과 재정의 부족

지역사회에서 생활하며 소외된 사람들의 문제를 해결하기 위하여 설립된 사회복지기관·시설, 사회단체는 그 인력과 재정이 매우 부족한 실정이다. 그나마 인가된 사회복지시설은 최소한의 인건비와 시설운영비가 정부 보조금으로 지원되지만, 미신고 시설이나 사회단체들은 정부 보조금의 지원을 전혀 받지 못하고 있다. 그러므로 대부분의 복지기관·시설·단체에는 부족한 인력과 재정을 운영해 나가기 위해 많은 자원봉사자나 후원자들의 손길이 절대적으로 필요하다.

지역사회에는 도움을 필요로 하는 사람들, 특히 아동, 노약자, 병든 자, 장애인 등이 있다. 그러나 이들을 돕는 정부의 획일화된 서비스는 만족할 만한 지원이 되지 못하고 있다. 그 부족한 부분을 민간의 자원봉사활동이 창의적, 체계적으로 서비스를 제공해 주고 있지만, 이것을 진행해 나가는 데는 어려움을 겪고 있다.

산업혁명 이후 엄청난 사회 문제의 발생으로 인해 자선기관 또는 사회단체들이 태어나는 동기가 되었다. 이러한 기관과 단체들은 국가가 해결하지 못하는 곳에 자원봉사를 활용하여 문제해결을 이루어 나갔다. 사회에는 도움을 필요로 하는 틈새가 있으며 그것이 메워져야 사회가 안정된다. 이 틈새를 메우는 작업이 바로 자원봉사활동이다. 최근에 와서 자원봉사는 사회문제 해결뿐만 아니라 가정의 건강을 위해서 필요하다는 의식이 높아져 가족단위 자원봉사로 점차 확산되고 있다(이강현, 2000).

산업사회 이후 꾸준히 발전하고 있는 민간단체는 목적사업 수행을 돕고 지원함으로써 지역사회 문제의 발견, 해결 및 개선을 촉진하고 있으나 재정부족으로 어려움을 겪고 있다. 민간단체 직원의 60%가 무급직원인 미국에서는 정부의 기능에 일조하며, 사회와 인간 개혁을 목표로 하는 민간단체들은 거의 대부분 자원봉사자들의 활동에 의존하고 있다.

이 기관과 단체들은 자원봉사자의 다양한 재능과 열성에 힘입어 목적활동을 하고 프로그램의 다양화를 꾀하고 있다. 그리고 자원봉사자와 전문가가 한팀이 되어 일함으로써 대인서비스 요구를 보다 광범위하게 충족시키고 있다. 그러므로 우리나라도 많은 자원봉사 참여를 통해 양질의 프로그램 개발과 실천을 도모하여 보다 많은 지역사회 주민에게 혜택을 줄 수 있어야 하겠다(이강현, 2000).

3) 다문화사회의 자원봉사

세계화를 통해 우리나라 자원봉사 역시 국내의 자원봉사를 넘어 국제적으로 다른 나라의 어려움을 해소하기 위해 활동할 수 있는 기회와 여건이 확대되고 있다. 특히 UN에서는 2001년 '세계 자원봉사의 해'로 선언하였고, 국제사회는 어려운 국가들에 대한 자원봉사활동과 더불어 지구촌의 문제들을 함께 해결하기로 하였다.

우리 사회도 세계화의 흐름에 따라 급속하게 다문화사회로 변해가고 있다. 2011년 1월 우리나라 인구의 2.5%가 넘는 126만 5천 명의 다문화가족이 거주하고 있는 것으로 나타났다. 여기서 다문화가족이란 외국인노동자, 결혼이주여성, 유학생, 탈북자 등을 말한다(현외성, 2011).

다문화사회란 우리 사회에 소수민족이 증가하고, 다문화가족의 자녀가 증가함에 따라 그에서 비롯되는 사회문제를 예방하기 위해 법과 제도를 제정하고 다문화 관련 서비스가 증가하는 사회를 말한다. 우리나라도 급격한 다문화가족의 증가로 인권, 언어, 가정해체, 아동보육 등의 문제들이 발생하고 있다. 이런 문제들을 해결하기 위해 정부는 여러 가지 다문화 관련법을 제정하고 이들의 문제해결에 노력을 기울이고 있다. 또한 이러한 법의 지원을 받으며 다문화가족지원센터, 외국인노동센터, 탈북자관련청소년센터, 수많은 다문화 관련 NGO들이 정부나 민간의 지원을 받으며 활동하고 있다(김범수 외, 2012). 그러나 다문화가족이 증가하면서 그때마다 발생하는 문제를 파악하고 해결하기에 정부의 노력만으로는 미흡한 부분이 많다. 그러므로 지역사회 안에서 함께 생활하면서 빠르게 문제를 파악하고, 해결방안을 모색하여 나가는 것이 중요하다.

그리하여 여러 가지 발생하는 문제들을 해결해 가면서 다문화가족들이 우리 사회에 적응하며 살아갈 수 있도록 다양한 자원봉사활동의 참여가 더욱더 필요한 시점이다.

4) 새로운 복지관의 대두

지역복지, 장애인복지에서 통합화·정상화의 인식이 대두되면서 기본적인 인권문제를 일상적인 생활상의 가치나 인식의 문제로 받아들이게 되었다.

그래서 가정이나 시설에서 분리하여 생활하던 장애인들이 일반인과 함께 통합교육을 실시하게 됨으로써 이들의 생활에 도움을 주기 위한 자원봉사활동도 필요하게 되었다.

5) 교육과의 관련성

자원봉사활동을 통해서 인간의 존엄성을 배우고, 자기 발견, 사회복지에 대한 이해, 지역사회에 대한 이해를 고양할 수 있으며, 대인관계의 폭을 넓히고 기술과 기능을 배울 수 있고, 일반시민으로 주체적 역량을 형성할 수 있다. 따라서 민주시민으로 성장하기 위해서 필요한 체험교육, 사회교육, 민주주의 교육, 복지교육 등을 내재화하는 방안으로 자원봉사활동이 유용하게 활용되고 있다(류기형 외, 2010).

6) 급격한 고령사회 대두

20세기 중반 이후, 세계는 '고령화 쇼크'를 경험하고 있다. 이제 인류는 평균수명의 연장과 함께 고령인구의 증가에 따라 정치적·경제적·사회적으로 중대한 변화를 맞이하고 있다. UN에서는 1956년 이래 정기적으로 인구변동과 파급효과 및 추이를 조사, 연구해 오고 있다. 특히 고령인구의 변동, 규모, 특성 등을 국가별, 지역별로 연구해 오고 있는데 2007년에 UN 연구보고서에서 고령인구는 전 세계의 그 어떤 역사에서도 찾아볼 수 없을 정도로 유례없이 증가하고 있다고 발표하였다. 또한 고령인구의 증가와 함께 15세 이하의 아동인구가 줄어들고 있으며, 동시에 15세 이상 59세 이하의 노동활동 인구 역시 급격하게 감소하고 있다. 그 결과로 사회 전체의 기반을 흔드는 파급효과를 가져오고 있다.

또한 고령인구 증가는 지속적이라고 보고하고 있다. 1950년대 이래 고령인구 비율은 점차 증가해 왔으며, 증가율은 1950년 8%에서 2007년에는 11%, 2050년에는 22%에 이를 전망이다.

이러한 배경에서 UN을 비롯한 세계 각국은 고령화에 대한 여러 가지 대응책을 강구하고 있는데, 그중에서 노인의 사회적 참여와 역할이 중시되고 있고, 그 중 하나가 자원봉사활동이다.

7) 여성시대

21세기를 흔히 감성(Feeling), 가상(Fiction), 여성(Female)의 3F 시대라고 표현하며 특히 섬세함, 유연함, 창의성 및 조화와 균형이 무엇보다도 필요하게 되었다. 육체노동과 힘으로 유지되던 남성 위주의 20세기 산업사회와는 달리 정보기술 및 감성 마케팅이 중요해지는 21세기는 여성의 역할이 절대적이며, 그에 따라 여성의 사회적 영향력이 증대하고 있다.

여성의 권리 신장, 여성교육의 일반화, 그리고 탈산업사회, 정보·지식사회의 도래에 따라 감수성과 순발력, 세밀함이 요구되는 사회에서 그에 따른 직종이 늘어나자 여성의 사회진출이 증가하고 있다(주성수, 2000).

이에 따라 전통적으로 가정에서 여성의 기능으로 여겨왔던 육아, 노인부양, 질병들의 간호 등은 이를 대신하는 사회적 장치들에 넘겨지고 있다.

2 사회복지와 자원봉사

자원봉사활동은 민간 사회복지의 발달과 함께 민간 사회복지를 이루는 중요한 부분으로 자리 잡아 왔다. 사회에 자원봉사활동이 전개된 것은 오래전부터 사회복지에서 다양한 사회문제를 해결하기 위한 방안으로 자원봉사자의 필요성을 인식하고 그에 대한 문제를 제거해 왔기 때문이다.

따라서 최근에는 환경, 국제대회, 선거 등과 같이 여러 분야에서 자원봉사자가 활용되고 있다. 자원봉사가 사회복지 분야뿐만 아니라 타 분야에도 확산되어 사용되고 있는 것은 매우 바람직한 현상이라고 하겠다.

선진국일수록 책임 있는 지위에 있는 사람들은 자원봉사활동에 참여하는 것을 하나의 의무로 생각하고 있다. 노블레스 오블리주(noblesse oblige), 즉 높은 신분에 따른 도덕적인 의무로 번역되고 있는 이 말은 이웃과 더불어 살아가고자 하는 건강한 삶의 행동 자세를 말한다(김범수 외, 2012).

복지국가 이전에는 민간이 사회복지 기능을 담당하고 국가는 최소한의 개입만을 행했으나 복지국가 이후부터는 복지를 추구하기 위한 국가의 책임과 개입이 강조되면서 국가가 경제적·시설 보장 등의 다양한 복지시책과 복지종사자들의 배치 등을 통해 주도적으로 개입하였다. 그러나 인구의 고령화, 장애인의 증가, 각종 대인서비스 증가 등의 복잡 다양한 문제들을 정부의 노력만으로 해결하는 데는 어려움이 많게 되었다. 뿐만 아니라 행정서비스는 능률성과 경제성에 초점을 두고 규격화, 전문화되어 획일적인 서비스를 제공하게 함에 따라 사람들의 다양한 개별적인 욕구에 대응하기가 어려웠다. 이렇게 정부의 행정서비스에 한계가 나타나자 정부에서는 민간인들의 자발적인 활동인 자원봉사활동에 눈을 돌리지 않을 수 없었다.

이러한 민간 사회복지는 공적 사회복지에 비해 실험적·개척적이며 복지욕구에 민첩하게 대응하고 클라이언트의 개별적 욕구에 대응하는 유연성을 가지고 있으며, 스스로 문제를 제거하기 어려운 아동·노인 및 장애인 등의 옹호자로서의 기능을 담당하게 되는데 이런 기능 수행에 자원봉사자가 크게 이바지하고 있다.

또한 공적 사회복지의 한계를 보완·보충하기 위해서 자원봉사활동이 필요한 때이다. 현대의 다양한 욕구는 정부의 힘만으로 해결하기 어렵다. 이러한 복지적 과제 해결을 위해서는 제도적 접근과 주민의 참여를 필요로 한다. 즉, 공적 사회복지가 가지고 있는 획일성, 경직성 등의 문제를 자원봉사활동이 갖는 창조성, 개별성으로 보완함으로써 사회복지서비스의 질을 높일 수 있다고 하겠다(류기형 외, 2010).

무엇보다도 중요한 것은 공적 사회복지에서 자원봉사활동의 도입은 정부의 재정지출을 축소하면서도 서비스의 질을 높일 수 있다는 점이다. 1980년대 이후 시민들의 다양한 복지요구 증가와 지출 비용의 증가로 정부 재정으로 서비스를 제공하기에는 한계가 되었다. 이런 대안으로 공공서비스 전달에 자원봉사를 활용하기 시작하였다. 서비스 전달에의 시민참여는 재정적인 압박을 받고 있는 정부에게 유급직원에 대한 의존도를 줄이면서도 공적 사회복지를 보완한다는 이점이 되었던 것이다. 특히 공적 사회복지는 지역사회와의 연결고리로서 자원봉사가 필요하다. 이러한 연결고리가 있음으로 해서 사회복지는 지역사회의 복지수요 변화를 빠르게 알 수 있고, 민감하게 대응할 수 있으며, 사회복지제도에 대한 지역의 여론을 수렴할 수 있는 연결고리를 가지게 된다.

자원봉사활동은 복지사회를 향한 시민참여의 한 형태로서, 활동의 과정을 통하여 공동체 의식을 높이고 각계각층의 폭넓은 참여를 통한 사회적 통합을 높일 수 있다. 더욱이 민주화와 복지사회라는 목적을 실현하기 위해서는 무엇보다도 자발적이고 능동적인 시민참여가 선행되어야 하는데 전문적이고 조직적인 자원봉사활동은 민주시민으로서의 연대의식과 책임의식을 참여 시민에게 심어 주는 것이다. 그리하여 통합화, 정상화, 사회화 및 공동참여를 통한 공동의 복지증진을 이루는 것이다(남기철, 2007).

3 자원봉사의 정의

'자원봉사'라는 용어는 1930년 세계사회사업가대회에서 처음으로 사용되었으며, 그 대상과 영역 및 목적 등에 따라 약간의 차이를 가지고 있으나, 현재의 자원봉사자, 자원봉사활동의 의미로 사용되고 있다. 자원봉사의 어원은 자발적 의지와 욕망을 나타내는 라틴어의 자유의지(voluntas)에서 기원한 것으로 프랑스어로는 '기쁨의 정신', 영어의 명사로는 '지원자'란 의미를 가지고 있으며, 일본에서는 '자발적 의지에 바탕을 두고 타인이나 사회를 위해 공헌하는 행위'를 가리키고 있다(이병순 외, 2010). 즉, 자원봉사란 자유의지를 바탕으로 사회봉사에 응하는 것을 뜻한다.

또 자원봉사를 전통적 정의인 상호부조와 연계하여 보는 입장도 있다. 이러한 상호부조는 오늘날 자원봉사활동의 출발에 큰 근거가 되고 또한 삶이 여유로워짐에 따라 그러한 상호부조의 협력관계는 서로 돕는 것에만 국한되지 않고 여가시간을 함께 보내거나 사회변화를 위한 자원봉사활동을 하는 것으로 점차 변화되어 가게 되었다.

트랙커(H. B. Trecker)는 자원봉사자란 "지역사회의 복지증진을 위해 노력하는 사회기관단체에서 무보수로 자발적인 노력을 하는 사람"이라고 하였다.

한국사회복지협의회는 자원봉사활동을 "사회문제의 예방 및 해결이나 국가의 공익사업을 수행하고 있는 공사조직에 자발적으로 참여하여, 반대급부를 받지 않고 인간존중의 정신과 민주주의 원칙에 입각해서 필요한 서비스를 제공하여 이타심의 실현과 자기실현을 성취하고자 하는 활동"으로 보고 있다.

이와 같이 자원봉사자란 지역사회의 사회문제 및 해결에 참여하기 위해 일정기간 동안 자원봉사교육을 이수하고 4개월 또는 6개월 동안 정기적으로 자원봉사활동에 참여한 자라고 말할 수 있다(김범수 외, 2012).

이는 '도움의 활동'을 통하여 자신은 물론 사람과 사회를 변화시키는 '변화의 활동'이라고 할 수 있다. 따라서 자원봉사자란 '자유의지를 가지고 자기 스스로 강요받지 않는 상태에서 다른 사람이나 사회를 위해 헌신하는 사람'을 의미한다.

자원봉사활동은 인간의 관계 속에 공동의 행복을 지향하는 데 필수불가결한 요건으로 민주주의 철학을 기본으로 하여 개인, 집단, 지역사회의 문제를 해결하고 예방하기 위한 노력이며 그에 상응하는 대가를 바라지 않고 자발적으로 협력 또는 직접 참여하는 복지활동이다(윤혜승, 1995).

〈표 1-1〉 **자원봉사의 정의**

학자(단체)	정의
스미스 외 (Smith et al.)	직접적인 보상에 대한 기대, 법·관습·물리적인 힘의 강제, 신체적인 강압 등에 의해서라기보다는 다른 이유, 즉 동기 등에 의해 수행되는 인간적인 행동
다빌과 먼데이 (Darvill & Munday)	자신의 친족이 아닌 사람들을 위하여 무보수로 자발적인 서비스를 제공하는 것으로서, 비공식적으로 이웃과의 만남을 통해서가 아니라 특정한 공식조직을 통해 행하는 서비스
미국의 사회사업백과사전	욕구가 인식되었을 때 어떤 구체적인 이득을 생각하지 않고 사회적 책임이라는 태도로 행동을 선택한 것이며, 이것은 자선이나 대가를 기대하거나 어쩔 수 없이 행하는 것을 초월하는 의미
한국사회복지협의회	공공복지를 행한 가치이념인 동시에 민주적 방법에 의한 자주적·협동적 실천노력으로 개인, 집단, 지역사회에서 발생하는 제반 사회문제를 예방·해결하고 사회적 환경을 개선하기 위하여 자신이 갖고 있는 돈, 지식, 시간, 노력 및 기술 등의 자원을 공사의 조직체를 통하여 무보수로 제공하는 활동
한국자원봉사단체협의회	한 개인이 가지는 자원이나 능력을 활용하여 자발적으로 사회와 공동체, 환경 혹은 다른 사람을 위하여 반대급부를 요구하지 않으면서 계획적이고 지속적으로 수행하는 활동으로, 체계적인 노력을 통해 사회적으로 발생한 문제를 개선하고 변화시키는 것
볼런티어 21	단체를 통하여 자발적으로 보수를 받거나 기대하지 않고 다른 사람이나 지역사회를 돕는 것과 같은 공익활동
트렉커(Trecker)	사회문제의 예방 및 해결 또는 국가의 공익사업을 수행하고 있는 공사의 공식조직에 자발적으로 참여하여 영리적 반대급부를 받지 않고서도 인간존중의 정신과 민주주의 원칙에 입각하여 낯선 타인들을 상대로 필요한 서비스를 제공함으로써 사회의 공동선을 고양시킴과 동시에 이타심의 구현을 통해 자기실현을 성취하고자 하는 활동
영국의 자원봉사센터	자신이나 가족이 아닌 다른 사람을 위해 직접적인 보상 없이, 그리고 국가나 기관에 의해 요구되는 것이 아닌, 자유스런 선택에 의해 수행되는 활동
우리나라 자원봉사활동 기본법(2005)	자원봉사활동이란 개인 또는 단체가 지역사회·국가 및 인류사회를 위하여 대가 없이 자발적으로 시간과 노력을 제공하는 행위

4 자원봉사의 의의

자원봉사는 현대에 이르러 사회에 대한 개인의 책임성 개념이 증대되면서 사회발전과 사회구성원의 조화로운 복지적 삶에 대한 적극적이고 발전적인 활동으로 인식되고 있다. 특별히 여가를 보람 있게 보내고자 하는 사회 구성원들의 욕구가 증가하고 있으며, 이들을 위한 더욱 체계적이고 보편화된 자원봉사활동 관리시스템이 요구되고 있다(최덕경 외, 2012).

이와 같은 사회적 상황을 중심으로 자원봉사활동의 의의를 몇 가지 살펴보면, 먼저 개인적인 면에서는 여가를 보람되고 가치 있는 일로 보냄으로써 자아존중감이 높아지고 사회적 인정과 보상을 통하여 건전한 삶을 유지하게 된다. 또한 인간관계와 의사소통의 훈련을 통하여 사회성이 향상되고, 자신의 잠재력을 발견할 수 있으며 일에 대한 성취감을 통해 자신감·긍정적인 자아상을 확립하고, 인간의 존엄성과 사회적 연대감, 공동체 의식도 키우게 된다. 뿐만 아니라 자원봉사활동을 통해 자신의 행동에 책임을 지고 집단의 이익을 위해 자신을 양보하고 집단 성원들과 의견을 나누는 과정에서 문제해결 능력을 고양하게 된다(오세영, 2011).

가정적인 면에서는 가족 이기주의, 가족의 해체, 공동체 의식의 저하 등의 가정적 문제가 급증하는 현시점에서 자원봉사는 이에 대한 하나의 대책 마련으로 제시될 수 있다. 가족 구성원 전체가 지역사회의 어려운 이웃을 돌보기 위한 자원봉사에 함께 참여함으로서 우리 사회가 맞고 있는 가정의 위기에 대한 우려를 불식시킬 수 있고, 가정의 건강성은 물론 사회의 건강성을 증진시켜 가족 간의 유대감이 더욱 강해질 수 있기 때문이다.

교육적인 면에서는 자원봉사활동을 통하여 사회 구성원, 특별히 아동과 청소년들에게 민주시민으로서의 사회에 대한 책임성과 애국심을 가르침으로써 건전하고 성숙한 가치관을 가진 시민으로 성장하게 한다. 자원봉사를 통하여 자신의 존재에 대한 명확한 목적의식을 갖게 하고 더불어 사는 사회에 대한 책임과 의무를 감당함으로서 개인적 성숙과 사회발전을 함께 이룰 수 있다(권중돈 외, 2008).

사회복지적인 면에서는 사회복지실천에 있어서의 부족한 인적·물적 자원을 보완하고 보충하는 동반자적 역할을 통하여 지역사회 발전에 이바지함으로서 우리 사회 전체의 조화로운 발전과 복지수준 향상을 도모한다. 자원봉사활동은 사회복지제도의 재정과 인력부족에 따른 복지제도의 불안전성을 보완·강화하며 지원이 부족한 공적·민간복지기관의 인력을 보충해 준다. 이를 통하여 사회복지실천의 효과성을 극대화시키는 역할을 담당한다고 할 수 있다. 자원봉사를 잘 활용하게 되면 업무의 질적 향상을 도모할 수 있고, 새로운 서비스를 확대시킬 수 있으며, 유급직원을 보완할 수 있다.

사회적인 면에서는 국가에서 시행하는 다양한 정책과 제도적이고 법률적인 문제에 참여함으로서 개선과 개혁에 이바지하고, 사회의 부조리한 부분에 대한 여론을 효과적으로 조성하고 환기시킬 수 있으며, 정치가나 정책권자들의 정책 수립 방향에 영향을 미치는 등의 정책분야에서 감시자로서 활동을 할 수 있다.

5 자원봉사의 필요성

1) 개인적 차원

첫째, 긍정적 자아가 형성되는 계기가 된다. 특히 은퇴 및 실직상태에 있는 사람에게 자원봉사는 존재감을 높여주고 스스로가 인생에 도전해 나갈 수 있도록 도전 정신을 함양할 수 있는 기회가 된다.

둘째, 삶의 의미를 발견하고 성찰할 수 있는 기회가 된다. 자신과 전혀 다른 삶을 사는 사람을 만나고 관계를 갖게 됨으로써 자기반성과 성찰 그리고 인성교육의 기회가 되며, 의식 전환의 기회가 될 수 있다.

셋째, 사회적 존재로서의 개인을 자각하는 기회가 된다. 평소 모르던 타인을 돕는 과정에서, 자신과 가족 및 사회를 생각할 수 있는 이타적사고의 틀을 가지게 된다.

넷째, 개인의 소외감과 고독감을 해소하는 계기가 된다. 자신의 인간관계에서 벗어나 새로운 사람을 만남으로써 고립된 자신의 세계 속에서 벗어날 수 있는 계기를 만들 수 있다.

다섯째, 자원봉사를 통해 자신의 능력을 계발하고 경험을 쌓을 수 있는 기회가 될 수 있다. 다양한 봉사교육 등을 통하여 높은 수준의 훈련과 교육이 확대되고 있어 이러한 곳에 참여함으로써 현재의 모습보다 더 발전적인 자신을 만들어 갈 수 있으며 전문 경험을 쌓는 기회를 얻을 수 있다(임은희 외, 2010).

자원봉사활동 그 자체가 지니고 있는 교육성으로 인간의 존엄성을 배우고 자기발견, 사회복지나 지방자치에 대한 이해를 고양할 수 있으며 일반 시민으로서의 주체적 역량을 형성할 수 있는 것이다. 그런 의미에서 학교교육이나 사회교육면에서도 자원봉사활동에 대해서 경험교육, 사회교육, 민주주의 교육, 복지교육 등의 인간형성의 역할기대가 높아졌다.

2) 사회적 차원

첫째, 지역공동체를 강화하여 상부상조의 분위기가 조성된다. 현대사회는 엄청난 속도로 발전이 되면서 여러 가지 사회문제가 점점 증가하고 있으며, 공동체 의식이 매우 약화되었다. 지역주민이 자원봉사활동을 통해 이익을 떠나 서로 만나고 돕는다면 지역주민은 공동체 의식을 갖게 되고 서로에 대한 연대의식이 강화될 것이다(임은희 외, 2010). 1960년대 이후 급격한 경제발달에 따른 지역간, 산업 간의 인구이동은 지역주민의 생활양식과 생활의식의 변혁을 일으켜 사회환경을 악화시키게 되었고, 특히 핵가족화의 경향으로 말미암은 가정의 생활보장기능 축소는 민간영역서비스를 필요로 한다. 가족 내의 노인·아동·장애인 등에 대한 케어 및 보육능력의 감소 등 가족기능의 약화로 인해 발생하고 있는 욕구가 증대되었다. 또한 복지욕구의 증가를 배경으로 시설 증대, 복지전문직의 배치, 연금급여 등 이른바 공적·제도적 서비스가 증대되고 있지만, 이러한 대응만으로는 한계가 있기 때문에 공적서비스를 보완하거나 새로운 서비스를 창출하는 데 민간인들의 참여가 절실히 요구된다.

둘째, 사회적 갈등을 줄일 수 있는 계기가 된다. 양극화 현상의 심화로 보이지 않는 계급화가 이루어져 갈등의 심화를 초래하고 그것이 누적되어 커다란 사회문제로 야기될 수 있다. 자원봉사는 이러한 갈등을 풀 수 있는 기회를 제공한다.

셋째, 부족한 사회복지 예산과 인력에 큰 보탬이 되어 예산과 인력을 안정적으로 보충할 수 있는 수단이 된다.

3) 사회기관적 차원

첫째, 세계화, 사회발달, 다문화, 새로운 사회문제 등장, 다양한 복지욕구의 증가로 공적 또는 사적 조직에서의 사회복지활동에 대한 활성화 요구가 증가되고 있다. 특히 국가책임의 사회복지에 대한 국민의 기대감이 상승되고 사회복지욕구 대상자가 확대됨에 따라 수요자가 기대하는 요구를 모두 충족시켜 줄 수 없으므로, 자원봉사활동은 이러한 복지제도의 불완전성을 보완·강화해 주는 역할을 한다.

둘째, 핵가족화의 경향은 가정의 생활보장 기능을 축소시키고 있다. 따라서 핵가족화의 악영향을 극복하기 위한 대안으로 지역사회 공동체의 필요성이 강조되고 있다. 그러므로 국민의 자발적 참여에 의한 자원봉사는 공동체 의식의 유지를 위하여 필요하다(구승신 외, 2012).

셋째, 현대기술의 발달과 의료기술의 발달로 수명이 연장되어 정년 이후의 생활이 길어지게 되어 여가시간이 풍족하게 되었다. 자원봉사활동은 모든 계층에서 적용될 수 있는 보람 있는 여가활동이 될 수 있다. 자원봉사활동을 통하여 개인의 발전뿐만 아니라 자아존중감을 높이고 사회의 일원으로 일하여 성취감을 높일 수 있다.

넷째, 사회복지 전문화의 측면에서도 그 필요성을 볼 수 있다. 전문가와 자원봉사자의 관계는 지도상의 책임과 역할을 달리하고 있으나, 상호 의존성과 보완성을 갖는 것이므로 보다 복잡한 사회복지의 문제를 해결하는 데 있어서 현재의 부족한 전문사회복지사의 실정에 자원봉사활동은 일반적인 사회복지과정을 처리하는 데 크게 이바지할 수 있다.

다섯째, 자원봉사는 점차 거대화, 관료화되어 가는 정부 혹은 거대한 민간기업 세력의 위험을 보완, 견제할 수 있는 제3의 세력으로 간주할 수 있다.

여섯째, 새로운 복지관의 대두를 들 수 있다. 장애인운동을 토대로 제기되고 있는 복지사상과 교육사상의 통합화가 그것이다. 통합화는 장애인을 비장애인과 분리하거나 지역사회로부터 격리시키지 않고 지역사회 내에서 다양한 사람들과 같이 배우고 일하면서 함께 생활할 수 있도록 하자는 것이다. 이러한 새로운 복지관이 대두되면서 기본적인 인권문제를 일상적인 생활상의 가치나 의식의 문제로서 받아들여졌고, 이것은 당사자뿐만 아니라 복지운동의 대변자, 협력자로서의 자원봉사의 존재 의의를 갖게 되었다(오세영, 2011).

6 자원봉사활동의 특성

자원봉사활동의 특성에 대해서는 학자들에 따라 다소 시각적 차이가 있다. 그러나 그러한 다양함과 가치적 개념 속에서도 자원봉사활동이 지니는 공통 특성을 도출해 봄으로써 자원봉사활동의 정신이나 본질을 더욱 명확히 확인할 수 있을 것이다(박태영, 2011).

1) 자원봉사활동의 특성

(1) 자발성

자발성은 자신의 판단 아래 스스로 실천에 옮기는 것을 말한다. 따라서 다른 집단, 개인, 조직에 의한 강요를 받거나 타인의 명령이나 구속에 의하여 마지못해 행동하는 것이 아니라 자신이 결정하여 자기 의지에 따라 행동하는 것이다. 즉, 어떤 강요나 억압, 명령에 따라서 하는 것이 아닌 자신의 이성에 따라 목적의식과 책임의식을 가지고 수행하는 활동이다. 또한 자발성은 자원봉사 스스로 활동을 그만둘 수 있다는 의미도 포함하고 있다. 이것은 자원봉사의 특성임과 동시에 한계이다. 자원봉사활동을 활성화하기 위해서 우선적으로 고려되어야 할 점은 자원봉사자의 자발적 동기를 어떻게 조직화해서 봉사활동으로 연결해 나갈 것인가 하는 것이다.

(2) 복지성(공익성)

복지성 또는 공익성은 특정한 개인이나 직장 또는 단체의 이익, 종교와 정당의 입장을 초월해서 어려운 이웃과 지역사회 내에 산재해 있는 사회문제를 해결하기 위하여 공익성에 바탕을 두고 활동하는 것을 말한다. 즉, 개인의 사적 이익이나 소속된 단체의 이익을 위한 활동이 아니라, 사회 전반적 필요를 위한 활동을 의미한다. 또한 정상적인 사회생활에 적응하지 못하는 사람들을 도와줌으로써 사회문제의 발생을 예방하여 사회적 비용을 줄이는 데 협력하는 활동을 말한다.

(3) 무급성

자원봉사활동은 금전적인 보수를 목적으로 하는 활동이 아니다. 무급성이란 자원봉사활동을 하면서 일어나는 여러 가지 소요 경비를 자원봉사활동에 참여하는 자원봉사자가 스스로 부담하는 것을 말한다. 그러나 불가피하게 자원봉사자에게 대가를 주어야 하는 경우도 생긴다. 이처럼 교통비나 식사비와 같은 최소한의 실비 지원은 오히려 자원봉사활동을 촉진시키는 매개체가 된다고 보는 것이다. 즉, 무급을 원칙으로 하되 다양한 계층의 사람들이 참여할 수 있도록 여러 가지 지원방법이 모색되어야 한다. 그러므로 경비를 지급한다 해도 봉사의 대가로 지불하는 것이 아니라 자원봉사활동에 소요되는 비용을 기관측에서 제공한다는 의미로 보아 무급성의 원칙을 훼손하지 않는 것으로 해석하는 경향이다(이병순, 2010).

(4) 지속성

자원봉사활동은 일회성이나 충동적 활동으로 끝나서는 안 된다. 자원봉사는 단순히 도움을 주는 활동이 아니라 도움을 통하여 변화를 기대하는 활동이다. 그리고 혼자서 할 수 있는 개인활동이 아니라 대상자, 자원봉사자, 조정자, 관리자 등 여러 사람들이 함께 수행해야 하는 체계적 활동이다.

자원봉사활동에 한 번 참여한 사람을 6개월 동안만이라도 계속해서 자원봉사활동에 참여시키는 것이 좋으며, 이를 위해서 고도의 자원봉사 관리기술이 필요하다. 또한 자원봉사활동에 한 번 참여하면 일정 기간 계속해야 한다는 것을 사람들에게 인식시킬 필요가 있다.

(5) 이타성

자원봉사활동은 자신의 이익이나 목적을 위한 것이라기보다는 타인을 존중하고 이웃과 더불어 살아간다는 이타주의적 정신에서 비롯되며 이러한 이타성은 자원봉사활동의 가장 중요한 특성 중의 하나로 여겨져 왔다.

그러나 이를 행동으로 옮기는 것은 쉽지 않다. 타인의 어려움에 동참하는 사회적 분위기를 조성하고 상부상조하는 정신을 강조하는 자원봉사 문화를 정착시키는 것이야말로 매우 중요한 일이라 하겠다.

(6) 자아실현성

자원봉사활동에 참여하면서 자원봉사자가 얻을 수 있는 가장 큰 보람은 자기만족이라고 할 수 있다. 어려운 이웃을 도우려는 동기에는 자원봉사활동에 참여하면서 심리적 성취감, 개인적·전문적 성장의 기회, 새로운 기술 또는 경험의 습득 등과 같은 심리적 보상도 포함된다. 특히 자신에 대한 가능성과 잠재능력을 발견하고 만족감, 성취감을 갖게 될 뿐 아니라 새로운 사람들과의 관계 형성을 통해 자신을 사회적 존재로 자각하게 된다. 이러한 자아실현성은 자원봉사자와 대상자와의 관계가 일방적이고 수직적인 관계가 아닌 상호보완적, 대등한 관계임을 자각하게 한다(남기철, 2007).

(7) 학습성

자원봉사활동을 통하여 대인관계가 넓어지고 자신이 가진 지식을 활용할 수 있는 기회를 얻어 더 많은 성취감과 보람을 느낄 수 있다. 활동을 통하여 많은 것을 배우고 학습할 수 있다. 또한 자원봉사활동을 통해 자신이 몰랐던 사람들의 생활이나 지역사회의 문제 등 새로운 사실을 알게 될 뿐 아니라 대인관계 기술, 새로운 정보, 기술 등을 습득하게 된다. 따라서 자원봉사활동은 참가를 통하여 다양한 체험학습의 효과를 얻을 수 있기 때문에 타인에게 얼마나 도움이 되었는지도 중요하지만 봉사활동을 준비하고 실천하는 과정에서 자원봉사자 자신도 많은 것들을 배우고 느끼게 되는 교육적 효과도 중요하다.

(8) 협동성

자원봉사활동은 혼자서 할 수 있는 개인 활동이 아니라, 자원봉사자와 봉사

대상자 그리고 조정자 등 여러 사람이 함께 수행하는 체계적인 활동이다. 지역사회 속에서 다양한 정보와 계획·자금·관리·직원·감독 등과 함께 연계하고, 산재되어 있는 잠재적 자원봉사자를 모집하고, 교육·배치하며 서비스의 효과성과 효율성을 증대시켜 문제를 해결하기 위한 최대의 기능을 수행할 수 있도록 조직적이고 체계적인 일련의 활동을 말한다. 이럴 때 봉사자 상호간에 협동성이 필요하며, 각자 주어진 역할에 충실해야 한다. 따라서 봉사활동은 공동체에 대한 이해, 소속감, 적극적인 사고방식 등 공동체 의식의 함양을 제공한다. 또한 봉사자만의 협동심을 넘어 기관 간의 연계성까지 확대되어야 한다.

(9) 민주성

자원봉사활동을 행함에 있어 절차나 균등한 기회제공을 통해 자원봉사활동에 참여를 원하는 사람이면 누구나 활동할 수 있고 개인의 다양한 개성과 능력이 충분히 발휘될 수 있도록 해야 하며 더 나아가 자원봉사활동을 전개해 나가는 과정 중에 다양한 욕구를 가진 사람들과의 상호작용을 통해 서로의 의견을 절충하고 공동선을 지향할 수 있도록 함으로서 민주시민으로서의 자질을 배양하게 된다(류기형 외, 2010).

(10) 전문성

자원봉사활동은 누구나 할 수 있는 것 같지만 대상과 영역에 따라 전문성이 요구되기도 한다. 전문적인 상담 프로그램에 참여하는 자원봉사자는 교육을 받아야 한다. 대학생이 참여하는 자원봉사활동의 경우에도 자신의 전공과 개성 및 특성 등의 전문성을 활용하여 참여하면 효과가 높아질 수 있다(김범수 외, 2012).

(11) 개척성

정부나 공공기관의 서비스가 형식성, 획일성으로 치우치기 쉬운 데 반하여 자원봉사활동은 개별성, 창조성, 실험적인 노력 등을 발휘해 공적 사회복지사업의 한계를 보완한다. 뿐만 아니라 지역문제를 누구보다도 빠르게 발견할 수 있고, 이들의 욕구에 쉽고 빠르게 대응할 뿐 아니라 적극적이고 다양한 대응방안들을 제시하는 등 개척적이고 사회개발적인 기능을 한다(홍은진, 2006).

(12) 공공성

자원봉사활동은 특정 개인이나 집단의 이익이 아닌 공익을 제일 목적으로 추구해야 한다(안은영, 2002).

또한 자신의 이익이나 일시적 감정으로서가 아니라 이웃과 더불어 행복한 삶을 살기 위하여 책임감을 갖고 공동체의 구성원이나 어려움에 처한 사람들의 복지 향상을 목표로 활동하는 것을 의미한다.

7 자원봉사자의 권리

1) 인정받을 욕구와 권리

자원봉사자는 잠재된 가능성을 표출할 수 있도록 능력을 최대한 인정받아야 한다. 또한 기관의 자원봉사자는 팀의 일원으로 인정되어야 한다.

이러한 방법은 크게 물질적 보상과 심리적 보상으로 나누어 볼 수 있다. 팀의 일원으로서 자원봉사자에 대한 인정은 가장 중요한 동기부여가 될 것이다. 따라서 자원봉사자로 하여금 기관에서 자신이 어떠한 위치에 있으며 자신의 활동이 어떠한 점에서 공헌하고 있는지를 구체적으로 알도록 해주어야 한다(현외성, 2011).

2) 비밀보장의 욕구와 권리

클라이언트가 비밀보장을 받을 권리가 있듯이 자원봉사자도 자신과 관련된 부분에 비밀보장이 필요하다. 사회복지사는 면담을 통해 보호받기 원하는 사항을 합의해 최대한 신의를 지켜야 한다.

3) 지지받을 욕구와 권리

자원봉사활동은 클라이언트, 사회복지사, 유급 직원, 동료 자원봉사자 등 많은 사람들과 상호작용한다. 이런 상황 속에서 종종 어려움이나 위기에 빠지게 된다. 사회복지사는 자원봉사자의 힘든 상황에 대해 바르게 이해하고, 자원봉사자가 자신감을 갖고 활동에 임할 수 있도록 촉진하고 지지하는 역할을 해야 한다. 동료나 기관의 직원으로부터 지지받고 이해받을 때 봉사자가 더욱 자신감 있게 활동에 임할 수 있다.

4) 훈련받을 욕구와 권리

누구나 자원봉사자가 될 수 있지만 무조건 활동에 배치되는 것은 아니다. 필요한 교육과 훈련이 이루어져야 하며 자원봉사자는 이러한 훈련을 받을 권리가 있다. 전문직 자원봉사자이며 경험이 많은 자원봉사자라 해도 서비스에 배치되기 전에는 서비스 대상자, 서비스 시 고려할 상황에 대한 교육이 필요하다. 지속적인 교육은 자원봉사활동에 대한 바른 이해와 성실한 태도를 갖게 하고 더 나아가 활동에 대한 만족감과 자아성취감을 갖게 한다. 특히 자원봉사자는 보다 개별적이고 다양한 상황에 대처하기 위해 지속적인 교육이 필요하다(구혜영, 2008).

5) 개인적인 만족의 욕구와 권리

자원봉사자는 자신의 활동에서 만족감을 얻기를 원한다. 특히 매일의 활동 속에서 클라이언트와 사회복지사와의 상호 교류 속에서 다양한 감정을 경험하게 된다. 따라서 활동을 마치고 나면 자원봉사자가 갖는 활동에 대한 느낌이나 생각을 확인할 필요가 있다.

6) 협력자로서 처우받고 싶은 욕구와 권리

자원봉사자 활용 기관에서는 자원봉사자가 어떤 위치와 역할을 하고 있는지를 명확하게 직원들에게 이해시켜야 하며, 직원과 마찬가지로 자원봉사자의 의견이나 생각은 인정되고 존중되어야 한다. 자원봉사활동을 성공적으로 이끌기 위해서는 유급 직원과 자원봉사자의 상호 신뢰관계, 존경의 마음, 상대의 업무도 중요함을 인식해야 하며, 무엇보다도 상대를 진정한 동료로 받아들이는 태도가 중요하다(배기효 외, 2007).

8 자원봉사자의 역할

자원봉사자의 역할은 제공자의 역할이지만 자원봉사자들에게 부과되는 과업들이 시대와 환경의 변화에 따라 그리고 조직과 기관의 특성에 따라 다르기 때문에 역할을 명확하게 규정짓기는 쉽지 않다.

여러 학자들이 제시한 자원봉사자의 역할들을 정리해 보면 다음과 같다.

- 치료적 또는 재활 서비스를 필요로 하는 조건들이나 문제들을 확인하는 역할
- 정책을 결정하는 역할

- 직접적 서비스를 행하는 역할
- 기금을 조성하는 역할
- 조직의 대변인으로서의 역할
- 프로그램들에 대한 지역사회의 반응을 보고하고 평가하는 역할
- 지역사회계획 활동에 협력하는 역할
- 새로운 서비스 전달단계를 개발하는 역할
- 가난한 자 및 권리를 빼앗긴 자의 권익옹호자로서의 역할
- 남을 돕는 전통적 개인 활동으로서의 서비스 제공 역할
- 변화와 권익옹호의 역할
- 시민참여운동
- 행정적 역할
- 조사 연구의 역할
- 상담, 지도활동
- 방법, 환경미화, 교통정리 등의 사회 전반적 복지에 참여하는 역할
- 캠페인활동, 홍보활동 및 모금활동
- 복지기관의 정책결정에 참여하거나 자문의 역할
- 피드백의 역할

참고문헌

구승신 외(2012). 자원봉사론. 경기: 정민사.

구혜영(2008). 자원봉사실천론. 서울: 신정.

권중돈 외(2008). 자원봉사의 이해와 실천. 서울: 학지사.

김범수 외(2012). 자원봉사론. 서울: 학지사.

김범수·신원우(2006). 지역사회복지론. 경기: 공동체.

김철주·박보영(2006). 새로운 사회적 위험의 도래와 복지국가의 현대화. 한국사회복지정책학회, 24, 317-336.

남기철(2007). 자원봉사론. 경기: 나남.

류기형 외(2010). 자원봉사론. 경기: 양서원.

박태영 외(2011). 자원봉사론. 경기: 공동체.

배기효 외(2007). 자원봉사론. 경기: 공동체.

안은영(2002). 자원봉사관리과정이 자원봉사활동 지속에 미치는 영향에 관한 연구. 연세대학교대학원 석사논문.

오세영(2011). 자원봉사론. 서울: 창지사.

윤혜승(1995). 볼런티어 정신. 서울: 학문사.

이강현(2000). 자원봉사관리자의 역할과 전망. 제4차 자원봉사관리자 아카데미. 볼런티어21.

이병순 외(2010). 자원봉사론. 경기: 공동체.

임은희 외(2010). 자원봉사론. 경기: 학현사.

주성수(2000). 자원봉사와 시민사회. 한양대학교출판부.

최덕경 외(2012). 자원봉사론. 경기: 공동체.

현외성(2011). 자원봉사론. 서울: 학지사.

홍은진(2006). 자원봉사의 참여에 영향을 미치는 요인에 관한 연구. 한국비영리연구, 5(1), 33-71.

CHAPTER 02

외국 자원봉사의 역사

1 영국 자원봉사의 역사

1) 16~18세기

16세기부터 18세기까지는 국가가 국민의 복지에 대한 책임을 어느 정도 인정하고 최소한의 사회적 보호를 행하던 시대였다. 이러한 사회분위기 속에서 개인들의 자유로운 활동들이 서서히 등장하게 되었는데 주로 중류계층으로 의료, 교육 등 사회를 위해 다양한 활동들을 행했다. 이로 인해 영국의 대도시에서는 많은 민간사회복지단체가 발생하여 다채로운 활동을 하였다. 그러나 이들 단체들은 개별적으로 운영되었을 뿐 상호간의 연락 및 조정은 이루어지지 않았으며 이들의 활동을 자원봉사활동이라고 별도로 구분하지도 않았다(구재관 외, 2012).

18세기에는 이런 형태의 자선조직이 더욱 확대되기 시작했는데 특히 1680년과 1820년 사이에는 민간 활동이 교육과 고용을 증진시키는 데 중점을 두어 산과병원과 아동복지기관 쪽으로 활동이 옮겨지기 시작했다. 그러면서 1770년대 이후에는 정치적 불안의 위협에 대한 국가의 불안이 증가되면서 도덕적 개혁, 규율을 지지하는 활동을 주로 하였다. 이는 사회적 통제수단으로 민간 활동이 추진되고 있음을 의미한다 하겠다.

영국사회에서 자원봉사자라는 용어가 처음 등장한 것은 1647년 스튜어트왕조때부터이다. 이 시기는 명예혁명 등으로 영국 전역이 혼란과 불안으로 가득 차 있던 때였다. 그러한 상황 가운데 스스로 자신들의 마을을 지키고자 단체가 형성되었고 이들을 자원봉사자라 불렀다. 여기서 볼 수 있듯이 최초로 사용된 자원봉사자라는 의미는 마을을 지키기 위해 스스로 싸우는 단체(자경단)를 의미하였다(김범수 외, 2012).

18세기가 되면서 영국이 세계에 광범위한 식민지를 가진 근대국가로 발전하면서 아메리카, 아프리카, 인도에서의 자국 권익을 보호하기 위해 군대를 가질 필요가 있게 되었다. 이때 나라를 지키려는 순수한 마음에서 자원해서 군대에 입소한 사람들을 지원병이라고 하였으며 그들을 자원봉사자라고 불렀다. 이처럼 자원봉사자라는 의미가 현재와 많은 차이점을 가지고 있었다.

자원봉사자란 용어가 오늘날과 같은 의미로 사용되어지기 시작한 것은 19세기로, 자원봉사활동의 철학과 정신에 바탕이 되는 휴머니즘 철학과 사상이 등장하면서부터이다. 18세기의 휴머니즘의 철학과 사상은 중세적인 자선에서 근대적인 사회복지로 전환하게끔 하는 토대를 제공하였을 뿐 아니라 자원봉사활동의 사상적 배경이 되었다.

2) 19세기~1900년

19세기는 빅토리아 황금시대인 동시에 민간협회의 황금기라고 볼 수 있다. 이때는 자유주의의 출현과 더불어 자유방임사상이 팽배했던 시대로 인간의 자유스런 활동을 보장하는 것이 국가의 의무라고 생각했던 시대였다.

따라서 시민들의 자발적인 활동이 매우 활발하게 행해졌다. 이렇듯 19세기의 민간 활동이 급성장을 한 또 다른 이유는 급속한 인구증가 및 산업화, 도시화에 의한 사회적 욕구의 증가로 인해 전통적인 민간 활동의 형태만으로는 이 시기의 욕구를 다루는 데 부적절하여 새로운 활동 형태가 요구되었고 사회문제의 지각, 민주주의의 발전, 사회적 통제의 수단, 여성의 경우 가부장사회에서 벗어나게 하는 계기가 되었기 때문이다(구재관 외, 2012).

1869년에 세워진 자선조직협회는 그동안 자선이 무계획적, 비체계적이고 사회적 욕구와 민간 활동과의 무관련성, 서비스의 중복과 자원의 낭비를 초래하고 오히려 빈민을 일으켰다고 보고 이런 문제를 해결하기 위해 급여를 합리화하고 과학적인 방법으로 자선을 조직화할 목적으로 설립되었다.

이들 활동은 클라이언트와의 면접, 가정방문, 이웃과의 환경 등을 통한 정보를 바탕으로 구제여부를 판정했다. 이렇게 구제대상자로 승인된 빈민에 대해서는 때때로 가정방문을 통한 지도를 행하게 되었는데 이러한 역할을 담당한 사람들을 우애방문원이라고 하였다.

한편으로 자본주의 사회의 성립·발전과 더불어 자본주의 사회를 비판하는 사회주의가 등장하였고 그 중에 사회개량주의를 주장하는 사람들을 중심으로 페비안협회가 설립되었는데 이러한 사상은 19세기 영국의 중심 사상이 되었을 뿐 아니라 사회개량운동의 일환으로 인보관운동이 생성되게 하는 요인이 되었다.

인보관운동의 창시자인 바네트(Barnett)는 인간 정신의 우위성을 강조하면서 시민사회란 자유롭고 독립적이며 평등한 시민에 의해 구성되어져 무한한 가능성을 가진 사회여야 한다고 생각했다. 그리하여 런던시의 부자와 빈민들 사이의 단절을 해결하기 위해 빈민지역에 직접 거주하면서 서로 이해하고 더 나아가 교육과 계몽운동을 하였다. 그것은 주로 지식인들이 주축이 되어 실시된 사회복지의 새로운 활동으로서 미국으로까지 확대되어 각각의 지역에 있는 특수성에 대응하여 의료 활동과 위생교육을 행하기도 하고 민족의 융화, 사회운동의 거점이 되기도 했다.

이처럼 19세기 구빈사업은 빈곤층의 새로운 삶을 촉진하려고 한 자선조직협회의 우애방문이나 인보관운동은 민간사회복지활동으로 시민의 적극적인 참여를 촉진하는 계기가 되었으며 자원봉사활동의 시작점이 되었다.

3) 1905~1978년

19세기 후반부터는 사회복지급여에 있어 국가역할의 증대를 요구하는 움직임이 두드러졌다. 이는 산업사회가 되면서 나타난 문제를 해결하는데 민간차원의 개입이 실패하게 되면서 국가의 적극적인 개입을 강조하게 되었다.

특히 1905년에서 1914년 사이 자유당 정부는 국민보험법(National Insurance Act), 학교급식, 학교의료서비스(School Medical Service), 노인연금, 제한된 실업보험을 만들어 국가의 책임 확대와 그에 상응하는 민간기관의 책임축소를 제시했다.

국가의 역할이 확대되고 민간기관의 역할이 축소된 것이 분명한 사실이지만 이것으로 이 시기의 민간 활동이 급속한 쇠퇴를 했다고 보기는 어렵다. 오히려 국가에 의해 행해진 업무와는 다른 보다 전문적인 분야로 그들의 관심 영역을 옮겼다.

특히 제2차 세계대전으로 민간 활동을 더욱더 촉진시켜 활동은 규모가 점점 커지고 전담하는 유급직원이 생기면서 보다 과학적이고 전문적인 서비스를 행했다.

또한 제2차 세계대전 종료 이후 영국이 복지국가를 추구하게 되면서 오히려 새로운 민간사회복지 분야의 생성을 초래했는데 그 중 하나가 시민상담소이고 다른 하나가 가정복지단이다.

1960년대에는 복지국가의 인식이 확산되면서 자원봉사활동에 대한 국민의 이해와 사회의 역할이 더욱 강조되었다. 베버리지는 그의 보고서에서 국가만의 집권적인 활동만으로는 궁핍, 질병, 무지, 불결, 게으름 등을 뿌리 뽑기가 충분하지 않다고 지적하고 복지국가의 서비스를 보완하기 위해 개인의 자발적 노력이 계속적으로 필요하다고 했다. 즉, 1950년대까지는 공적 서비스의 틀 내에서 전문 워커가 그 전체의 욕구를 충족해 간다는 의견이 지배적이었으나 복지국가가 약 10년 정도 운영되어진 시점에서는 전문가가 모든 욕구를 충족시키는 것은 불가능하고 또한 관료적인 것이라는 비판이 고조됨으로써 자원봉사활동으로 관심이 전환되었다. 즉, 자원봉사활동이 공적 서비스의 부족을 보충하는 유효한 방법이라고 여겨진 것이다.

또한 민간사회사업기관과 단체의 보호·육성을 목적으로 1960년에 제정된 자선법(Charity Act)은 자원봉사진흥의 근거가 되는 토대를 마련했을 뿐 아니라 1985년, 1992년의 2차례 개정을 통해 오늘날 영국의 민간단체의 바람직한 틀 형성에 중요한 법률로 자리 잡고 있다(구재관 외, 2012).

이렇게 정부나 사회가 자원봉사활동에 관심을 돌리게 된 중요한 원인으로는 청년층에 대한 인식의 변화가 큰 요인으로 작용하였다. 1960년대 Mod[1)]와 Rockers[2)], Hippies[3)], 학생폭동 등 새로운 청년문화와 기성세대 간의 급격한 차이가 문제시되면서 일어나는 파괴적 에너지를 효과적으로 배출하기 위해서 청소년자원봉사활동에 관심을 쏟기 시작하였다. 이로 인해 많은 청년자원봉사조직이 만들어졌는데 그중 가장 많이 알려진 것이 지역사회봉사 자원봉사자(Community Service Volunteer), 특별위원회(Task Force)와 기금을 위한 청년자원봉사자들(Young Volunteer for Foundation)이다.

영국의 자원봉사활동의 발전에 하나의 분기점을 제공한 것은 1968년에 발표한 아베스(Abes)보고서이다. 보고서에서는 전문직원의 서비스를 보완하고 사회서비스의 제공을 통합하기 위해 자원봉사자의 참가가 절대적으로 필요하며 이를 위해 자원봉사자의 증강, 훈련, 원조에 관한 실천적 전문가의 표준이 필요하다고 강조했다.

이 보고서로 인해 영국의 자원봉사센터, 전국 자원봉사센터 네트, 공공과 민간기관에서 수많은 유급자원봉사조직가가 창출되었고 1970년대는 자원봉사활동에 전문화, 관료화 현상이 일어나기 시작했다(류기형 외, 2009). 이로 인해 자원봉사활동은 다양한 연령층이나 경력이 있는 사람들이 지역서비스나 생활에 공헌하는 것으로 광범위한 의미로 해석되어졌다.

---

1) Mod: 원래는 멋있는 복장을 하고 오토바이 등을 타고 다닌 1960년대의 영국의 10대를 가리켰음. 대담한(모드풍의, 전위적인) 복장을 하는 사람, 유행의 첨단을 걷는 사람; [불] 그 복장[스타일].
2) Rockers: 50~60년대에 영국에서 유행했던 바이크 장르로써 바이크를 Cafe Racer 로 개조하고 몰고 다니던 Rockers 또는 Ton up boys 들이라는 부류의 젊은이들
3) Hippies: 1960년대 중반 기성사회의 규범이나 관습에 반발하여 나타난 히피는 다양한 대응문화의 통합적 형태이다. 히피의 주된 관심사는 현대 문명의 이기와 물질 만능에 대한 저항과 반전운동이었다. 히피는 획일적 주류 패션에 대항하였으며, 스타일의 다양성을 추구했다.

또 1972년에는 중앙정부의 보건사회보장국(Department of Health and Social Security)에 민간 자원봉사부(Voluntary Service Unit)를 두고 각종의 민간분야의 관심을 조정하고, 정보 제공, 관련기구와의 관계 형성을 돕고 각종의 자원봉사활동을 육성하는 기관들에게 재정적인 지원을 하게 하였다.

4) 1979년~현재

1979년에 보수당 정권의 대처총리가 집권을 하면서 국가 지원의 복지예산을 축소하고 자원봉사활동의 육성을 강조했다. 보수당에서는 공적서비스가 관료적이어서 비효과적이고, 사회주의적이여서 개인적 책임의 여지가 없는 반면, 자원봉사활동은 비용상 효과적이고, 비의존적이고, 응용성이 있고, 자조나 개인적 책임을 강조하므로 이를 강화해야 한다고 생각했다. 따라서 자원봉사활동이 공적서비스를 보완해야 한다고 하는 이전의 가설과는 정반대로 자원봉사활동의 보완이 공적 서비스의 역할이라는 의견들이 제기되었다(류기형 외, 2009).

자선법 개정은 1992년에 이루어졌는데 영속적인 기본 재산이나 소유 토지를 가지고 있는 자원봉사단체는 자선위원회에 등록하도록 하고 이렇게 등록된 단체에 한해서는 면세와 비과세를 인정하고 자원봉사활동에 기부하는 개인에게는 기부한 만큼의 금액을 소득공제하는 혜택을 주었다.

그리하여 중앙 차원의 자원봉사육성과 더불어 1980년에 접어들어서는 영국의 지역자원봉사기관들도 활동을 확대하기 시작하였다.

또한 1990년대 들어 자원봉사의 초점 활동은 지역사회보호(Community Care)로 옮겨졌다. 따라서 자원봉사활동도 입소시설 보호에서 지역사회보호쪽으로 활성화되었으며 지역주민을 위한 계속적인 원조를 제공하는 경향이 높아졌다. 그러나 1990년대에 들어서 사회복지서비스는 일대 혼란을 겪게 되었는데 그것은 대인적 서비스분야에서의 사회서비스부문이 직접적 서비스공급자의 역할에서 서비스의 구매자, 계획자, 조정자의 역할로 전환되어졌기 때문이다. 공공정책의 본질의 변화와 그것들의 장기적 결과들은 여전히 논란거리가 되고 있지만 한 가지 명확한 것은 사회복지서비스의 공급에서 자원봉사영역이 보다 더 큰 역할을 한다는 것이다. 자원봉사부분이 '서비스전달'이라는 관점이 도마(service-deliver kitchen)에 오름에 따라 과거 정부차원에서 행해진 재정적, 서비스전달의 책임을 정부에서 개인, 민간협회(association) 또는 민간봉사집단으로 전환하려고 하고 있다.

2 미국 자원봉사의 역사

1) 16~18세기 말

미국에 자원봉사활동의 기초기에 해당되는 시기는 1600년대에서 18세기 말까지이다. 이 시기는 영국에서 미국으로 이주한 시기부터 독립 이전의 식민지시대까지로 사회복지는 영국 구빈법의 영향을 받아 국가는 극심한 경제적, 신체적 궁핍에 대해서만 책임을 지게 하는 빈민의 지역책임제와 가족책임제를 적용했다. 또한 사상적으로는 청교도들의 칼빈주의 정신과 자유방임주의 사상으로 인해 빈곤의 책임을 개인에게 두었다. 이에 미국으로 정착한 이민자들은 생존과 공동체생활을 위해 서로 협력하게 되었다. 이러한 생활관은 현대에까지 영향을 미쳐 자원봉사의 기초가 되었다.

또한 1600~1700년대에는 보건·의료를 포함하여 광범위한 사회복지가 출현하였다. 병자를 돕고 빈민을 구제해 주는 최초의 우호방문협회(1657)인 스콧 자선협회가 보스톤에 설립된 이후 각 지역의 자선협회가 설립되기 시작했으며 그 외에도 고아원, 병원 등이 생겨나기 시작했다(박태영 외, 2009).

2) 19세기~1950년대 말

이 시기는 미국의 역사상 대변혁의 시기로 자주독립을 이룬 후 남북전쟁 및 제1, 2차 세계대전을 치루면서 민주정치의 실현 및 빠른 경제성장을 이룬 시기였다. 19세기의 중심 사상은 개인의 성취와 자립을 강조하는 개인주의로 무분별한 자선은 약자의 사회적응을 방해한다고 보는 인식이 팽배했다. 그로 인해 민간차원의 자발적인 자선이 더욱 활성화되어 1820년을 시작으로 많은 민간기관들이 설립되기 시작하였고 1840년대에 뉴욕에만 30개 이상의 민간단체들이 설립되었으며 이들 단체 간 연락조정을 위해 1843년에 뉴욕에 빈민생활상태개선협회(AICP)를 조직하였다.

또한 1851년에 YWCA가, 1853년에는 아동구호시설(Children's Aid Society)이 설립되었으며 시민전쟁의 이후에는 자원봉사활동이 폭발적으로 증가했다. 1877년에는 버팔로에 최초의 자선조직협회가 설립되었고 이후 미전역에 퍼지기 시작했는데 1890년대에는 100여 도시에 자선조직협회가 생겼다. 자선조직협회는 열등처우의 원칙을 근간으로 하는 영국의 개정빈민법의 영향을 받아 무차별적 자선은 노동자의 나태, 사치, 낭비를 조장한다고 생각하고 자선의 조정 및 조직화를 도모하고자 한 것으로 보스톤, 뉴욕, 볼티모어 등 대도시에 4,000명의 우애방문원을 두며 성장하였다.

19세기 후반은 전쟁이 끝난 후 수습의 시기인 동시에 독점자본주의의 성립으로 인구의 도시집중, 슬럼지역의 형성, 실업문제 등 새로운 사회문제가 등장하기 시작하였다. 따라서 빈곤지역을 중심으로 인보사업이 발전하여 환경변화에 초점을 두면서 1887년에 뉴욕동부에 근린조직(Neighborhood Guide)과 시카고 헐하우스(Hull House)가 설립되었고 그 후 1891년에 대학인보사업협회로 개칭되었다(류기형 외, 2009).

인보관운동은 여성들이 주축으로 여성과 아동들의 노동문제에 더 많은 관심을 가졌다. 20세기에 접어들면서는 인보관운동과 더불어 전국기관과 연맹을 맺는 보이스카우트[4], 걸스카우트[5], 보이스 클럽(Boys Clubs) 등이 출현했으며 1차 대전 동안에는 YWCA, 미국적십자사(American Red Cross) 같은 국가 및 국제 봉사기관들이 활발하게 운동하였다.

1932년에는 전국자원봉사자회(National Committee on Volunteers)가 설립되었으며 다음해 전국 28개 도시에 자원봉사국이 설치되어 지방사회복지기관협의회(Council of Social Service Agencies)가 구성되어 자원봉사자들이 지역사회의 여러 사회복지관에서 봉사활동을 할 수 있도록 조정해 주는 역할을 담당하였다(구재관 외, 2012).

그 후 미국자원봉사센터협의회(Association of Volunteer Bureaus of America)가 구성되어 매년 포럼을 개최하고 전국사회복지대회(National Conference on Social Welfare)와 공동 워크샵을 실시하기도 했다. 특히 미국지역사회공동모금위원회(UCFCA)는 미국자원봉사센터협의회(AVBA)에 직원을 파견해서 사무일 등을 돕고 개별 자원봉사센터에 여러 가지 상담을 제공하였으며 계간 회보(Volunteer Viewpoint)를 발간하기도 하였다.

3) 1950~1980년대

이 시기는 2차 세계대전 이후 급격한 경제적 성장으로 인해 학생들의 반전운동, 흑인민권운동, 소수인종들의 빈곤문제 등 여러 가지 복잡한 사회문제들이 등장하였다. 이러한 사회문제에 대한 해결책으로 정부에서는 자원봉사활동을 적극 추진하고 지원을 증가하였다. 특히 케네디대통령이 '뉴프론티어'정책의 일

4) 보이스카우트(Boy Scout) 또는 영미권에서는 단순히 스카우트(Scout)는 청소년의 인격 양성 및 사회 봉사를 위한 국제적 교육 훈련 단체이다. 1908년 영국에서 창시되었으며, 레크리에이션 활동을 통하여 청소년들이 건전하게 성장할 수 있도록 도와준다. 세계 150여 개 나라의 1,600여 만 명의 단원이 활동 중이다.

5) 걸스카우트: 소녀들을 훈련시켜 시민정신을 갖게 하고 몸가짐을 바르게 하며 야외활동을 하게 하는 데 힘을 쏟는 세계적 조직이다. 영국과 몇몇 다른 나라에서는 걸 가이드(Girl Guides)라고도 한다. 나중에 경의 칭호를 받은 로버트 배든 포얼이 1908년 그가 창설한 보이스카우트 운동에 흥미를 가졌던 소녀들의 요구에 따라 1910년 영국에서 걸 가이드를 창설했다.

환으로 후진국의 경제개발을 돕고 국제평화에 공헌하기 위하여 1961년 조직적이고 제도적인 국제봉사단체인 평화봉사단(Peace Corps)을 창설하면서 자원봉사프로그램이 최초로 실시되었다.

이후 존슨대통령은 미국 내 빈곤퇴치를 위해 '위대한 사회(Great Society)'정책을 실시하고 그 일환으로 비스타(VISTA)[6]를 창설하였다. VISTA는 1950년대와 60년대의 미국의 빈곤문제 등 여러 가지 사회문제에 대한 대처방안으로 자원봉사활동을 적극 추진하기 위해 만들어진 기구로 경제기회법(Office of Economic Opportunities Act)에 의해 지원되었다. VISTA사무국에서는 자원봉사자들을 모집, 그들의 기술, 재능, 성격에 적합한 일을 찾아 연결시켜 주었으며 빈곤퇴치프로그램, 은퇴노인자원봉사(RSVP) 등 프로그램을 실시했다. 1971년에는 최고 약 60만 명의 시민봉사원과 5천 명의 정규봉사원이 참여한 거대한 전국적 조직이 되었다.

존슨대통령의 사회프로그램(Great Society Program)들의 실시로 인해 사회복지 수혜대상자의 수는 급증했고 연방정부의 지출 또한 엄청나게 늘어났다. 그러나 이러한 사회복지에 관한 개혁조치들이 많은 문제점들을 노출하게 되자 이에 대한 대응으로 1967년 사회보장법을 개정하게 됐다(김범수 외, 2012).

사회보장법개정안에서는 자원봉사활동에 대해 합법적인 지위를 부여했으며 공공과 민간분야에 시민참여를 진작시키고 전국자원봉사활동프로그램법(National Program for Voluntary Act)을 제정하였다. 정부의 지원을 받는 새로운 형태의 전국적 자원봉사센터가 설립된 것은 1970년에 들어서서부터이다. 이것은 연방정부내의 공사부문에서의 시민참여를 조장하기 위해 설립된 전국자원봉사센터(National Center For Volunteer Action Center)로 자원봉사자에 의한 문제해결을 강화, 촉진시키고 자원봉사단체에 대한 지원 목적으로 설립된 것이다.

이와 같이 미국의 1960년대는 국·내외의 자원봉사 영역이 새롭게 개발되거나

6) VISTA: 미국 빈곤 지구 봉사활동; 1964년에 발족한, 국내 빈곤 지역의 생활 향상을 목적으로 봉사자를 파견한 정부의 계획.

민간자원봉사기관에 대한 연방지원이 급격하게 증가한 시기이다. 그 이후 1969년에 공화당 닉슨이 집권하면서 보다 강화되고 정비된다. 닉슨 행정부는 1971년 그동안 3개 부처로 나누어 운영되어 오던 연방프로그램 7개(VISTA, Peace Corps, Foster Grandparent Program, Retired Senior Volunteer Program, Service Corps of Retired Executive, Active Corps of Executive, National Student Volunteer Program)를 하나의 독립기구가 맡아 관장토록 하고 민간자원봉사프로그램을 지원하기 위해 '정부 내의 독립기관'인 ACTION을 창설했다(류기형 외 2009).

ACTION은 본부와 지방사무소로 구성되는데 ACTION 본부는 정책형성, 지역에 자원할당, 지방사무소원조 및 모니터링, 시범사업개발을 담당하고 지방사무소는 모든 ACTION프로그램에 대한 실제적 권한을 가지고 자원봉사자의 모집, 훈련·배치 등을 행했다. 이러한 운영은 과거 분리되어 왔던 자원봉사관리를 통합화하는 데 공헌했다.

볼런티어(VOLUNTEER)는 현대적 의미의 자원봉사센터의 개념을 확립하는데 특히 촛불재단[7]과 통합하기 이전까지 50여 개의 자원봉사센터와 자원봉사자활동센터(Volunteer Action Center)를 기초로 하여 400개나 되는 자원봉사센터를 네트워크화 하였다(김범수 외, 2012).

이처럼 미국의 자원봉사활동은 자원봉사활동법에 의해 실행되었으며 특히 새로운 대통령이 선출될 때마다 새로운 형태로 발전되어 왔음을 볼 때 자원봉사활동을 공공정책으로 다루고자 하는 정부의 강력한 의지를 엿볼 수 있다. 뿐만 아니라 민간의 자발적인 활동과 움직임을 통제하거나 압력을 가하는 것이 아니라

7) 촛불재단: 1990년 국가 및 지역사회 봉사법(National and Community Service Act)을 제정하고, 촛불 재단(Points of Light Foundation)을 발족시켰다. 촛불 재단은 미국 전역에 있는 민간 봉사 단체들을 회원 단체로 하고 운영 자문 등의 기능을 수행하는 대표적인 비영리 민간 기구로서 봉사활동의 활성화에 크게 기여하고 있는데, 전국자원봉사센터(NVC)와 통합, 산하에 500개의 자원봉사센터를 갖는 전국기구이다. 학교와 학생들도 적극 참여하여 많은 도움을 받고 있다. 또한 1993년에는 국가 및 지역사회 자원 봉사 지원법(National and Community Service Trust Act)이 제정되면서 전국 자원 봉사 연합(Corporation for National Service, CNS)이라는 공적 기관이 국가 차원의 봉사활동 프로그램을 개발하고, 활동 참가자들에게 활동비 지원 등의 임무를 수행하고 있다.

자원봉사활동이 민간에 의해 적극적으로 발전될 수 있도록 지원·육성하였다.

4) 1980년~현재

1980년에 접어들어 미국은 일반국민들의 막대한 복지욕구를 충족시키기 위해 행해진 사회복지비용의 증가로 인해 연방정부의 부담이 점점 커지게 될 뿐 아니라 이 시기에 미국사회가 점차 보수화되는 경향으로 사회복지 분야에서 연방정부의 부담을 줄이는 대신 주 혹은 지방정부의 책임을 늘리는 데 강조점을 두었다. 레이건정부의 레이노믹스 정책으로 민간부문의 주도권을 강조함으로써 자원봉사활동은 더욱 부각됐다. 그리고 지방 공공기관에의 시민참여는 공·사영역이 보다 많이 협력해야 하는 새로운 국면을 보여주었다. 이러한 결과로 공공서비스전달에 있어서 효과적인 자원봉사자 참여에 대해 정부는 다시 관심을 가지게 됐다.

1990년대에 들어서서는 부시행정부의 전국지역사회봉사법(National and Community Service Act)의 제정으로 보다 확고한 정부·민간체계가 형성되었으며 자원봉사 활성화를 위한 법적 지위가 강화되었다(박태영 외, 2009).

그 주된 내용을 보면 주정부에 대한 보조로 학교의 자원봉사활동 프로그램, 청년을 대상으로 하는 종일제 프로그램(full time program), 청년과 고령자를 포함하는 시간제(part time), 종일프로그램이 실시되었고, 단체들에 대한 보조, 자원봉사활동 육성기금보조 등에 관한 내용을 규정하고 있다.

연방정부가 전국의 자원봉사활동에 관한 지원을 적극적으로 추진하고 있는 것과 병행하여 주정부에서도 독립된 자원봉사국(staff office of volunteerism)이나 주지사 관할하의 기구(governor's officer on volunteerism) 등을 설치하여 자원봉사단체들을 서로 연결해 주고, 기업의 후원을 장려하는 등 보조적인 역할을 하고 있다.

3 일본 자원봉사의 역사

1) 1950년대 이전

일본의 경우 명치유신 후 신분제도의 폐지, 교육의 보급 등에 의해 자원봉사활동이 태동할 수 있는 사회적 기반이 정비되었으나 오늘날의 자원봉사활동처럼 시민들의 자연스런 활동이 크게 두드러지지는 않았다.

그러다 일본의 자원봉사활동은 패전 후의 혼란수습에 대하여 주민들에 의해 자생적이고 비조직적인 협조형태로 전국 각지에서 일어났는데 부상자의 원호, 부랑자의 보호, 1947년에는 공동모금, BBS운동[8)]이 시작되었고, 그 후 집단사회사업활동, 학생인보관운동의 시작 등 자발적 지역 활동이 시작되었다. 대표적인 활동으로는 1949년 태풍의 피해가 계기가 되어 동경대학에서 시작된 인보사업운동(Settlement Movement) 등이 있다(박태영 외, 2009).

그 뒤 1947년에 제정된 신헌법으로 자원봉사활동이 형성되고 발전할 토대를 마련해 나갔다.

2) 1950~1971년

일본의 자원봉사활동의 형성기인 1950년에서 1971년까지는 패전 후의 혼란을 수습하면서 경제적 안정과 생활의 여유를 찾는 가운데 자원봉사에 대한 국민의 관심이 증대되면서 자원봉사활동 및 조직화를 위한 전국 차원에서의 노력이 행해진 시기이다. 1950년에 정부에 의해 민생위원제도가 만들어지고 1951년에 사회복지의 시민참가조직으로서 사회복지협의회가 전국 및 도도부현[9)]에 창설되

8) BBS운동(Big Brothers and Sisters Movement); 불우청소년, 문제 및 비행청소년과의 1대1 결연을 통해 그들의 형, 자매, 친구가 되어 선도를 목적으로 행해지는 청년들의 봉사활동을 말한다. 1904년 뉴욕시의 소년재판소 서기였던 K.글타의 노력에 의해 시작되었다.

어 자원봉사활동의 적극적 추진을 위한 토대가 마련되었다.

일본에서 최초로 자원봉사라는 말이 사용된 것은 1952년에 에히메 현(愛媛縣)에서의 청년자원봉사조직(Volunteer Youth Social Worker)에 의해서였지만 일반인들에게 알려지게 된 것은 그 후 고도 성장기에 접어들어 어느 정도 경제적 여유와 생활의 안정을 찾으면서 국민들이 주변의 사회문제에 눈을 돌리면서부터이다(류기형 외, 2009). 이에 자원봉사활동에 대한 국민의 관심이 높아지면서 다양한 자원봉사활동이 행해졌고 여러 가지 활동의 조직화와 자원봉사활동의 거점 만들기가 행해졌다. 대표적으로 전국부모회연락회, 전국중증심신장애아(인)를 지키는 모임, 전국노인그룹연락회 등이 있다.

그러다 1962년 이후 사회복지협의회에 선의은행의 설치, 오사카자원봉사협회, 후지자원봉사협회, 일본청년봉사협회 등 민간주도의 자원봉사사무국이 활발히 개설되어 운영되기 시작하면서 자원봉사활동 추진기관의 시대가 열리게 되었다.

특히 1965년에 설립된 오사카자원봉사협회는 최초의 민간자원봉사협회로 교육·훈련에 주력하기 시작했는데, 이것은 일본자원봉사학교의 전형이 되었다(김범수 외, 2012; 류기형 외 2009).

이렇듯 60년대 초부터 자원봉사조직을 관리하고 담당하는 자원봉사기관들이 활발히 생겨나긴 하였으나 제한된 계층에 의한 활동이었으며 사업내용도 사회복지시설에서의 활동이나 사회교육 차원의 캠프 등에서의 활동이었다. 그러다 1968년에 전국사회복지협의회에서 '자원봉사자 육성 기본 요강'을 책정하였고 전국선의은행연락협의회가 발족되었다. 이것은 종전까지 자의적으로 행해오던 자원봉사활동에 대해 전국차원의 통일된 규정과 기준을 제시함으로써 바람직한 발전방향 모색 및 자원봉사활동의 전체적인 수준향상을 도모하게 하는 계기가 되었다. 또한 1969년에는 국민생활심의회가 '지역사회 생활의 장에 있어서의 인간성 회복'이라는 발표를 통해 지역사회 형성에 자원봉사자를 활용할 것을 제안

9) 도도부현(都道府県 도도후켄, Prefectures of Japan)은 일본의 광역 자치 단체인 도(都, 도쿄 도), 도(道, 홋카이도), 부(府 후, 오사카 부와 교토 부), 현(県 겐, 나머지 43개)을 묶어 이르는 말이다.

했고 이것을 토대로 1971년에는 '향토봉사활동(총리부)' '노인사회봉사단(후생성)' '부인봉사활동(문부성)' 등이 형성되었다.

형성기 시기에는 민간부문의 자원봉사활동이 적극적으로 조직화되고 자원봉사육성을 위한 통일된 틀을 마련하는 등 내·외적 정비를 행하는 시기로 특히 청년자원봉사자를 주축으로 하는 활동이 두드러졌다. 뿐만 아니라 정부에서도 자원봉사활동의 필요성을 인정하면서 자원봉사활동에 관심을 보이기 시작하였다(구재관 외, 2012).

3) 1970년대~1990년

이 시기에는 전국사회복지협의회를 통해 자원봉사활동 육성에 주력했을 뿐 아니라 지방자치단체도 자원봉사활동을 적극적으로 육성해 나갔던 시기이다. 1960년대와 1970년대에 걸친 고도성장과 1973년에 석유파동은 일본의 사회에 큰 영향을 미쳐 지역주민의 유대관계는 와해되고 핵가족화의 경향은 한층 더 심각해지면서 지역사회의 노인, 장애인, 아동 등의 복지문제가 심각하게 대두되었다.

이로 인하여 지역사회 공동체 형성과 자원봉사활동의 필요성이 크게 대두되었는데 특히 고령화 사회가 진전 중이던 1970년대 중반 경부터 지역에서의 자원봉사활동이 급속히 확대되어 갔다(류기형 외, 2009). 가족과 별거했던 세대와 독거노인, 장애인의 증가와 더불어 당사자들은 물론 그 가족들의 원조욕구가 커짐에 따라 사회복지협의회에서도 문제 상황을 해결하기 위한 방법으로 자원봉사자의 육성에 힘을 쏟았다. 이에 1975년경부터는 각지에서 자원봉사자학교가 개최되어 지역에서 활동할 자원봉사자 그룹이 생겨나기 시작했다.

1975년이 되면서 일본의 사회복지방향은 시설 중심의 복지에서부터 지역사회보호형으로 변화해갔다. 이에 후생성[10]에서는 자원봉사자로서 지역사회복지의 일정부분을 담당해 가는 것이 필요하다는 인식하에 자원봉사활동의 육성을 추

10) 후생성: 일본에서, 국민의 위생, 보건, 복지 등에 관한 업무를 담당하는 정부 부서.

진하기 시작하였다.

1979년은 일본에 적합한 복지사회를 만들고자 하는 일본형 복지사회에 대한 구상이 실현되어가는 시기였다. 일본형 복지사회란 사회문제대책으로써 국민의 생존권 보장에 대한 공적 책임과 비용부담을 회피하고 개인의 자조·자립의 정신, 가정이나 기업, 이웃, 지역사회에서의 연대를 조장하고 '수익자' 부담과 더불어 민간위탁이나 영리적 복지사업 등 민간의 활력을 강조하였다. 이러한 구상들은 임시행정조사회행정개혁에 의해 재택복지를 기본으로 한 지역복지의 활성화 및 복지의 유료화·상품화, 적극적인 자원봉사활동 실시 등으로 구체화되었다.

특히 1980년대에는 자원봉사활동시책이 자원봉사활동 '육성·원조'에서 지역수준의 사회적 자원으로 '활용'하는 방향으로 나아가기 시작했다. 그 후 1982년의 후생백서에서 처음으로 '자원봉사활동'이라는 문자가 복지부문에 등장하였고, 특히 1983년부터 문부성은 청소년사회참가촉진사업—자원봉사뱅크사업이 시작되었다.

이렇게 일본형 복지사회의 구상에 입각해 서비스의 책임을 정부에서 지역사회로 옮겨가면서 지역주민, 단체 등을 대상으로 복지활동을 전지역주민이 참여하도록 노력하였다. 이것을 지속적으로 추진해 가기 위해 정부 각 부처에서 자원봉사의 기반을 조성하기 위한 각종 시책들이 쏟아져 나왔고 사회복지협의회가 법제화되었다.

따라서 국가나 지방자치단체가 사회복지협의회를 주축으로 자원봉사활동추진체계를 정비하기 위해 재정적인 지원을 행하기 시작했고 복지, 학교교육에 의한 자원봉사활동이 육성되었고, 교원들이 중심이 되어 전국자원봉사자 학습지도자연락협의회를 결성하는 것 등 학교교육에 있어 자원봉사활동이 전국적으로 활성화되었다.

4) 1990년~현재

1990년대에 들어서면서 자원봉사활동에 기업의 참여가 활성화되었다. 후지제록스는 일본 최초로 사원의 자원봉사자 휴가제도인 사회봉사 휴가 제도를 시작하였다. 또한 1993년 사회복지사업법에 근거하여 국민의 사회복지활동 참가 촉진을 도모하는 조치에 관한 기본 지침이 고시되었다. 내용으로는 복지활동에 대한 이해의 증진[11], 복지활동의 조건정비[12], 주민참가형 복지서비스 공급조직의 활용[13], 기업 및 노동조합의 사회적 공헌활동, 지방자치단체의 사회복지활동에의 참가 촉진을 위한 지원 등에 관한 사항을 명시하고 있다(김범수 외, 2012).

또한 실시주체를 사회복지 법인인 시·구·정·촌 사회복지협의회로 하고 사업[14]의 실시에 있어서는 운영위원회, 추진협의회, 연락협의회를 설치, 운영하고 있다.

특히 1994년에는 사회복지협의회를 포함한 학교, 기업이 참여하는 전국적인 자원봉사활동조직체인 광역볼런티어범주 연락회의가 창립되었다.

이 시기의 특징을 살펴보면 자원봉사활동이 복지 분야에 한정되지 않고 생활 전반에 걸친 광범위한 분야에서 이루어지고 있었고, 기업이 사회적 공헌을 한다는 취지에서 자원봉사자휴직, 휴가제도 등을 도입하며 자원봉사활동을 추진하고 있다는 점이다. 또한 다양화와 네트워크시대이다. 자원봉사활동의 영역이 다양화되면서 참여가 증가되자 안정된 서비스를 확보하기 위한 유상자원봉사자에 관해서 논의가 제기되기도 했다. 한편 시민들 측에서는 비영리조직(NGO)에 대한 관심이 증가하여 자원봉사활동을 포함한 시민공익활동을 지원한 사회기반정

11) 복지교육·학습, 계발과 보급, 사회적 평가에 대한 내용이 포함
12) 자원봉사지도자의 양성연수 및 자원봉사보험의 보급, 자원봉사센터의 정비충실, 지역에서의 복지활동추진체제의 정비에 대한 내용이 포함
13) 복지공사, 소비생활협동조합, 농협협동조합 등의 협력 등이 포함
14) 자원봉사센터의 사업에 관한 검토를 행하는 [운영위원회], 자원봉사활동의 추진기관단체와 자원봉사단체 등으로 조직된 [추진협의회], 자원봉사단체들의 협력단체인 [연락협의회]가 설치, 운영되고 있다.

비를 위한 연구, 제언이 많이 행해졌다(류기형 외, 2009).

이상에서 살펴 본 것과 같이 자원봉사활동의 형성기에는 3개국 모두 민간단체의 다양한 활동과 자원봉사자가 급격히 증가함으로써 이로 인해 생기는 무분별한 구호를 막기 위해 이들 활동을 조정하는 민간기관이나 조직이 형성되는 공통적인 특성을 보였다. 또한 민주정치의 발전, 정치적인 안정은 국민들로 하여금 자원봉사활동에 관심을 돌리게 하는 분위기를 조성하였고 산업화, 도시화로 인해 생기는 빈곤문제 등 각종 사회문제의 발생은 자원봉사활동에 직접 참여하게 하는 촉진적 요인이 되었다.

참고문헌

구승신 외(2012). 자원봉사론. 경기: 정민사.
구재관 외(2012). 자원봉사론. 경기: 양서원.
권성진 외(2007). 자원봉사론. 서울: 학지사.
김동배 외(2010). 자원봉사론의 이해. 서울: 학지사.
김범수(2007). 자원봉사론. 서울: 학지사.
김범수 외(2012). 자원봉사론. 서울: 학지사.
류기형 외(2009). 자원봉사론. 경기: 양서원.
박태영 외(2009). 자원봉사론. 경기: 공동체.
성영례 외(2000). 21세기 자원봉사. 서울: 동문사.
조휘일 외(2009). 자원봉사론. 경기: 공동체.
표갑수(2010). 자원봉사론. 경기: 나남.

CHAPTER 03

우리나라 자원봉사의 역사

1 전통사회의 상부상조와 자원봉사

우리 전통사회의 향토풍속과 문화 가운데는 자원봉사활동의 뿌리가 있다. 고대 농촌 부락단위로 공동경작에 참가하면서 자연적으로 상부상조하는 두레와 농촌의 노동력 교환인 품앗이, 상부상조의 정신을 기본으로 한 공동생활의 표현에서 출발하여 신라시대부터 성행된 공익적인 계 조직, 그리고 지역사회의 발전과 지역사회주민의 순화, 덕화, 교화 등을 목적으로 지식인들 간의 자치적 협동조직인 향약, 그 외 부조, 향도 등이 자원봉사활동의 초기 단계인 상부상조활동 또는 전통적인 자선활동으로 볼 수 있다. 우리나라 자원봉사활동의 유래를 역사적으로 검토해 볼 때 삼한시대에서 찾을 수 있다. 상부상조를 목적으로 취미나 그 밖의 생활의 공통적 분야에서 공동으로 회유, 제례, 회식 등과 같은 행사를 통해 이해관계를 같이 해 왔다. 이러한 계 조직은 신라시대에 이르러 다양한 형태로 발전되어 오늘날까지 유사한 형태로 계승되고 있다. 이는 상부상조의 미풍양속 자체가 오늘날의 자원봉사활동이라고는 볼 수 없지만 직·간접적으로 이어져 왔다고 볼 수 있다. 신라시대에는 농촌사회의 상호협력과 감찰을 목적으로 촌락단위로 조직된 '두레'라는 주민협동체가 있었는데, 여기서 주민의 자발적인 상호 협조정신과 제도적인 측면을 찾을 수 있다. 이렇게 자연발생적으로 생긴 소박하고 원시적인 농민중심의 두레는 여러 가지 기능을 가졌지만, 그 중에서 상부상조의 부역노동형태가 오늘까지 이어지고 있다. 두레는 지방에 따라 공굴, 공골이, 조리, 동네 논매기, 행두 품어리 등 다양한 명칭으로 불렸다.

이러한 전통사회의 상부상조와 자원봉사에 대하여 향약, 계, 두레로 나누어 구체적으로 살펴보면 다음과 같다.

1) 향약

향약은 우리 사회에 유교적 예속 내지는 미풍양속의 보급 정착에 크게 공헌하였다. 향약은 이황, 이이 등이 중국의 「여씨향약」의 사대 강령인 덕업상권(德業相勸), 과실상규(過失相規), 예속상교(禮俗相交), 환난상휼(患難相恤)의 취지를 우리 실정에 맞도록 첨삭하여 마련한 후 우리 사회에 순조롭게 수용되고 널리 보급된, 이른바 지방자치를 실현하여 사회 안정에 이바지한 전통적인 향촌의 자치규약이다. 대표적 향약으로 알려진 이황의 「예안향약」이나 이이의 「해주일향약속」은 향약, 즉 지역사회의 교화를 위한 것이 아니라 이것과는 다른 향규라는 것이다. 지역마다 향안(鄕案)이라는 것이 있어 이 안(案)에 오른 자, 즉 향원(鄕員)만이 좌수(座首)·풍헌(風憲) 등 향임(鄕任)에 임명될 수 있는 것이 향규로 볼 수 있다. 이 향안 조직은 지역의 유력자들의 모임으로 이 조직의 구성원만이 향안에 등록되고 등록된 자들만이 관권(官權)에 대하여 일정한 독립성을 가지고 향임에 임명되어 현(縣) 이하의 면, 리를 자치적으로 운영하였다는 것이다.

일반적으로 향약의 시초는 1517년(중종 12) 김안국이 경상감사로 있을 때 간행한 「여씨향약언해」의 반포로 잡는다. 「향약」은 「주자대전」에 실려 있어 주자학과 더불어 고려 말에 전개되었다. 그러나 그 주해가 없어 민간에서 이해하기가 어려웠는데, 주자학적 이상에 몰두하며 교화에 열성적이었던 김안국이 「여씨향약」언해를 붙여 간행하였다.

조선 중기의 사림파 조광조 등은 주자학적 이상사회 실현, 즉 하, 은, 주 삼대의 이상사회 구현을 급히 서둘렀는데, 민속을 단속하는 향약은 그 좋은 방편으로 간주되어 전국적인 실시를 역설하였다. 그러나 이러한 노력과는 달리 향약 실시의 기세는 급속히 시들었으니 1519년 조광조 일파가 몰락하는 기묘사화로 말미암아 사라져 버린 것이다. 당시의 향약은 전통과 조화된 자치적인 것이 아니라 이상에 치우친 당국자들에 의하여 선도되는 관 주도적인 것이었음은 조광조 자신이 향약 실시상의 난점을 비판하여 "향약의 본뜻과는 달리 박촉(追促)한 것이 되었는데 그 이유는 감사(監司)가 나서서 실시를 강요하고 있는 탓이다. 치도는 급박하여서는 안 된다"고 지적하고 있을 정도이다. 또 향약은 약장(約長)에 적임을 얻어야 행할 수 있는데, 지방에서 고을마다 인재를 얻을 수 없는 것도 문제였다. 그리고 용형권(用形權)을 함부로 향중사족에게 맡겨 그들의 권세를 크게 하면 수령의 관권에 방해가 될 수 있다는 반론도 주장되었다. 무엇보다 향약 실시의 현실적 측면이 사혐(私嫌)으로 기우는 경향이 짙었으나 선악적의 기재(記載)도 공정하지 못하여 도리어 인심을 박악하게 만들고 민속을 구속하여 자연스러운 인정을 메마르게 하는 역효과마저 드러냈다.

향약은 처음 유향소(留鄕所)를 중심으로 운용되었다. 김안국의 「여씨향약언해」에 도약정을 지금의 유향소 좌수와 같은 것이라고 한 것이라든지 유향소를 달리 향약당이라 한 곳이 있고, 좌수 아래 면임은 흔히 풍헌이나 집강이라 부른 점에서도 유향소 중심의 향약 운용이 있었다는 시사를 받는다. 향약에서 가리키는 선과 악은 다양하지만 상·하, 장·유, 내·외의 분을 지킬 것을 권장하는 것이 핵심이다. 상민들이 분내의 역을 피하고 분외의 임을 바라거나 혹은 무단으로 이사하는 것은 가장 금기시된 일로 지적되었으며, 강회시신약(講會時申約)에서도 각수분업(各守分業)의 조목이 강조되었다. 17세기 중엽 인조대의 부인동동약을 보면 여씨향약을 기준으로 하였지만 시폐(時弊)와 전통에 적응시키려 한 변모가 역력하다. 이 동약의 특색 있는 조항을 들면 소민을 함부로 잡아다가 사사로이 형장을 가하는 자는 상벌에 처하고, 공사의 모임에서 수령의 정사를 시비하는 자는 중벌에 처하는 등 양반에게만 해당하는 향규와 공통점이 많은 상계문이 있다. 하계문에는 부모를 봉양하지 않고 거지짓을 시킨 자, 며느리가 시부모에게 욕한 자, 양반을 능욕한 자는 상벌로 처하고, 심한 자는 관에 고발하여 벌을 주게 했다. 상·중·하별로 실천을 강요하는 이러한 사회적 강제력으로 동약에 규정된 권계(勸戒)는 이른바 예속으로서 사회생활 속에 정착되는 면이 많았다. 따라서 우리 조상들의 관습은 향약의 조목에서 우리 사회생활과 도덕관에 기저를 이루고 있는 것이다. 20세기 초 일본인들은 아주 무식한 우리 농민들까지도 예절이 바르고 전통적 도덕이 그들 이상임을 보고 놀랐다고 하거니와, 이는 미풍양속을 중시하는 향약의 일면이요 잔영이었던 것이다.

동계 내부에서의 공동체적인 면을 보면 온 집안이 염병(染病)으로 농사를 짓지 못할 때는 약중(約中)에서 협력하여 대신 김매 주고 가난한 병자, 고독한 병자 중에 대해서는 약장에서 치료를 도왔다. 과년한 처녀나 빈궁하여 혼처를 얻지 못하는 자에게는 혼사를 주선하고 무의무탁한 고아는 장성할 때까지 생활, 교육을 협력하여 보살펴 주었다. 또, 농촌 생활에 있어서 필수적인 법과 질서 이를테면 도랑물을 훔친 자나 남의 밭을 침경(侵耕)한 자는 중벌, 우마(牛馬)를 남의 논밭에 들어가게 한 자는 초범에 하벌, 농사를 게을리 하여 양전(良田)을 썩히게 한 자는 중벌, 벼를 훔친 자는 상벌, 이웃의 환난을 돕지 않는 자, 남의 돈이나 쌀을 빌리고 갚지 않는 자 등은 모두 차상벌(次上罰)에 처하여졌으니 이 벌은 보통 태 30대였다.

2) 계

우리나라 자원봉사의 기초인 상부상조를 목적으로 하는 계 조직은 삼한시대에 성행하였으며, 이는 순수한 주민협동체 조직으로 취미나 그 밖의 생활의 공통된 분야에서 공동으로 회유, 제례 또는 회식 같은 행사를 통해 이해관계를 같이 해왔다. 이런 계 조직은 신라시대에 이르러 다양한 형태로 발전되어 오늘날까지 유사한 형태로 전달되어지고 있다.

따라서 계는 우리나라에 보편적으로 존재했던 협동 단체의 하나라고 할 수 있다. 계는 농촌 주민의 필요에 따라 예로부터 자생적으로 발생·유지된 집단인데, 두레, 품앗이보다 보편적이고 활발한 것이었다. 계는 그 기원이 불확실하고 종류가 다양하며 기능도 복잡하기 때문에 그 개념을 간단히 정의하기는 어렵다. 많은 주장들이 있지만, 계는 계원의 상호부조, 친목, 통합, 공동 이익 등을 목적으로 일정한 규약을 만들고 그에 따라 운영된다는 점에 대체적으로 일치하고 있다. 계의 종류는 셀 수 없을 정도라고 했을 만큼 많았다. 1939년의 조사에 따르면 명칭이 다른 것만 하여도 480개의 종류나 있었다. 계의 분류는 조직 목적, 외적 형태, 기능 등을 기준으로 하였고 특히 기능이 따랐던 것이 일반적인 경향이었다. 그러나 하나의 계가 동시에 여러 기능을 담당하고 있는가 하면, 같은 명칭의 계가 서로 다른 기능을 수행하는 경우도 있기 때문에 계의 기능을 엄정하게 분류하는 것은 어렵다. 예컨대 오락이나 친목 등을 목적으로 하는 계라고 하더라도 실제로는 모두 경제적 문제를 고려하고 있는 것이다.

계의 발생 시기에 대해서도 정확하게 말하기는 어렵다. 삼국 이전에 성립하였다는 설, 신라시대 성립설, 고려시대 성립설, 조선시대 성립설 등 시대 설정이 다양하게 주장되고 있어 추정마저 어렵다. 특히 조선시대 이전의 자료는 드물기 때문에 계의 기원에 대한 학설이 더욱 분분하다. 조선시대의 계는 민족 항일기에 들어 상당한 변화를 경험한다. 1526년과 1930년에 행해진 조사를 중심으로 이러한 변화의 양적인 여러 측면을 살펴보면, 우선 이 기간 동안에 계의 수가 2만에서 3만으로 증가하고 있음을 알 수 있다. 각종 계의 전체 숫자에 대한 비율을 보면, 공공사업을 목적으로 하는 계와 오락을 목적으로 하는 계는 그 비율이 증가한 반면, 다른 계들은 그 비율이 감소하였다. 이러한 경향은 계원 수에 있어서도 동일하다. 계의 약 60%가 상호부조를 목적으로 하는 계이고, 가입하고 있는 사람의 약 50%가 상호부조를 목적으로 하는 계에 가입하고 있음을 볼 때, 상호부조가 계의 가장 중요한 기능임을 알 수 있다.

3) 두레

신라시대에는 계 이외에도 두레라고 하는 촌락단위로 조직된 농촌사회의 상호협력, 감찰을 목적으로 하는 주민 협동체가 있었는데 여기서도 주민들의 자발적인 상호협조 정신과 제도적 측면을 찾아 볼 수 있다.

두레는 중·남부 지방 논농사 지대에서 한 마을의 성인 남자들이 협력하며 농사를 짓거나, 부녀자들이 서로 협력하여 길쌈을 하던 공동 노동 조직이다. 남자들의 일은 주로 모내기·김매기 때와 같이 단기간 내에 대규모의 노동력을 집약적으로 투입해야 할 때 관행되어 왔다. 두레는 지역에 따라 구성이나 기능이 다르기 때문에 명칭도 다양하여 '농사(農事)', '농계(農契)', '농청(農廳)', '농악(農樂)', '농기(農廳)', '목청(收廳)', '갹사(醵社)', '동네 논매기', '길쌈', '돌개기음' 등으로 불렀다. 두레는 공동노동조직이기도 하면서 줄다리기, 홰싸움·편싸움 등의 오락에서도 큰 몫을 하였다.

두레는 지역 공동제의 호칭이었다가 차츰 인위적 공동체로 변하여, 근로단체, 군사단체, 도의단체, 공제단체, 신앙단체, 경기단체 등의 성격을 띠게 되었으며, 토지 소유 형태면에서는 토지가 촌락 공동체, 즉 두레에 속하였으므로 공동 경작, 공동 분배를 하였을 것이고, 따라서 전 주민의 공동 노동 조직도 두레로 불리게 되었을 것이라는 주장이 있다. 고대 농촌 공동제의 경우 인간 상호간의 관계는 물론, 집단과 생산 수단의 관계도 견고한 결합 형태를 띠고 있었다.

공동 노동 조직으로서의 두레는 집단성과 강제성을 농후하게 지닐 수밖에 없었다.

두레의 종류는 다양하다. 성별에 따라 남자두레와 여자두레로 나눌 수 있고, 발생의 선후와 세력의 우열에 따라 선생두레와 제자두레, 또는 형두레와 아우두레가 있으며 세대별로는 청년두레, 장년두레, 노인두레가 있었을 뿐만 아니라, 농악의 유무에 따라 농악 있는 두레와 농악 없는 두레가 있었다. 전통적인 공동노동 조직으로는 두레 외에도 '품앗이'가 있으나, 품앗이는 기본적으로 개인의 의사에 따라 이루어지는 소규모의 노동력 상호교환 조직이라고 할 수 있다. 여기에 반하여 두레는 한 마을의 성년 남자 전원이 거의 의무적으로 참가해야 했다. 두레에 가입하려는 남자는 자기의 힘을 마을 사람들에게 시험해 보여서 그들의 찬동을 얻어야 했다. 이러한 신참례(新參禮)는 지방에 따라 진새, 팔례, 공배, 주먹다드미, 돌창례, 바구리, 나다리 등으로 불렸는데, 여기에서 고대부터 있어 온 성년식의 유풍을 찾을 수도 있다.

두레에 의한 공동 노동은 모내기, 물 내기, 김매기, 벼 베기, 타작 등 경작 전 과정에 걸친 것이고, 특히 일시적으로 많은 품이 요구되는 모내기와 김매기에는 거의 반드시 두레가 동원되었다. 1970년대 중반 강원도 횡성군에서 조사된 두레는 그 조직이 다른 지역에서는 찾아볼 수 없을 만큼 온전하게 유지되고 있었다. 그곳에서는 모내기를 1주일 정도 앞두고 두레를 짜게 된다. 그것을 "못날 받으러 간다."고 하며, '모 공론', '질공론', '일공론'이라고도 하였다. 두레와 떼어 놓을 수 없는 것에 농악이 있다. 농악 있는 두레는 작업을 하러 갈 때에 농기를 앞세우고 장구, 꽹과리, 북 등을 풍물 잡이들이 치며 간다. 김맬 때에는 장구 잡이 혼자만 소리를 하면서 풍물을 잡는다. 농악의 '선왕굿'은 서낭제 의식을 그대로 모방한 것으로 제의(聚慶)와 노동의 관계를 보여주는 예이다. 농악은 노동의 고통을 경감시켜 더욱 힘을 내게 하고, 협동심을 북돋우는 효과를 가지고 있다.

2 근현대자원봉사의 발전

앞에서 살펴본 전통사회의 상부상조 내용들을 기반으로 해서 출발한 우리나라의 자원봉사활동에 대하여 그 발전과정을 살펴보고자 한다.

우리나라는 자원봉사의 역사가 영국이나 일본에 비하여 비교적 짧다. 물론 농촌 부락단위로 관혼상제나 농사철 경우에 부락민들끼리 상부상조하는 형태의 두레, 품앗이, 계, 향약 등의 전통이 존재하여 왔지만 이러한 전통은 자원봉사 정신에 입각한 것이라기보다는 서로 품을 팔아 상부상조 하는 경제적 보상의 측면을 강하게 지니고 있다는 점에서 본래 의미의 자원봉사라고는 볼 수 없다. 현대적 의미의 자원봉사가 우리나라에 도입되기 시작한 것은 1903년의 기독교청년회(YMCA) 창립을 계기로 비롯되었다고 할 수 있다.

즉, 근대 조선 이후로 기독교가 도래되고 그에 따르는 기독교 사상, 민주주의 사상이 유입되면서 교회 및 관련단체의 자선적, 박애적 활동을 중심으로 초보적 형태의 자원봉사활동이 시작되었다고 하겠다.

그 후 인도주의 정신에 입각한 대한적십자사(1905) 등 각종 사회단체가 창립되어 자선적 박애활동을 벌였다. 이들 단체들은 당시 교육받은 청년, 여성들을 중심으로 하여 농촌계몽활동, 야학, 여성교육 등 각종 사회운동을 하도록 자원하였다.

1921년 태화기독교사회관에서 여성계몽과 어린이 건강을 위한 봉사활동이 전개되면서부터이다. 기독교 사상, 민주주의 사상이 유입되면서 기독교인으로서의 개인적 봉사나 교회에서의 봉사 이외에 YMCA, YWCA와 같은 기독청년회의 활동이 전개되고, 인도주의와 자원봉사를 기본정신으로 하는 적십자운동이 활성화되면서 우리나라에도 자원봉사활동이 가속화되기 시작했다.

6·25 이후부터 1970년대까지는 전쟁의 참화를 극복하기 위하여 사회복지서비스 분야 전반에 대한 참여가 있었는데 민간의 참여뿐 아니라 외국의 사회봉사기관들(외원기관)이 직접 참여하여 사회복지서비스 분야를 중심으로 구체적인 사회봉사 방법과 경험을 익히게 되었다. 의식주 등의 국민의 일차적 요구에 대한 것뿐 아니라 의료봉사, 탁아, 양로, 부랑인, 장애인시설 등에서의 자원봉사는 물론 문맹퇴치를 위한 야학교실 등도 활발했다.

1971년부터 전개된 새마을운동은 자발성에 의한 활동은 아니었지만 지역주민들의 생산기반과 생활능력을 개발하여 소득수준을 향상시키고 의식 계발을 포함한 사회 개발에 획기적인 기여를 하였을 뿐만 아니라 자원봉사정신의 확산 및 고취에 커다란 영향을 미치게 되었다. 1978년부터는 한국사회복지협의회가 자원봉사자 교육·훈련을 실시하고 사회복지 분야에 배치하기 시작했으며, 각종 사회복지단체를 중심으로 자원봉사활동이 전개되었다.

자원봉사활동에 대한 관심이 본격적으로 높아지기 시작한 것은 1980년대부터

인데 이는 경제수준의 향상, 국민의식의 증대, 가족구조의 변화 등 사회·경제적 변화에 의해 기인된 것이라고 할 수 있다. '86아시안게임, '88올림픽, 장애인올림픽에 있어서 거국적인 자원봉사자 활용은 자원봉사에 대한 국민인식을 새롭게 하는 계기가 되었다. 거대한 국제행사를 앞두고 정부에서는 외국어를 구사할 수 있는 인력 및 국제적 감각을 지닌 인력이 다량 필요하여 주로 국책연구원이나 정부기관에 근무하는 외국에서 공부를 한 경험 있는 연구 인력, 학생, 주부를 차출하여 활용하였다. 이외에도 물론 노력봉사자, 차량봉사자 등을 모집 활용함으로써 사회복지 분야뿐 아니라 사회 전반에 걸쳐 우리나라에 '자원봉사자'란 단어가 일반화되게 하는 데 큰 역할을 하였다.

1991년에는 한국자원봉사연합회 창립총회를 통해 전국 최초의 전문적인 민간 자원봉사단체가 설립되었다. 1994년 자원봉사 관련 전산정보체계 구축, 자원봉사자활동 지도자교육, 자원봉사활동 조사연구와 고재 발간, 홍보, 정책 건의를 목적으로 하는 사회복지협의회 부설 사회복지자원봉사정보안내센터를 설립하였다. 1995년 5월 31일 사회의 윤리·도덕 및 인간성 회복을 목표로 한 교육 개혁의 일환으로 중·고등학교 청소년자원봉사활동이 등장하게 되었고, 대학에서도 자원봉사에 많은 관심을 기울여 자원봉사 교과목이 개설되기 시작했다. 또한 자원봉사활동의 필요성에 대한 공감대가 확대되면서 대기업에 있어서도 신입사원 채용과 직원연수의 경우 자원봉사 실적을 반영하고 일부 회사에서는 사내 조직적으로 사회봉사단을 창설하기도 하였다.

그리고 1997년부터 시작된 지방자치제도의 실시와 더불어 주민의 사회참여의 방안으로 자원봉사 욕구 확대 및 정부의 지원 노력이 강화되었으며, 2002 월드컵에서도 자원봉사활동의 활발한 모습이 전 세계에 알려지는 계기가 되었다. 2005년 6월 29일에는 십여 년간 자원봉사 관련법을 국회에 상정하여 통과되지 못했던 자원봉사활동기본법이 통과됨으로써 국민의 자원봉사활동을 체계적으로 관리하고, 자원봉사자의 권익을 보호하며, 자원봉사센터를 육성하는 기초를 만들었다.

3 최근 우리나라 자원봉사의 변화추세

우리나라의 자원봉사활동이 제도화된 시기는 학자에 따라 제기하는 바가 다르나 필자는 1978년 한국사회복지협의회에서 사회봉사센터를 부설로 설립하고 자원봉사자를 모집하여 교육·훈련하여 자원봉사자가 필요한 기관에 배치하는 사업을 전개한 시점으로 보는 것이 타당하다고 본다. 물론 그 당시까지 단순한 봉사자를 모집하여 활용한 기관은 있었으나 자원봉사자를 교육·훈련하여 배치한 곳은 한국사회복지협의회에서 처음으로 실시하였기 때문이다.

1980년대에 들어오면서 지방 사회복지협의회가 16개의 광역시와 도 단위에 조직이 되면서 자원봉사자 모집 훈련 배치의 기능은 전국적으로 확산되기 시작하였다. 또한 1979년 2학기부터 강남대학교 사회사업학과에서는 처음으로 자원봉사론(자원복지론)이라는 과목을 개설하여 교과목에 배정하면서 사회복지학과가 설립된 타 대학에서도 점차 자원봉사론을 개설하여 강의하기 시작하였다.

정무장관실에서는 여성개발원이 1984~92년에 여성자원활동 인력은행을 개설 운영하였으며, 1992년에 여성자원활용센터 교육담당 및 여성지원 활용센터를 설치하여 운영하고 있다.

그럼에도 불구하고 우리나라에 자원봉사라는 용어를 일반 국민들이 널리 인식하게 된 계기는 1988년 개최된 서울올림픽이라 할 수 있다. 서울올림픽 때 '88 올림픽 자원봉사자'를 모집하여 활용한 것이 계기가 되어 국민들에게 자원봉사라는 용어를 알릴 수 있게 되었다.

1994년에는 한국자원봉사단체협의회가 설립되어 사회복지계 자원봉사 관련 단체와 일반 자원봉사단체들이 연계하여 자원봉사활동에 관한 정보를 협의·조정하는 활동을 하고 있다.

우리나라의 자치구 행정체계의 자원봉사 동향을 살펴보면, 1994년 12월 30일 확대경제장관회의 시 사회봉사활동은 복지차원에서 뿐만 아니라 사회전반의 분위기를 개선하려는 효과가 있으므로 이를 확대하도록 대통령의 지시와 1996년 7월 9일 행정자치부(내무부)에서 지역종합자원봉사센터 설치 운영 지침의 시달로 자치구는 자원봉사 관련 조례안을 만들어 운영하게 되었다.

그러나 우리 사회에 자원봉사활동이 일반 국민들의 인식을 높이는 데 크게 기여한 사업은 1994년 중앙일보에서 시작한 자원봉사캠페인이라고 할 수 있다. 이 캠페인은 1995년에 교육부에서 실시한 5·31 교육개혁 조치와 함께 중·고교생들을 자원봉사활동에 의무적으로 참여시킴으로써 자원봉사라는 씨앗을 심는 계기가 되었다. 그 후 각 시·도에 청소년자원봉사센터와 시·군·구의 종합자원봉사센터가 설립되면서 자원봉사활동을 통하여 민·관이 상호 파트너십을 유지하는 관계를 갖게 되었다.

또한 1996년 7월에는 총장들의 모임인 한국대학사회봉사협의회가 창립되어 그동안 각 대학별로 산발적으로 운영되어 오던 자원봉사프로그램이 상호 연계하며 정보교환을 할 수 있도록 조직화되었다. 대학사회봉사협의회의 조직화로 그동안 대학의 3대 기능, 즉 교육, 연구, 사회봉사 중에서 소홀히 여겨오던 자원봉사활동에 관심을 갖는 기회를 제공하였다. 대학사회봉사협의회는 현재 한국대학교육협의회 안에 사무국을 개설하고 총장과 학장을 중심으로 한 이사진과 전문가를 중심으로 한 운영위원회를 조직하여 대학의 자원봉사활성화를 위하여 활동하고 있다.

이와 함께 2001년 UN은 '국제자원봉사자의 해'로 선포해 각 나라에서 자원봉사의 전반적인 진흥을 위해 노력을 기울이는 국제적인 자원봉사자의 시대를 열고 있다.

참고문헌

공동모금회(2006). 공동모금회 내부자료.

구자순(1995). 사회봉사의 대상과 영역. 대학의 사회봉사. 한양대학교출판부.

구혜영(2008). 자원봉사실천론. 서울: 신정.

김근조(1997). 사회봉사의 이론과 실제. 중앙공무원교육원.

김동배(2005). 시민사회와 자원봉사. 서울: 학지사.

김범수 외(2007). 자원봉사론. 서울: 학지사.

김선업(1994). "오늘의 청소년 세대와 청소년 문화의 실상". 21세기 지속가능한 인간 사회 개발과 청소년운동의 방향. 서울: YMCA.

김선영(1996). 중학생들을 위한 지역사회 자원봉사 프로그램 모형 연구. 이화여대 석사논문.

김성이(1996). 자원봉사활동 체계화 방안 연구. 한국사회복지협의회.

김영호(1995). 21세기를 향한 자원봉사의 의미와 활성화 방안.

김옥라·김현자 역(1992). 자원봉사: 사랑의 공동체. 서울: 희성출판사.

김익균 외(2005). 자원봉사자론. 경기: 교문사.

남세진(1991). "지방자치와 자원봉사활동". 정무장관(제2실). 자원봉사활성화를 위한 세미나 보고서.

문진영(1995). 자원봉사의 기초적 이해. 대학생 사회봉사 핸드북. 성공회대학교.

민간복지 관련 법안 입법 청원을 위한 범시민공청회 준비위원회(1995). 민간복지 관련 법안 입법 청원을 위한 범시민공청회 자료집.

삼성사회봉사단(1996). 자원봉사자 관리자료 지침서.

서울시정개발연구원(1995). 서울시 자원봉사자 활용 증진 방안에 관한 연구.

서울특별시 사회복지협의회(1995). 자원봉사자 교육교재.

성민선(1996). "자원봉사진흥법안". 자원봉사진흥을 위한 정부의 역할. 한국자원봉사포럼전문가토론회.

양창삼(1995). 사회봉사의 철학과 기능. 대학의 사회봉사. 한양대학교출판부.

원미순(1996). 기업자원봉사활동의 동기와 관리방안에 관한 연구. 서울여대석사논문.

윤혜승(1995). 볼런티어 활동의 정신. 서울: 학문사.

이강현 역(1995). 자원봉사 프로그램의 기획과 관리를 위한 일백한가지 아이디어. 한국자원봉사단체협의회.
이서행(1993). 한국·한국인·한국정신. 서울: 대광서림.
이서행(1997). "한국자원봉사의 정신문화 뿌리와 발전과정". 제1회 한국자원봉사 뿌리찾기 세미나. 한국자원봉사단체협의회.
이성록 편역(1995). 자원봉사활동관리조정론. 서울: 학문사.
이정호(1993). "사회복지시설의 이해". 지역복지봉사의 이론과 실제. 한국사회복지협의회.
이창호(1995). 자원봉사의 방법과 기술. 대학의 사회봉사. 한양대학교출판부.
이청자 외(1993). 자원활동 수요개발에 관한 연구. 한국여성개발원.
이태영·서석달 공역(1982). 볼런티어 활동. 대구대학교출판부.
이현주(1996). 청소년 자원봉사 프로그램 개발을 위한 기초조사연구. 서울여자대학교.
정원오(1995). 자원봉사의 영역. 이웃을 위한 젊은-대학생 사회봉사 핸드북. 성공회대학교출판부.
정종현(2005). 사회복지공동모금의 활성화방안. 조선대학교 정책대학원 석사학위논문.
조현제(1994). "21세기 한국 청소년상과 바른 청소년운동". 21세기 지속가능한 인간사회 개발과 청소년 운동의 방향. 서울: YMCA.
조휘일(1990). "한국 사회복지 분야의 자원봉사 행동과 관련된 개인 및 조직 특성에 관한 연구". 숭실대학교 대학원 박사학위논문.
조휘일(1995). 사회복지와 자원봉사, 한국사회복지의 선택. 경기: 나남.
조휘일(2002). 자원봉사 프로그램 관리. 서울: 학지사.
주성수(1996). 삶의 질 향상을 위한 자원봉사 활성화 방안. 공보처.
중앙일보사(1995). 시민사회 자원봉사의 길(개념편).
중앙일보사(1995). 시민사회와 자원봉사의 길 上下.
최일섭 외(1996). 미국의 자원봉사 유래와 현황. 한국사회복지관협회.
표갑수(1994). 자원봉사활동의 활성화 방안. 충북사회복지연구. 충북사회복지연구소.
한국사회복지연구회(1997). 현대사회의 자원봉사론. 서울: 유풍출판사.
한국여성개발원(1994). 청소년 자원봉사활동.
한국여성개발원(1996). 자원(봉사)활동자 교육교재.
한국자원농사단체협의회(1996). 자원봉사자 기초 교육.
한국자원봉사단체협의회(1996). 새롭게 하라. 한국자원봉사단체협의회.
한국자원봉사포럼(1996). "자원봉사 진흥을 위한 정부의 역할". 한국자원봉사포럼 전문가 토론회 자료집.
한국자원봉사포럼(1996). "지역자원봉사센터 서로 어떻게 조정하나?". 제4회 한국자원봉사포럼자료집.

한국정신문화연구원(1992). 한국민족문화대백과사전.

한국청소년개발원(1994). 청소년 발달과 지역사회 참여.

행정자치부(2006). 2005 자원봉사센터현황.

현대사회연구소(1985). 자원봉사활동의 실태조사연구. 현대사회연구소.

현외성(1996). 현대사회의 자원봉사론. 한국사회복지연구회. 서울: 유풍출판사.

현외성(2005). 자원봉사론 강해. 서울: 학지사.

홍승혜(1995). 자원봉사활동의 통합과 과제. 한국사회복지의 이해. 한국사회과학연구소.

Bottorf, J., Bottorf, J., & King, M.(1996). Volunteer Management Made Easy Series: Everything You Need To Do Before You Begin To Recruit.

Brudney J. L.(1990). Fostering Volunteer Programs in the Public Sector, *Jossey-Bass Publisher*, San Francisco.

Buono, A. F., & Nichols, L. T.(1990). "Stockholder and Stakeholder Interpretation of Business Social Role", *Business Ethics*, McGraw-Hill.

Campus Outreach Opportunity League.(1993-1994). Into Streets: Organizing Manual, Edition. St. Paul, Minn : COOL Press.

Davis, M.(1977). *Support System in Social Work*, London: Routledge & Kegan Paul.

Dexter, M., & Harbert, W.(1982). *The Home Help Service*, New York: Tavistock Publication.

Douglas(1983). James, Why Charity, Beverly Hills : Sage Publications.

Dunn, Patricia C.(1995). Volunteer Management, Encyclopedia of Social Work, NASW Press.

Essential Characteristic for Course Inclusion in the Service Inter-gration Project.(1994). Fort Collins: Colorado State University.

Flathman, R. E.(1992). Wilful Liberalism : Voluntarism and Individuality in Political Theory and Practice, Ithaca: Cornell University Press.

Howard, J.(ed.).(1993). Praxis I: A Faculty Case bookl on Community Service Learning. Ann Arbor: OCSL Press.

Jennifer R. Wolch.(1990). The Shadow State "Government and Voluntary Sector in Transition". NY: The Foundation Center.

Jon Van Til, et.al.(1990). Critical Issues in American Philanthropy, SanFransisco: Jossey- Bass Publishers.

Mitz, S. D. & Hesser, G. W.(1996). "Principles of Good Practice in Service-Learning", In

Jacoby. B. Et al. Service-Learning in Today's Higher Education. San Francisco: Jossey-Bass Pub.

Morton, K.(1996). "Issues Related to Integrating Service-Learning into the Curriculum" In Jacoby. B. et al. Service-Learning in Today's Higher Education. San Francisco: Jossey-Bass Pub.

Nussbaum, M. & Sen, A.(1993). The Quality of Life. Oxford University.

Points of Light.(1997). ≪Volunteer Center Start-Up Kit≫. Chapter 1-10.

PROVOL. Mesa, AZ.(1996). ≪Volunteer Management Made Easy Series : Volunteer Recognition : How to Make It Work for You≫. PROVOL. Mesa, AZ.

Salamon, L. M.(1992). America's Nonprofit Sector : A Primer. New York : The Johns Hopkins University The Foundation Center.

Sheckly, B. G. & Keeton, M. T.(1997). "Service-Learning : A Theoretical Model", in Rahima C. Wade (ed.). Community Service-Learning : a Guide to Including Service in e Public School Curriculum. State University of New York Press.

Wuthnow, R.(1991). Between States and Markets "The Voluntary Sector in Comparative Perspective". Princeton University.

CHAPTER 04

우리나라 자원봉사의 현황

1 자원봉사의 현황과 특성: 문화, 국민의식 등

자원봉사활동은 본래 인류가 지구상에 존재하면서부터 어려움에 처한 이웃을 돕는 자연스러운 형태로 시작되었는데 서구의 자원봉사라는 말도 라틴어의 의무감이 아닌 자발적으로 행하는 활동의 의미를 갖는 'voluntas'에서 유래된 볼런티어(volunteer)이다.

볼런티어라는 말이 본격적으로 보급되기 시작한 것은 제1차 세계대전 당시 자발적으로 병역을 지원하는 지원병을 가리켜 일컫게 되면서부터였는데 점차 사회복지 분야에서 자발적인 활동을 하는 사람을 자원봉사자라고 지칭하게 되었다. 자원봉사활동의 현대적 의미는 자선이나 감상주의를 뛰어넘어 현대사회의 성격이나 문제에 대처하려는 데서 출발하여 비인간적 압력에 대하여 공동사회를 기반으로 한 개인의 자유의사 또는 자발정신으로 나타난다.

자원봉사활동의 바탕은 인간 하나하나의 의사나 행위를 무시하거나 경시함이 없는 인간존중의 정신에서 비롯되며 자발적으로 공동사회의 개선 향상에 책임을 느끼고 연대감을 갖게 된다.

모든 나라에 있어서 자원봉사활동이 시작된 문화적 배경을 볼 때 첫째, 인류역사에 기초한 사랑, 둘째, 기독교 정신에 의한 구원과 자선사업, 셋째, 전쟁 시 자발적으로 병역과 간호에 지원한 볼런티어 정신, 넷째, 적십자사를 위시한 각종 사회사업과 인보사업운동, 다섯째, 사회복지 차원에서의 자원봉사, 여섯째, 인류평화를 위한 평화봉사단 출범 등으로 요약해 볼 수 있다.

따라서 자원봉사활동이 시작된 문화적 배경과 내용을 보면 자원봉사자, 볼런티어(volunteer)란 라틴어의 voluntus(자유의지)라는 단어에서 유래하였다고 전해지고 있다. 라틴어의 Volo(의지)란 영어의 will에 해당하는 단어로서 volo에서 voluntus라는 말이 생겼으며, 의미는 자발적인 것, 자주적·임의적 자유의지를 의미한다.

트랙커(H. B. Trecker)는 자원봉사자란 지역사회의 복지증진을 위해 노력하는 사회기관단체에서 무보수로 자발적인 노력을 하는 사람이라고 하였다.

미국 『사회사업백과사전』에서는 자원봉사자란 자원봉사에 참여를 원하는 사람들이 일정한 교육을 이수하여야만 자원봉사자라고 전해지고 있다. 다시 말하면 자원봉사에 관한 일정한 교육을 이수하지 않은 사람들은 예비자원봉사자 또는 자원봉사 신청자일 뿐이지 자원봉사자는 아니라는 점이다.

한국사회복지협의회에서는 자원봉사활동이란 사회문제의 예방 및 해결 또는 국가의 공익사업을 수행하고 있는 공사(公私)조직에 자발적으로 참여하여 반대급부를 받지 않고 인간존중의 정신과 민주주의 원칙에 입각하여 필요한 서비스를 제공하여 이타심의 실현과 자기실현을 성취하고자 하는 활동이라고 하고 있다(한국사회복지협의회, 1978).

UN은 2001년에 '국제자원봉사자의 해'로 선포해 각 나라에서 자원봉사의 전반적인 진흥을 위해 노력을 기울여 바야흐로 자원봉사자의 시대가 열렸다.

5~6년간 자원봉사라는 단어는 이제 친숙한 단어가 되었고 2008년도에도 크게 상향되지 않았지만 전 국민의 약 20%가 자원봉사에 참여하고 있는 것으로 조사되었다. 또한 자원봉사에 대한 관심도는 전체 응답자의 70%가 '관심 있다'고 응답한 반면 '관심 없다'라는 응답은 30%인 것으로 비춰보아 상당수 국민들이 자원봉사활동에 관심이 있는 것으로 나타났다. 그럼에도 불구하고 다른 복지선진국에 비하여 자원봉사자의 참여율이 떨어지는 이유는 '시간이 없어서'라는 대답이 64%로 가장 많은 비중을 차지하였다. 이것은 '빨리빨리'를 선호하는 한국인의 사회 전반적인 분위기를 말해준다. 한번 자원봉사에 참가하기 위해서는 자원봉사

센터에 등록을 하거나 자원봉사를 스스로 찾아나서야 하는 준비 작업이 필요한데 대부분 이 과정에서 좌절한다. 특히 직장생활을 병행할 경우 그 좌절감은 더 크기 쉽다. 이를 대변하듯 '자원봉사시설이나 기관에 대한 정보가 없어서'라는 답변이 6.7%로 주요한 이유로 들었다. 우리나라의 자원봉사활동의 체계는 자신이 원하는 기관에서 자신이 원하는 자원봉사를 할 수 있는 체계로 구성되어 있지 않다. 요즘에는 자원봉사를 원하는 시설이 직접 인터넷을 이용하여 자원봉사자를 모집하기도 하지만 대부분은 자원봉사기관에 신청을 한 후 연계를 받는다. 대체적으로 자원봉사자가 필요한 곳에서 신청을 하기 때문에 기관과의 불상사가 날 확률이 낮지만 자원봉사자는 기관이 직원이 아니기 때문에 인테이크가 어려운 경우가 발생하기도 한다.

2 자원봉사자 참여조직들의 현황과 특성

1) 자원봉사센터

자원봉사활동 기본법에 의한 "자원봉사센터는 자원봉사활동을 개발·장려·연계·협력 등의 사업을 수행하기 위하여 설치된 기관·법인·단체 등을 말한다."라고 정의하고 있다. 자원봉사활동 기본법은 2005년에 제정되었으며, 2006년 2월 5일부터 시행된 자원봉사센터는 2006년 12월 현재 전국에 249개소가 운영되고 있다.

자원봉사센터의 양적, 질적인 성장에는 자원봉사활동 기본법 제19조가 있어 가능했으며, 그 내용은 "국가 및 지방자치단체는 자원봉사활동 기본법 제19조에 의거 자원봉사센터를 설치하고, 국가는 자원봉사센터의 설치·운영이 활성화될 수 있도록 적극 노력하여야 하며, 지방자치단체는 자원봉사센터의 운영에 필요한 경비를 지원할 수 있다"고 명시되어 있기 때문이다.

(1) 자원봉사센터 설치 및 운영

자원봉사센터의 설치 및 운영에 대한 내용은 자원봉사활동기본법 제19조를 보면 4가지로 설명하고 있다.

① 국가기관 및 지방자치단체는 자원봉사센터를 설치할 수 있다. 이 경우 자원봉사센터를 법인으로 하여 운영하거나 비영리 법인에게 위탁하여 운영하여야 한다.
② 제1항 후단의 규정에도 불구하고 자원봉사활동을 효율적으로 추진하기 위하여 필요하다고 인정할 때에는 국가기관 및 지방자치단체가 운영할 수 있다.
③ 국가는 자원봉사센터의 설치·운영이 활성화될 수 있도록 적극 노력하여야 하며, 지방자치단체는 자원봉사센터의 운영에 필요한 경비를 지원할 수 있다.
④ 자원봉사센터 장의 자격요건과 자원봉사센터의 조직 및 운영 등에 관하여 필요한 사항은 대통령령으로 정한다.

(2) 자원봉사센터의 역할

자원봉사센터의 역할은 자원봉사 기본법 시행령 제15조에서 첫째는 광역자원봉사센터의 역할(특별시/광역시/도), 둘째는 기초자원봉사센터의 역할(시/군/자치구)로 구분하여 제시하고 있으며, 그 내용은 다음과 같다.

① 광역자원봉사센터의 역할(특별시/광역시/도)

- 특별시·광역시·도 지역의 기관·단체들과의 상시협력체계 구축
- 자원봉사관리자 및 지도자의 교육훈련
- 자원봉사프로그램의 개발 및 보급
- 자원봉사 조사 및 연구
- 자원봉사 정보자료실 운영

- 시·군·자치구 자원봉사센터 간의 정보 및 사업의 협력·조정·지원
- 그 밖에 특별시·광역시·도 지역의 자원봉사 진흥에 기여할 수 있는 사업

② 기초자원봉사센터의 역할(시/군/자치구)

- 시·군·자치구 지역의 기관·단체들과의 상시협력체계 구축
- 자원봉사자의 모집 및 교육·홍보
- 자원봉사 수요기관 및 단체에 자원봉사자 배치
- 자원봉사프로그램의 개발·보급 및 시범운영
- 자원봉사 관련 정보의 수집 및 제공
- 그 밖에 시·군·자치구 지역의 자원봉사 진흥에 기여할 수 있는 사업

(3) 자원봉사센터 현황

① 자원봉사센터 운영

자원봉사센터에 관한 현황을 2006년도에 행정자치부에서 발간한 『2005 자원봉사센터 현황』의 주요내용은 다음과 같다.

자원봉사센터에 관한 조례제정은 '04년 대비 7개소(4%)가 증가한 207개소의 지방자치단체(82.8%)가 조례를 제정하였으며, 직영은 지난해 대비 9개소(6.6%)가 증가한 146개소(58.4%)이며, 위탁운영은 지난해 대비 7개소(7%)가 감소한 95개소(38%)이며, 법인운영은 지난해 대비 2개소(18%)가 감소한 9개소(3.6%)이다.

자원봉사센터에 근무하는 인력은 '04년 대비 34명(4.6%)이 증가한 768명(센터당 3명)이며 이중 공무원은 지난해 대비 20명(10%)이 증가한 211명(27.5%)이며 민간인은 지난해 대비 14명(2.6%)이 증가한 557명(72.5%)이다.

〈표 4-1〉 **연도별 운영 내용**

(단위: 개소/명)

연도별	조례 제정	운영형태				상근인력		
		계	직영	위탁	법인	계	공무원	민간인
'03. 12	170	248	140	99	9	694	208	486
'04. 12	200	250	137	102	11	734	191	543
'05. 12	207	250	146	95	9	768	211	557

출처: 행정자치부(2006). 2005 자원봉사센터 현황.

근무기간에 따른 분석에서는 1년 미만이 138명(24.8%), 2년 미만이 104명(18.7%), 3년 미만이 113명(20.3%), 3년 이상이 202명(36.2%)이었으며, 급여수준에 따른 분류에서는 무급이 24명(4.3%), 1천만 원 미만이 92명(16.5%), 2천만 원 미만이 279명(50.1%), 3천만 원 미만이 128명(23%), 3천만 원 이상은 34명(6.1%)으로 조사되었다. 2004년 대비 2천만 원 미만은 454명(83.6%)에서 395명(71%)으로 감소하고, 2천만 원 이상은 89명(16.4%)에서 162(29%)명으로 증가하여 센터 종사자의 처우가 점차 개선되고 있음을 알 수 있다.

〈표 4-2〉 **센터종사자 급여 및 근무기간 현황**

(단위: 명)

연도별	급여수준별						근무기간별				
	계	무급	1천 미만	2천 미만	3천 미만	3천 이상	계	1년 미만	2년 미만	3년 미만	3년 이상
'03. 12	486	37	121	269	46	13	486	205	98	51	132
'04. 12	543	66	158	230	72	17	543	154	150	86	153
'05. 12	557	24	92	279	128	34	557	138	104	113	202

출처: 행정자치부(2006). 2005 자원봉사센터 현황.

② 예산편성 및 집행

자원봉사센터의 '05년 예산액은 32,806,079천 원으로 '04년 대비 3,586,450천 원(12.2%)이 증가 하였으며, 자원봉사센터별 평균예산은 131,224천 원으로 광역센터는 평균 326,440천 원, 기초센터는 117,876천 원임을 알 수 있다. 최고는 경기도 자원봉사센터로 1,275,000천 원이며, 최저는 울산광역시 중구 자원봉사센터로 1,000천 원으로서 그 차이는 너무도 큰 것을 알 수 있다.

〈표 4-3〉 **센터별 평균 및 최고·최저 예산 현황**

(단위: 천원)

구분	예산총액	센터별 평균예산	센터별 최고·최저예산	
			최고	최저
전 국	32,806,079	131,224	1,275,000(경기도 센터)	1,000(울산 중구센터
광역센터	5,223,054	326,440	1,275,000(경기도 센터)	21,750(경남 도센터)
기초센터	27,583,025	117,876	985,426(충북 단양군센터)	1,000(울산 중구센터)

출처: 행정자치부(2006). 2005 자원봉사센터 현황.

2005년 12월 말 현재 예산집행 액은 '04년 대비 3,761,334천 원(13.9%) 증가한 30,778,919천 원으로 전체 예산액의 93.8%가 집행되었으며 집행 잔액은 2,027,160천 원(6.2%)이며, 그 중 인건비가 9,419,984천 원(30.6%), 봉사활동비가 8,363,417천 원(27.2%), 운영비가 4,469,265천 원(14.5%), 특수시책비가 3,228,419천 원(10.5%), 협조체계구축비가 1,243,310천 원(6%), 보험가입비가 987,732천 원(3.2%), 센터설치비가 824,275천 원(2.7%), 기타 2,242,517천 원(7.3%)으로 인건비, 사무실 운영비 등 경직성 경비가 13,889,249천 원으로 전체 집행 액의 45.1%를 차지하고 있다.

③ 자원봉사자 등록 현황

자원봉사자 등록 인원은 2,083,704명(센터당 평균 8,334명)으로 '04년 대비 360,881명(20.9%)이 증가하였다.

〈표 4-4〉 **연도별 자원봉사자 등록 현황**

(단위: 명)

구분	'01. 12	'02. 12	'03. 12	'04. 12	'05. 12
등록 인원수	1,166,601	1,343,693	1,489,009	1,722,823	2,083,704

출처: 행정자치부(2006). 2005 자원봉사센터 현황.

성별로는 남자가 900,214명(43.2%), 여자 1,183,490명(56.8%)이고, 연령별로는 40대가 495,536명(23.8%)으로 가장 많고, 20세 미만이 461,728명(22.2%), 50대가 345,960명(16.6%), 30대가 291,274명(14%), 20대가 280,234명(13.4%), 60세 이상이 208,972명(10%) 순으로 나났다.

〈표 4-5〉 **자원봉사자 성별·연령별 현황**

(단위: 명)

연도별	총 계	성 별		연 령 별					
		남	여	20세 미만	30세 미만	40세 미만	50세 미만	60세 미만	60세 이상
'03.12	1,489,009	643,765	845,244	331,372	171,411	243,602	380,648	240,983	120,993
'04.12	1,722,823	755,613	967,210	389,037	217,903	264,024	420,595	270,517	160,747
'05.12	2,083,704	900,214	1,183,490	461,728	280,234	291,274	495,536	345,960	208,972

출처: 행정자치부(2006). 2005 자원봉사센터 현황.

자원봉사자의 직업별 현황에서는, 주부가 502,577명(24.1%), 중고생이 433,299명(20.8%), 회사원이 197,828명(9.5%), 자영업이 173,199명(8.3%), 대학생이 120,459명(5.8%), 서비스업이 100,827명(4.8%), 공무원이 43,413명(2.1%), 기타가 477,075명(22.9%)으로 주부 및 학생이 50% 이상을 차지하고 있다.

자원봉사센터에 등록된 자원봉사자의 자원봉사활동 실적은 7,634,183명으로 '04년 대비 2,049,574명(37%)이 증가하였으며, 센터등록 자원봉사자 1인의 자원봉사활동 횟수도 전년 대비 0.42회가 증가한 3.66회의 자원봉사활동을 하였으며, 활동분야별로는 2004년과 마찬가지로 사회복지 및 환경보호 분야의 봉사활동이 주류를 이루고 있다.

〈표 4-6〉 **자원봉사활동분야별 현황**

(단위: 명)

연도별	총 계	분 야 별						
		사회복지	의료시설	환경보호	교통질서	구조구급 재해복구	공공기관	기 타
' 03. 12	5,118,720	1,534,836	328,191	784,855	646,824	482,057	325,103	1,016,854
' 04. 12	5,584,609	1,584,619	195,986	1,192,733	697,554	326,666	469,939	1,117,112
' 05. 12	7,634,183	2,711,283	307,252	1,632,872	688,762	245,749	619,638	1,428,627

출처: 행정자치부(2006). 2005 자원봉사센터 현황.

(4) 자원봉사센터의 활성화 방안

2005년 자원봉사활동 기본법 제정에 따라서 양적인 확대는 이뤘으나, 안정적인 운영과 체계의 일원화를 구축하지는 못하고 있다.

특히, 대부분의 자원봉사센터가 중앙정부로부터 안정적인 재정적 도움을 받지 못하고 지방자치단체의 조례에 의거하여 운영되고 있어 자치단체장의 관심과 의지에 따라서 규모나 운영 형태, 재원 등에서 지역 간에 커다란 차이를 나타내고 있는 실정이다.

자원봉사센터가 지역사회 변화와 지역사회 주민의 참여에 의한 비전을 제시할 수 있는 기관이 되기 위해서는 다각적이고 다양한 노력을 기울여야 할 것이다. 다음은 자원봉사센터가 활성화하기 위한 방안을 몇 가지 제시하고자 한다(김범수 외, 2007).

① 각 부처별 자원봉사센터의 효율적 운영

현재 행정자치부, 보건복지부, 문화관광부, 여성가족부는 각각 서로 다른 명칭으로 자원봉사센터를 부처 특성에 맞게 운영하고 있다. 그리고 이들 부처에서는 자원봉사 업무의 중요성을 인식하여 자원봉사센터를 확대하려는 경향을 보이고 있다. 그러나 각 부처에 설립된 자원봉사센터 간에 연계성과 통일성이 없는 한, 업무가 중복되어 행정적·재정적 낭비가 적지 않을 것이다. 이러한 문제를 개선하고 자원봉사센터가 효율적으로 운영하기 위해서는 여러 센터를 통합하고 조정할 수 있는 일원화된 체계를 마련하는 것이 효과적이다.

② 정부의 행정적·재정적 지원 확대

자원봉사활동기본법은 자원봉사센터에 대한 중앙정부와 지방자치단체의 지원 근거조항을 규정하고 있음에도 불구하고 중앙정부의 예산지원과 지방자치단체장의 적극 지원이 미약한 실정이다. 지방자치단체는 재정적 지원, 정보망 형성, 지역사회 협력체계 구축, 사회적 인정과 보상, 홍보 등을 통해 시민들의 폭넓은 참여를 유도하기 위한 행정적·재정적 지원체계를 구축하여야 한다.

③ 상근인력의 확충 및 처우 개선

자원봉사센터별 평균 상근인력은 3.1명으로 배치수준이 낮고, 낮은 보수체계와 불안정한 신분은 일선 자원봉사 관리체계의 맹점이 되고 있다. 특히, 보수체계에 있어 무조건 1호봉부터 적용하거나 호봉제도가 아예 없는 경우도 있어 이에 대한 대책을 세워야 한다.

행정자치부의 2006년도 자원봉사센터 활성화지침에 따르면 시·군·구 자원봉사센터의 최소 상근인원, 최소 운영비 및 사업비의 편성기준과 상근인력의 보수기준표를 제시하고 있다. 따라서 지방자치단체는 민·관 파트너십의 취지에 입각하여 자원봉사센터에 대한 적정수준의 환경을 제공하여야 한다.

④ 창의적인 인정·보상체계 마련

자원봉사센터는 자원봉사자들에게 동기부여 제공을 위하여 창의적인 인정방법과 보상체계를 마련하여야 한다. 실비 지급과 보험 가입에서 벗어나 찾아 쓰는 마일리지, 공영시설 이용 시 감면, 명예의 전당, 월 우수자원봉사자 선정, 선진지 견학, 봉사시간 인증패 수여, 전출입 시 봉사활동 실적의 연계 등의 다양한 방법으로 자긍심을 고취하고, 봉사활동의 보람과 만족을 느끼면서 지속적으로 활동할 수 있도록 지원하여야 하며 자원봉사 붐을 조성하여야 한다.

⑤ 한국자원봉사센터협회의 역할 강화

자원봉사센터를 관리·평가·지원하기 위해서는 한국자원봉사센터협회의 조직을 통해 자원봉사활동 관리조정 업무의 단계별 표준화와 지침서 개발 및 표준화된 각종 양식의 제공을 통한 자원봉사센터 관리과정의 체계화와 자원봉사관리자 교육 프로그램 개발을 통한 전문적인 자원봉사관리자 양성을 실현할 수 있도록 역할이 강화되어야 한다.

또한 전국 자원봉사센터 간에 유기적인 연계망을 구축하여 상호 정보교환을 통한 운영상의 문제해결 방안을 모색하고, 정책적으로도 제안할 수 있는 총괄기구의 역할을 담당하도록 해야 할 것이다.

⑥ 자원봉사관리자의 전문성 강화

전문적이고 체계적인 자원봉사 관리를 위하여 자원봉사관리자의 전문성 강화가 요청된다. 자원봉사관리자는 상당한 전문적 지식과 자격이 필요하므로 자원봉사관리자 교육과정을 이수하여 관리자로서의 전문성을 높여야 한다.

자원봉사관리자의 전문성을 제고하기 위해서는 자원봉사 관련 연구기관이나 연수원 및 대학에서 정규적인 재교육을 실시하며 교육 교재를 개발함으로써 전문성을 확보해야 한다.

이런 사회적 제반 요건을 갖추기가 현실적으로 어렵다면 우선적으로 광역시·

도 자원봉사센터에서 자원봉사관리자의 근무연수에 따라 교육지침서를 만들고, 이를 기초로 시·군·구 자원봉사센터에서 중간관리자 교육을 이수할 수 있도록 교육과정을 개설하여 전문성을 강화할 수 있다.

⑦ 자원봉사자 관리의 효율화

자원봉사센터에서 자원봉사자를 모집하기 위해서는 효과적인 홍보방법에 대한 연구가 필요하다. 단체나 학교 등 자원봉사자 확보가 용이한 집단에 대해 자원봉사 관련 홍보지를 배부하거나 자원봉사관리자에 대한 강의 등을 통해서 지역 특성에 맞게 적극적으로 자원봉사자를 모집할 수 있는 방법을 모색하여야 한다. 그러나 지역단위에서 행하는 이런 소극적인 방법에 안주할 것이 아니라 국가에서 정책적으로 공익광고를 통해 자원봉사자가 이제는 사회복지 측면의 시혜적인 활동이 아닌 미래지향적 가치를 갖는 시민운동이 될 수 있도록 분위기를 조성해야 한다.

또한 자원봉사센터에서 자원봉사자에게 제공해야 하는 중요한 관리과정 중 하나는 교육·훈련이다. 자원봉사센터가 자체적으로 기초교육, 재교육, 자원봉사활동을 위한 분야별 기술교육 및 교육·훈련 프로그램을 마련해 실시하는 것은 어려운 일이므로, 우수한 교육·훈련 프로그램을 광역시·동 자원봉사센터에서 개발하여 이를 자원봉사자들에게 우선적으로 적용하여 그 효과가 파급될 수 있도록 하는 것이 좋다.

⑧ 프로그램 개발기능 및 수요처 개발 강화

자원봉사센터가 지역사회 내에서 발생하는 사회적 문제를 효과적으로 해결하고, 지역 주민들의 적극적인 참여를 유도하기 위해서는 지역사회와 관련 있는 자원봉사활동 프로그램 및 목적에 맞는 분야별 자원봉사단을 자체적으로 개발하는 능력을 신장시켜야 할 것이다. 또한 이를 통해 자원봉사센터가 지역사회에서 자원봉사활동의 중심기관으로 자리 잡을 수 있도록 해야 한다.

자원봉사센터는 수요처 개발을 위해서 지역사회와의 교류관계 형성이나 파트너십을 구축하기 위한 노력을 기울여야 한다. 아울러 자원봉사관리자들이 사회복지시설뿐만 아니라 개인 수요자, 공공시설물까지도 범주에 포함시킬 수 있도록 수요처에 대한 인식을 확대하고 적극적으로 수요처를 개발할 필요가 있다.

⑨ 자원봉사센터와 지역사회의 관계 배양

자원봉사센터는 지역사회 내 자원봉사활동과 관련된 자원 및 인력을 개발하고 이들을 조정하며, 자원봉사활동의 수요와 공급 그리고 관련 전문지식 및 자원봉사 관리체계와 관련된 정보를 체계적으로 활성화하기 위해 지역 관련 단체와 연계·협력해야 하는 전문기관이라 할 수 있다. 따라서 자원봉사센터는 지역 내의 다른 자원봉사 관련 단체는 물론이고 각 부처 소속의 자원봉사센터와도 업무상의 협조체계를 이루어 효율적이고 효과적인 자원봉사활동을 지원하기 위한 수평적인 네트워크를 형성하도록 노력해야 한다.

3 자원봉사 환경: 법, 조례, 문화, 국민의식

우리사회에서 자원봉사라는 말은 이제 낯선 용어가 아니다. 과거에는 자원봉사라는 것은 인간애를 중심으로 베푸는 자선적 활동에 의의를 두었다면, 이제는 시민의 참여를 통해 다양한 사회문제를 해결하고 예방하여 시민의 복리증진을 꾀하는 활동으로 확대되었다고 할 수 있다. 특히 핵가족화 시대에 소산소사의 현상은 가족의 기능을 대신할 제3의 인력을 필요로 하고 있으며, 이러한 사회적 변화에 따라 자원봉사활동의 유급화와 전문화가 요구되고 있다. 따라서 이러한 이유로 자원봉사의 개념 또한 변화하고 있다.

자원봉사(voluntarism)라는 용어의 어원은 인간의 자발적인 의지(will)와 욕망

(desire)을 나타내는 라틴어 'voluntas'에서 나온 것으로 전해지고 있으며, 사전적 의미는 "자발적인 활동에 근거하며, 권력이나 외압에 의해 지배되지 않는 자유로운 활동"을 말한다.

그러나 이러한 자원봉사의 개념은 시대와 학자 그리고 활동영역에 따라 다양하게 정의되고 있음을 알 수 있다.

스미스(D. H. Smith, 1974)는 자원봉사란, 경제적 보상이나 강압에 의한 활동보다는 기본적으로 정신적 이익을 지향하면서 이루어지는 인간적 행동이라고 했으며, 크레이머(Kramer, 1981)는 자원봉사를 "일련의 가치 지향과 자발적인 구조(structure) 또는 조직(organizations)이라는 두 가지 구성요소에 의해 구현된다"고 정의하고 있다.

미국 사회사업사전(Encyclopedia of Social Work)에서는 자원봉사자를 "개인, 집단, 지역사회에서 발생하고 있는 여러 가지 사회문제의 영향을 예방하거나 개선하는 일에 종사하고 있는 공·사의 여러 조직에 대하여 주어진 여러 가지 서비스를 제공하는 개인"이라고 정의하고 있다.

한국사회복지사협의회(1987)에서는 "사회문제의 예방 및 해결 또는 국가의 공익사업을 수행하고 있는 공·사 간의 공식조직에 자발적으로 참여하여 영리적 반대급부를 받지 않고서도 인간존중의 정신과 민주주의 원칙에 입각하여 낯선 타인들을 상대로 필요한 서비스를 제공함으로써 사회의 공동선을 고양시킴과 동시에 이타심의 구현을 통해 자기실현을 성취하고자 하는 활동"이라고 설명하고 있다.

이제 우리사회에서 자원봉사의 환경은 전통적으로 강조해 온 자선적 형태의 단순한 자발적, 희생적 개념을 초월하여, 개인의 존엄성과 사회적 가치 실현이라는 측면으로 확대됨을 의미한다. 이러한 한국의 자원봉사환경의 변화과정을 1990년대를 기점으로 그 이전과 그 이후로 나누어 정리해 보면 다음과 같다.

1) 1990년대 이전

자원봉사법에 대한 논의는 1985년 3월 국무총리실 산하 청소년 대책위원회에서 청소년 문제 개선 방안의 하나로 학생 상담 자원봉사자 활용 계획을 발표할 당시 청소년 대책위원회의 연구진들이 자원봉사자 보호법을 제정하기 위해 외국의 자원봉사 제도와 법에 대한 연구를 하기 시작하면서부터 비롯되었다. 당시 법안은 완성되지 않았지만 그때부터 시작된 중·고등학교에서의 학생 상담 자원봉사는 지금까지 성공적으로 진행되고 있다(성민선, 1996).

보건사회부는 1987년 5월부터 노년층, 가정주부 등 자원봉사 희망자들을 청소년 선도 요원으로 활용하는 방안을 마련하기 위해 자원봉사 활성화와 입법화 문제를 본격적으로 검토하기 시작하였다. 보건사회부는 이미 1978년부터 자원봉사 안내 사업을 시작했던 보건사회부 소관 법정 단체인 한국사회복지협의회로 하여금 자원봉사 실태 조사를 하게하고 외국의 자료를 수집하며 활성화 방안 마련을 위한 전문가 회의 등을 통해 자원봉사활동진흥법 초안을 만들었다(김성이, 1988). 이어 사회복지 분야에 지역 주민의 참여를 유도하는 자원봉사활동 강화 방안을 마련하기 위해 국무총리실과 협의하여 자원봉사활동지원법안을 마련한 일이 있었다.

그때 마련되었던 법안은 "자원봉사활동을 육성·지원함으로써 국민 상호간의 상부상조의 기풍을 조성하고 지역사회 발전 및 사회복지 증진에 기여함'을 목적으로 한다고 명시하고 있으며, 그 주요 내용은 자원봉사 진흥회의 설치, 자원봉사자에 대한 혜택 및 손해보험, 기금확보 등에 관한 것들이었다.

그러나 그 법안은 빛을 보지 못하였다. 그 무렵 한국여성개발원의 업무가 보사부에서 정무 제2장관실로 이관되고 여성들을 통한 자원봉사의 활성화가 활발하게 논의되면서 자원봉사의 주무부서가 보사부에서 정무 제2장관실로 옮겨지는 듯했다. 그 과정에서 정부에서 자원봉사를 지원만 하면 되는 것이지 특별법을 만들 필요가 있느냐는 의견들이 제시되었고, 정무 제2장관을 위원장으로 자원봉사활동을 조정 연결하거나, 또는 보사부에 자원봉사과를 신설, 전문 인력을 투입하여 국가 정책을 세우게 하고 각 시도에 자원봉사과를 만들자는 의견이 대두되었었다. 당시 내무부에 만들어졌던 위민실을 활용하는 것은 아이디어는 좋으나 말단에서는 변질이 되므로, 보사부에 사회복지를 전공한 전문 인력을 두고 자원봉사자의 등록을 받아 연결시키게 해야 한다는 의견이 제시되었다.

이후 올림픽을 치르면서(올림픽 지원법을 통해) 자원봉사자들이 기여한 바가 컸으나 대가를 받는 자원봉사의 모습을 보이면서 진정한 자원봉사가 왜곡되었다는 비판이 제기되기도 했다.

2) 1990년대 이후

지난 1994년 1월 보건복지부 업무 고시에서 국민의 자발적인 자원봉사 참여를 통해 지역사회의 연대 강화와 사회문제를 예방하고 복지 분야에 대한 사회적 붐의 조성에 기여하며, 민간복지자원을 적극 발굴·육성함으로써 공공복지 부문의 한계를 극복하고 민주시민의식을 함양하는 등 총체적 국가복지 능력을 제고하기 위하여 김영삼 대통령은 자원봉사활동을 강화하도록 지시하였다.

이에 따라 보건복지부는 같은 해 8월 자원봉사활동의 진흥을 위한 사회복지사업법의 개정안에 대한 의견을 관계 부처에 조회하였으며, 다른 한편으로 자원봉사진흥을 위한 개별법의 제정 방안도 내부적으로 검토하였다. 같은 해 8월 10일 2차에 걸친 당정협의의 결과 자원봉사 범위의 확대를 위해 공익자원봉사진흥법을 여당의 의원입법으로 제정하기로 정리하였으며 주관 부처를 내무부로 결정하였다. 이 당시 내무부는 조직 개편에 따라 업무가 축소되는 시기여서 자원봉사 업무를 맡고자 하는 의욕이 강했다.

그러는 사이 사회적으로 1994년부터 중앙일보사에 의해 자원봉사 캠페인이 확산되기 시작했고 그에 영향을 받은 당시 민자당과 정부는 당정 협의를 통해 자원봉사 주무 부서를 내무부로 하도록 결정했다. 대통령도 1994년 12월 30일

확대 경제장관 회의에서 "자원봉사활동은 복지 차원에서 뿐 아니라 사회 전반의 분위기를 개선하는 효과가 있으므로 더욱 확산되도록 노력하라"는 지시를 내린 바 있다.

이와 같은 상황에서 1994년 두 개의 의원 입법안이 국회에 제출되었다. 당시 여당인 민자당 내무위원회의 남평우 의원 등 24명의 명의로 제출된 여당안은 「공익자원 봉사진흥법안」이었고, 당시 야당이던 민주당 보사위원회의 박상천 의원 외 90명의 명의로 발의된 야당안은 「자원봉사활동 기본법」이었다. 이들 두 법안은 공히 자원봉사에 대한 정부의 지원과 자원봉사자에 대한 사회적 혜택 제공의 근거를 마련하고자 하였으나, 선거운동 자원봉사를 둘러싸고 심각한 대립을 보였다.

당시 국회에 제출·계류 중이었던 두 자원봉사 관련 법률안 주요 내용에 있어 공통 사항으로는 ① 자원봉사자 등록 '교육·배치 및 증서 발급, ② 자원봉사단체에 대한 재정 및 행정 지원, ③ 자원봉사자 활동 경력 인정, 공직 채용, 취업·진학 시 혜택부여 및 활동 실비 지원, 활동 중 재해보상, ④ 자원봉사자의 날 제정 및 모범 자원봉사자 표창 등이 있다.

시민단체들은 1995년 2월 10일 공청회를 가지고 두 법안들에 대한 논의를 한 바 있으며, 국회도 같은 시기에 내무부 주관으로 입법 공청회를 가진 일이 있었다. 시민 단체들은 1995년 5월 9일자로 입법 청원서를 제출하여 사회적 혜택의 선언적 규정, 공공 자원봉사에 제한된 자원봉사자의 등록, 교육 훈련 배치 규정, 선거 운동 자원봉사의 제외 등을 요청했던 일이 있었다.

한편 자원봉사 관련 단체들은 1995년 한국 자원봉사단체협의회를 구성하여 복지부 산하 단체로 등록하려 했으나 복지부 소관 한국사회복지협의회가 이에 참여하지 않아 이를 승인하지 않자 한국 자원봉사단체협의회는 내무부 산하 단체로 등록을 하게 되었다. 이는 주무 부처 갈등에 내무부에 힘을 보태 주는 결과를 가져왔을 뿐 아니라, 민간단체들 간에도 갈등을 가져왔다.

1995년 10월 18일 한국 자원봉사 포럼이 창설되면서 가졌던 첫 포럼에서 두

당의 두 의원을 초청하여 공개 토론을 가져 양당의 상당한 의사 접근을 보았다.

내무부의 자원봉사활동지원법안은 입법공청회를 통해 수렴된 입법 의견을 토대로 공익자원봉사진흥법을 수정하여 의원입법으로 1995년 7월에 발의하였으나, 14대 국회에서 성립을 보지 못하였던 것으로 주요 내용은 다음과 같다.

먼저 이 법은 자원봉사활동을 지원·육성함으로써 국민 개개인의 건전한 시민정신을 함양하고 공동체 사회의 공공복지를 증진하여 밝고 건강한 사회 건설에 기여함을 목적으로 한다. 이 법에서는 자원봉사활동의 범위를 다음과 같이 규정하고 있다.

국가의 책임을 규정하고 있는 부분을 살펴보면 국가와 지방자치단체는 자원봉사활동의 이념을 확산하고 자원봉사자와 자원봉사단체를 적극 지원·육성해야 하며 내무부 장관(이하 주무부 장관이라 한다)은 자원봉사활동 진흥에 관한 기본 시책을 수립·시행하며 지방자치단체의 장은 기본 시책에 따라 지역 자원봉사활동 진흥계획을 수립·시행할 수 있다고 규정하고 있다. 또한 자원봉사진흥위원회 등의 설치와 관련하여 자원봉사활동의 진흥에 관한 기본 시책 및 관계부처 업무 소요 예산 기타 중요 사항을 심의·조정하기 위하여 국무총리 소속하에 자원봉사지원위원회(이하 '위원회'라 한다)를 두며, 지역사회의 자원봉사활동의 지원 육성에 관한 중요 사항을 협의하기 위하여 지방자치단체에 지역자원봉사지원협의회(이하 '협의회'라 한다)를 둘 수 있다고 하였으며, 협의회의 조직 및 운영에 관하여 필요한 사항은 당해 지방자치 단체의 조례로 정한다고 규정하고 있다.

자원봉사 재단의 설립에 대한 규정에서는 "① 자원봉사활동의 지원 육성에 관한 사업과 활동을 행하기 위하여 주무부 장관의 인가를 받아 자원봉사재단(이하 '재단'이라 한다)을 설립하며, ② 재단은 법인으로 하고, ③ 재단에 이사장 1인과 상임이사 1인을 포함한 10인 이내의 이사와 감사 1인을 두며, 이사장과 상임 이사는 이사회에서 호선한다. 그리고 ④ 이사는 자원봉사에 관한 학식과 경험이 풍부하고 덕망이 있는 자 중에서 자원봉사지원위원회의 위원장이 위촉하되, 국회의장이 추천한 자 5인을 포함해야 하며, 감사는 이사회의 제청으로 주무부 장관이 위촉한다"라고 명시하고 있다.

또한 재단은 ① 자원봉사활동의 수급 조정, ② 자원봉사활동에 관한 조사 교육 홍보 및 국제 교류, ③ 자원봉사단체의 활동과 사업에 대한 지원, ④ 자원봉사프로그램의 개발·보급 및 운영, ⑤ 자원봉사자의 자질 향상 및 사기 진작, ⑥ 자원봉사 기금의 조성 관리, ⑦ 기타 자원봉사활동의 진흥에 기여할 수 있는 사업 등을 수행한다고 규정하고 있다.

자원봉사센터의 운영에 관해서는 재단은 지역사회의 자원봉사자를 발굴·모집하여 자원봉사 수요자에 알선·배치하고 사업의 원활한 수행을 위하여 필요하다고 인정할 때에는 자원봉사센터를 설치·운영할 수 있으며, 자원봉사센터의 설립 및 운영 등에 관하여 필요한 사항은 재단의 정관으로 정한다고 하였다.

자원봉사 기금은 재단의 운영 및 사업에 소요되는 자금에 충당하기 위하여 재단에 봉사 기금(이하 '기금'이라 한다)을 두며, 기금은 재단이 관리 운영하며, 기금은 ① 정부 또는 정부 이외의 출연금, ② 자원봉사 기여금, ③ 주무부 장관이 승인하는 옥외물 광고 사업의 수익금, ④ 주무부 장관의 승인을 얻어 기금의 부담으로 차입한 자금, ⑤ 기금의 운용으로 발생하는 수익금, ⑥ 기타 수익금 등의 재원으로 조성한다고 명시하였다. 또한 재단은 기금의 운용에 관한 중요 사항을 심의 결정하기 위하여 기금관리 위원회를 둔다고 하였다.

자원봉사 배치 요청 등에 관한 것으로 자원봉사활동을 원하는 자는 재단(자원봉사센터를 포함한다. 이하 같다.) 또는 자원봉사단체에 대하여 배치 알선을 요청할 수 있고 또한 자원봉사활동을 필요로 하는 자원봉사 수요자는 재단 또는 자원봉사단체에 대하여 자원봉사자의 지원을 요청할 수 있으며, 지원 요청을 받은 재단 등은 자원봉사자의 인적 자원이 허용하는 범위 내에서 자원봉사자를 배치 지원해야 한다고 규정하고 있다.

자원봉사활동의 활성화를 위한 자원봉사자들에 대한 혜택으로서 자원봉사 수요자는 자원봉사자의 봉사활동에 필요한 물품 또는 비용을 자원봉사자와 자원봉사단체에 대하여 지급할 수 있고 자원봉사 수요자는 자원봉사활동 중 발생하는 재해 사망에 대비하여 보험에 가입할 수 있다는 실비 지급 및 보험 가입에 관한 규정을 포함하고 있다.

또한 지방자치단체는 당해 지방자치단체가 권장하는 공익사업을 수행하는 자원봉사자 및 자원봉사단체에 대하여 보조금을 교부할 수 있으며, 당해 행정 구역을 사업 구역으로 하는 자원봉사센터의 설립·운영 등에 필요한 경비를 보조할 수 있다는 보조금 조항과 재단의 기금과 재단 및 자원봉사단체가 소유하는 부동산으로써 자원봉사활동 목적에 직접 사용하고 있는 부동산에 대하여는 조세감면규제법 및 지방세법이 정하는 바에 따라 조세를 감면할 수 있으며, 재단의 기금 조성을 목적으로 출연한 금전 기타 재산에 대하여 조세감면규제법 또는 기타 세법이 정하는 바에 따라 소득 계산의 특혜를 적용할 수 있다는 조세 감면에 관한 조항도 포함하고 있다.

그 밖에 포상이나 자원봉사자의 날 신설 등과 같은 내용을 포함하며, 국가와 지방 자치단체 또는 법인, 개인 단체 등은 자원봉사활동의 정착을 위하여 일정 경력 이상의 자원봉사활동 종사자에 대하여 공직 임용, 취업, 진학 등에 있어서 혜택을 부여할 수 있고, 국가 등은 자원봉사자가 특정한 분야에서 일정 기간 지속적으로 봉사활동을 한 경력에 대하여는 유사 분야에서의 근무 경력으로 인정할 수 있다는 사회적 혜택에 관련된 사항도 규정하고 있다.

이 법안은 자원봉사활동 영역을 각 부처의 영역을 망라하고 있으며 정부의 재정지원 주무 부처를 내무부로 하고 있다. 중앙의 지원 대상은 자원봉사 재단이고 지방은 자원봉사센터와 일반 봉사단체로 하고 있다. 재원 방법은 정부 출연금과 옥외 광고 수익금 그리고 마권 수입 등을 고려하고 있다. 국무총리실 산하에 자원봉사진흥위원회를 두게 하고 자원봉사자에 대한 혜택으로 취업 공직 임용, 진학 등 "혜택을 부여할 수 있다"고 선언적으로 규정하고 있다.

1995년도에 한국사회복지협의회에서 제시하고 있는 공익자원봉사진흥법 대체법(안)에 대한 건의 사항을 살펴보면 다음과 같다.

첫째, 자원봉사의 범주의 문제로 캠페인, 행사, 재난 등 일과성인 내용은 자원봉사 영역에서 제외하는 것이 바람직하다는 것이다.

둘째, 주관 부처의 문제로 자원봉사의 본질적인 내용이 사회복지 분야이므로 사회복지 자원봉사를 중심으로 해야 하며, 선진국에서도 사회복지 자원봉사를 주된 영역으로 하고 있으므로 보건복지부가 주관 부처가 되어야 한다는 것이다. 또한 자원봉사는 매우 다원적이어서 활동 영역이 매우 넓으므로 보건복지부에서 관련 부처와 협의하여 자원봉사활동을 진흥하는 시책을 수립하고 집행할 수 있도록 하는 것이 바람직하다는 것이다.

셋째, 자원봉사활동을 순수 민간활동으로 육성해야 한다는 것이다. 지방자치단체가 자원봉사 지원 업무의 일선 조직이 아니라 순수한 자발적인 민간봉사활동이므로 민간단체인 '민간자원봉사활동진흥회'를 설립하여 동 진흥회에서 인정하는 자원봉사 단체, 비영리 법인인 자원봉사센터를 활용하여 등록, 교육 훈련, 배치 업무를 담당하는 것이 바람직하다고 본다. 또한 국무총리실의 '중앙자원봉사활동지원위원회'에서 각 부처별로 자원봉사 지원 업무의 총괄 조정 기능을 부여하고, 민간자원봉사활동진흥회에 정부의 출연금 및 기타 사업 수익금을 조성하여 각 자원봉사단체, 비영리 법인인 자원봉사센터에 운영 재원을 지원하는 것이 바람직하다는 것이다.

그러므로 자원봉사활동은 자발성, 복지성, 가치성, 연속성 등이 중요하므로 순수 민간활동으로 육성하기 위해서는 각 부처별 영역을 고유 업무로 규정하는 것이 바람직하며, 내무부의 고유 업무로 이관되어 있는 것은 민간 주도 원칙에 어긋나는 것이라고 주장하고 있다.

자원봉사활동에 국민들이 효과적으로 참여하도록 하기 위해서는 정부 역할이 매우 중요하다는 인식 아래 1994~1995년, 그리고 2001년 법 제정 시도가 실패한 이후 2002년 국회 사회보건복지연구회(대표: 이재정 의원)는 자원봉사계의 전문가 5인으로 법안 소위를 다시 구성, 자원봉사계의 의견이 수렴된 통합법안을 만들기 위한 활발한 토론을 벌였다. 그러나 역시 자원봉사단체들과 센터들 간의 이해관계 조정이 안 되어 합의를 이끌어 내지 못하였다. 한편, 16대 대선에서 한나라당이 자원봉사활동지원법 제정을 공약하였고 민주당도 자원봉사적립제 등을 통한 참여 복지를 공약하였으며 대통령직 인수위원회에서는 자원봉사활동지원법 제정을 분과별 쟁점과제로 선정하여 참여정부에 인계하였다.

자원봉사법 제정이 이처럼 10년째나 표류하자 자원봉사계는 연초부터 20여 개의 주요 단체들이 앞장서 자원봉사계 통합 노력을 추진, 2003년 6월 전국의 모든 자원 봉사기관, 단체, 센터들이 참가하는 '한국자원봉사협의회(상임공동대표 서영훈 적십자사 총재)'를 창립하기로 했다.

한편 동 창립준비위원회 산하에 법안 추진 소위원회를 구성, 각 부처, 자원봉사기관 단체, 센터 등 이해관계 당사자들로 하여금 통합법안을 마련했다. 이에 따라 2003년 5월 중순 '자원봉사활동진흥법안'[1]이라는 법안이 마련되었다. 동 법안은 6월 3일 한국자원봉사협의회 창립총회 자리에서 여·야 의원들이 토론자로 참가하는 공청회를 가졌다.

자원봉사활동진흥법(안)은 크게 3장 19조와 부칙 3조로 되어 있다. 제1장은 총칙으로 목적, 기본 방향과 함께 용어의 정의, 국가의 책무, 자원봉사활동의 범위 등을 규정해 놓았다. 제2장은 자원봉사 진흥을 위한 각종 정부 및 지자체의 지원책을 규정해 놓았다. 제3장은 자원봉사조직으로 최근에 만들어지는 한국자원봉사협의회와 기존의 자원봉사센터들에 대한 육성책이 골격을 이룬다. 이 진흥법안의 주요 특징을 설명해 보면, 자원봉사활동에 대한 개념, 활동 범위 및 정부 책무를 규정하고 있다. 즉, 자원봉사활동이 자선의 범위를 넘어서 지역사회 문제 해결에 적극 참여하는 시민운동으로의 발전 추세를 반영하여 그 목적과 개념 정의를 각각 규정하고 자원봉사활동의 범위를 사회복지, 환경, 교육, 문화 등 포괄적으로 규정하며 국가와 지방자치단체는 국민의 자원봉사활동을 적극 권장하도록 규정하고 있다. 이와 관련하여 구체적으로 세 가지 점으로 나누어 설명

1) 자원봉사활동진흥법(안). 2003. 6. 3. "자원봉사진흥법의 제정과 향후 과제". 한국자원봉사협의회 한국자원봉사포럼. pp.4-13.

할 수 있다.

첫째, 자원봉사단체의 개념을 명시해 놓았다. '자원봉사단체', '자원봉사 수요자', '자원 봉사센터' 등의 용어를 각각 규정, 자원봉사자의 공급과 수요, 또 매개단체들을 구분해 놓았다. 예를 들어 사회복지관 같이 자원봉사 자체가 목적 사업이 아닌 기관 단체들은 앞으로 '자원봉사단체'가 아닌 '자원봉사 수요자'로 분류가 되는 것이다. '자원봉사단체'는 단지 ① 자원봉사자들로 모인 단체, ② 그들의 협의체, ③ 자원봉사활동 연구 및 지원 단체, ④ 자원봉사단체 등 네 가지에 한하고 있다.

둘째, 자원봉사활동을 진흥·지원하기 위한 최소한의 근거를 마련하였다. 즉, 자원 봉사자 및 자원봉사단체의 활동을 지원하기 위하여 자원봉사주간 설정, 포상, 경력인정, 설비 지급 등을 할 수 있는 근거 규정을 마련하고 있다. 구체적으로 ① 학교, 직장에서의 자원봉사활동을 지원, 자원봉사의 주간, 포상, 경력 인정, 보호 등 정부 및 지자체의 자원봉사 지원책들을 열거해 놓았다. ② 특히 사회적 혜택에 해당하는 경력 인정은 "국가, 지자체, 법인 단체들이 구인, 임용, 진학 등의 성적에 반영할 수 있다", "유사 분야에서의 근무 경력으로 인정할 수 있다"는 등 "할 수 있다" 정도로 언급, 시본 방향만을 제시했다.

셋째, 한국자원봉사협의회 및 자원봉사센터 설립 및 성격을 규정하고 있다. 즉, 자원봉사활동의 지원·장려에 필요한 사업을 민간 주도로 추진하기 위한 순수 민간 기구로서 '한국자원봉사협의회'를 설립하고 전국 센터의 민간단체 대표성, 자율성 및 전문성을 보장할 것을 규정하였다. 그리고 지역 단위에서 자원봉사활동을 전문적으로 지원하는 순수 민간 인프라 시설로 '지역자원봉사센터'를 설립하여 자원봉사자의 모집, 교육, 배치 및 프로그램 개발·보급 등의 사업을 수행하도록 규정하였다. 또한 국가와 지방자치단체는 자원봉사활동의 진흥에 소요되는 경비를 지원할 것을 명시하고 있다. 구체적으로 다음과 같다.

① 한국자원봉사협의회: 자원봉사활동의 지원·장려에 필요한 사업을 민간 주

도로 추진하기 위한 법인 기구로서 '한국자원봉사협의회'를 설립하고 전국센터의 민간단체 대표성, 자율성 및 전문성을 보장할 것을 규정하였다. 이 한국자원봉사협의회는 부칙에서 이번에 설립되는 전국 조직을 이 법에서 인정하는 것으로 했다. 법안은 특히 이 협의회 내에 설치되는 한국자원봉사진흥원의 설치 및 운영에 대한 사항은 대통령령으로 정하도록 했다.

② 자원봉사센터: 지역 단위에서 자원봉사활동을 전문적으로 지원하는 순수 민간 인프라 시설로 '지역자원봉사센터'를 설립하여 자원봉사자의 모집, 교육, 배치 및 프로그램 개발, 보급 등의 사업을 수행하도록 규정하였다. 이 센터 역시 법인으로 규정, 비정치성을 유지할 수 있도록 했다. 자원봉사센터는 설립 및 운영에 관한 사항 역시 대통령령으로 정하도록 했다.

③ 자원봉사관리자 법안은 또한 자원봉사단체 및 공공기관은 자원봉사활동에 대한 전문적인 교육, 프로그램 개발, 지도, 관리 등을 위하여 자원봉사관리자를 둘 수 있다고 규정해 놓았다. 그러나 이 자원봉사관리자를 어떻게 운영할 것인지에 대해선 구체적인 언급을 하지 않고 그저 '선언적'인 수준으로만 했다.

참고문헌

강무섭(1990). 대학의 사회봉사. 대학봉사회(제37회). 한국대학봉사회.

공동모금회(2006). 공동모금회 내부자료.

구자순(1995). 사회봉사의 대상과 영역. 대학의 사회봉사. 한양대학교출판부.

구혜영(2008). 자원봉사실천론. 서울: 신정.

권해조(1987). 대학생 볼런티어 활동에 관한 실제조사 연구. 동아대학교.

김근조(1997). 사회봉사의 이론과 실제. 중앙공무원교육원.

김동배(2005). 시민사회와 자원봉사. 서울: 학지사.

김범수 외(2007). 자원봉사론. 서울: 학지사.

김선업(1994). "오늘의 청소년 세대와 청소년 문화의 실상". 21세기 지속가능한 인간 사회 개발과 청소년운동의 방향. 서울: YMCA.

김선영(1996). 중학생들을 위한 지역사회 자원봉사 프로그램 모형 연구. 이화여대 석사논문.

김성이(1996). 자원봉사활동 체계화 방안 연구. 한국사회복지협의회.

김영호(1995). 21세기를 향한 자원봉사의 의미와 활성화 방안.

김옥라·김현자 역(1992). 자원봉사 : 사랑의 공동체. 서울: 희성출판사.

김익균 외(2005). 자원봉사자론. 경기: 교문사.

남세진(1991). "지방자치와 자원봉사활동". 정무장관(제2실). 자원봉사활성화를 위한 세미나 보고서.

대구시 사회복지협의회(1993). 자원봉사자의 활용실태와 효율성 활용체계에 관한 조사연구.

문진영(1995). 자원봉사의 기초적 이해. 대학생 사회봉사 핸드북. 성공회대학교.

민간복지 관련 법안 입법 청원을 위한 범시민공청회 준비위원회(1995). "민간복지 관련 법안 입법 청원을 위한 범시민공청회 자료집".

민자당(1995). "공익자원봉사 진흥법대체법(안)의 검토 내용에 따른 건의서".

박상천 외(1994). "민간운동지원에 관한 법률안".

박상천 외(1994). "자원봉사활동기본법안".

박상천 외(1994). "자원봉사활동의 시대적 의의와 자원봉사기본법 제정의 필요성".

박태영·최경익 역(1993). 자원봉사활동조정자. 은익출판사.

박태영(1991). 사회복지시설 자율봉사활동의 문제점과 개선책. 사회복지. 한국사회복지협의회, 가을호.
삼성사회봉사단(1995). 자원봉사코디네이터 교육교재.
삼성사회봉사단(1996). 자원봉사자 관리자료 지침서.
서울시정개발연구원(1995). 서울시 자원봉사자 활용 증진 방안에 관한 연구.
서울특별시 사회복지협의회(1995). 자원봉사자 교육교재.
성민선(1991). 사회복지 수행에 있어서 자원봉사 운동의 의의와 효과적 방안. 성심여대 논문집, 가을호.
성민선(1996). "자원봉사진흥법안". 자원봉사진흥을 위한 정부의 역할. 한국자원봉사포럼전문가토론회, 21-22.
양창삼(1995). 사회봉사의 철학과 기능. 대학의 사회봉사. 한양대학교출판부.
원미순(1996). 기업자원봉사활동의 동기와 관리방안에 관한 연구. 서울여대석사논문.
윤혜승(1995). 볼런티어 활동의 정신. 서울: 학문사.
이강현 역(1995). 자원봉사 프로그램의 기획과 관리를 위한 일백한가지 아이디어. 한국자원봉사단체협의회.
이서행(1993). 한국·한국인·한국정신. 서울: 대광서림.
이서행(1997). "한국자원봉사의 정신문화 뿌리와 발전과정". 제1회 한국자원봉사 뿌리찾기 세미나. 한국자원봉사단체협의회.
이성록 편역(1995). 자원봉사활동관리조정론. 서울: 학문사.
이정호(1993). "사회복지시설의 이해". 지역복지봉사의 이론과 실제. 한국사회복지협의회.
이창호(1995). 자원봉사의 방법과 기술. 대학의 사회봉사. 한양대학교출판부.
이청자 외(1993). 자원활동 수요개발에 관한 연구. 한국여성개발원.
이현주(1996). 청소년 자원봉사 프로그램 개발을 위한 기초조사연구. 서울여자대학교.
정원오(1995). 자원봉사의 영역. 이웃을 위한 젊은-대학생 사회봉사 핸드북. 성공회대학교출판부.
정종현(2005). 사회복지공동모금의 활성화방안. 조선대학교 정책대학원 석사학위논문.
조현제(1994). "21세기 한국 청소년상과 바른 청소년운동", 21세기 지속가능한 인간사회 개발과 청소년 운동의 방향, 서울 YMCA.
조휘일(1990). "한국 사회복지 분야의 자원봉사 행동과 관련된 개인 및 조직 특성에 관한 연구". 숭실대학교 대학원 박사학위논문.
조휘일(1995). 사회복지와 자원봉사, 한국사회복지의 선택, 경기: 나남.
조휘일(2002). 자원봉사 프로그램 관리. 서울: 학지사.
주성수(1996). 삶의 질 향상을 위한 자원봉사 활성화 방안, 공보처.

중앙일보사(1995). 시민사회 자원봉사의 길(개념편).

중앙일보사(1995). 시민사회와 자원봉사의 길 上下.

최일섭 외(1996). 미국의 자원봉사 유래와 현황. 한국사회복지관협회.

표갑수(1994). 자원봉사활동의 활성화 방안. 충북사회복지연구. 충북사회복지연구소.

한국사회복지연구회(1997). 현대사회의 자원봉사론. 서울: 유풍출판사.

한국여성개발원(1994). 청소년 자원봉사활동.

한국여성개발원(1996). 자원(봉사)활동자 교육교재.

한국자원봉사능력개발연구회(1990). 자원봉사활동의 세계적 추세. 「사랑의 나눔」 제17호.

한국자원봉사단체협의회(1996). 새롭게 하라. 한국자원봉사단체협의회.

한국자원봉사포럼(1996). "자원봉사 진흥을 위한 정부의 역할". 한국자원봉사포럼 전문가 토론회 자료집.

한국자원봉사포럼(1996). "지역자원봉사센터 서로 어떻게 조정하나?". 제4회 한국자원봉사포럼자료집.

한국정신문화연구원(1992). 한국민족문화대백과사전.

한국지역사회복지운동연구회(1996). '96 춘계 학술대회 발표논문집. 한국보건사회연구원, 가정봉사원제도의 정착화 방안.

한국청소년개발원(1994). 청소년 발달과 지역사회 참여.

행정자치부(2006). 2005 자원봉사센터현황.

현외성(2005). 자원봉사론 강해. 서울: 학지사.

홍승혜(1995). 자원봉사활동의 통합과 과제. 한국사회복지의 이해. 한국사회과학연구소.

Bottorf, J., Bottorf, J., & King, M.(1996). ≪Volunteer Management Made Easy Series : Everything You Need To Do Before You Begin To Recruit≫.

Brudney J. L.(1990). Fostering Volunteer Programs in the Public Sector, Jossey-Bass Publisher, San Francisco.

Brudney, J. L.(1990). Fostering Volunteer Programs in the Public Sector, Jossey-Bass Publisher, San Francisco.

Buono, A. F., & Nichols, L. T.(1990). "Stockholder and Stakeholder Interpretation of Business Social Role", Business Ethics, McGraw-Hill.

Campus Outreach Opportunity League. 1993-1994. Into Streets : Organizing Manual, Edition. St. Paul, Minn : COOL Press. 1993.

Dunn, Patricia C.(1995). Volunteer Management, Encyclopedia of Social Work, NASW Press.

Flathman, R. E.(1992). Wilful Liberalism : Voluntarism and Individuality in Political Theory and Practice, Ithaca : Cornell University Press.

Howard, J. ed.(1993). Praxis I : A Faculty Case bookl on Community Service Learning. Ann Arbor : OCSL Press.

Jennifer R. Wolch.(1990). The Shadow State "Government and Voluntary Sector in Transition". NY : The Foundation Center.

Jon Van Til, et. al.(1990). Critical Issues in American Philanthropy, SanFransisco : Jossey-Bass Publishers.

Kendall, J. C.(1990). "Combining Service and Learning : An Introduction". In Kendall. J. C.(ed.). Combining Service and Learning : A Resource Book for Community and Public Service. Vol. 1. Raleigh, N.C. : National Society for Experiential Education.

Mitz, S. D. & Hesser, G. W.(1996). "Principles of Good Practice in Service-Learning, " In Jacoby. B. Et al. Service-Learning in Today's Higher Education. San Francisco : Jossey-Bass Pub.

Morton, K.(1996). "Issues Related to Integrating Service-Learning into the Curriculum" In Jacoby. B. et al. Service-Learning in Today's Higher Education. San Francisco : Jossey-Bass Pub.

Nussbaum, M. & Sen, A.(1993). The Quality of Life. Oxford University.

PROVOL. Mesa, AZ.(1996). ≪Volunteer Management Made Easy Series : Volunteer Recognition : How to Make It Work for You≫. PROVOL. Mesa, AZ.

Salamon, L. M.(1992). America's Nonprofit Sector : A Primer. New York : The Johns Hopkins University The Foundation Center.

Sheckly, B. G. & Keeton, M. T.(1997). "Service-Learning : A Theoretical Model", in Rahima C. Wade (ed.). Community Service-Learning : a Guide to Including Service in e Public School Curriculum. State University of New York Press.

Wuthnow, R.(1991). Between States and Markets "The Voluntary Sector in Comparative Perspective". Princeton University.

CHAPTER 05

자원봉사관리의 개요

1 자원봉사관리의 개념

1) 자원봉사관리

관리(management)란 '사람을 지휘감독 함'으로 정의된다(엣센스국어사전, 1996). 그러니까 자원봉사관리(volunteer management)란 자원봉사활동을 하는 사람들을 지휘감독하는 것이라고 말할 수 있다.

우리나라에서 '86아시안게임, '88올림픽을 계기로 국민들 사이에 자원봉사에 대한 관심이 고조되고 또 직접 자원봉사에 참여하는 사람들이 증가하게 되었다. 그러나 자원봉사를 주제로 연구조사를 펼친 많은 연구들은 자원봉사에서의 여러 문제점들을 보고하였는데 예를 들어, 자원봉사자의 활동중단과 중도탈락, 자원봉사에 대한 실망과 회의, 자원봉사자의 무책임한 태도와 미숙련성, 자선의식 등(이상 자원봉사자 측면) 그리고 자원봉사프로그램의 무계획성, 직원의 편리의식, 자원봉사자를 방해자로 생각함, 직원과 자원봉사자 간의 파트너십 결여, 자원봉사자를 위한 편의시설 미비, 기관 직원들의 불만 등(이상 기관측면)이다. 연구자들은 이러한 문제점들의 근본적 원인이 자원봉사관리의 미비와 소홀에 있다고 지적하였다(김기선, 1984; 현대사회연구소, 1985; 이종복, 1993; 대구직할시사회복지협의회, 1993; 한국여성개발원, 1990; 조휘일, 1995; 경기도사회복지협의회, 1997; 허진희, 2006; 권현수, 2008).

이후 연구자들은 자원봉사관리의 필요성에 관심을 갖게 되었고, 자원봉사관리란 무엇을 말하는가에 대한 개념정의를 시도하였다.

권현수(2008)는 자원봉사관리란 자원봉사활동을 유지·증진시키기 위한 체계적이고 지속적인 일체의 노력을 말한다고 정의했으며, 이를 담당하는 전문인력을 자원봉사관리자로 말할 수 있다고 했다.

자원봉사관리는 '자원봉사활동을 원하는 측'과 '자원봉사활동을 받는 측', 즉 자원봉사활동의 수요자와 공급자의 욕구를 연결시켜 효과적인 자원봉사활동이 이루어지게 하는 일련의 절차와 방법으로 정의했다. 그런가 하면 엄인성(2007)은 자원봉사관리는 기관의 목적달성을 위한 자원봉사활동을 계획, 조직, 조정, 지원, 그리고 지도감독하는 등 자원봉사를 총괄하는 조직적 활동이라고 보았다.

조휘일(1991; 1996) 역시 자원봉사관리가 자원봉사프로그램 성패에 가장 중요한 요소라고 지적하면서, 자원봉사관리는 결과에 대한 책임감을 가지고 어떤 행동을 계획, 조직, 조정, 지지, 통제, 그리고 지도감독하는 것이라고 정의하였다.

이렇게 볼 때, 자원봉사관리에 대한 개념은 다음과 같이 정의될 수 있을 것이다. '기관의 자원봉사프로그램을 성공적으로 운영하기 위하여 여기에 참가하는 자원봉사자들과 이들의 활동을 지휘, 지시, 지도감독, 조정, 행정, 지지, 조언, 통제하는 일체의 과정으로써 일련의 단계로 이루어진다.'

2) 자원봉사관리의 목적

자원봉사관리의 목적은 여러 가지가 있는데, 일반적으로 다음과 같은 목적이 포함된다.

① 자원봉사자 자신의 성장과 발전을 돕는다.
② 자원봉사자의 봉사동기를 충족시키고 새로운 동기를 부여한다.
③ 자원봉사자가 봉사활동을 유지하고 지속하도록 돕는다.
④ 자원봉사자가 수행해야 하는 기관업무를 담당할 수 있는 지식, 기술, 윤리

를 향상시키도록 돕는다.

⑤ 자원봉사자들이 행복감과 충족감을 갖고 즐겁게 봉사활동을 하도록 돕는다.

⑥ 자원봉사자 자신들 사이의, 그리고 유급직원들과의 협력체계를 개선하여 업무효율을 높인다.

⑦ 자원봉사 대상자에 대한 자원봉사자의 서비스를 양적·질적으로 향상시킨다.

⑧ 기관의 자원봉사프로그램의 성공적인 수행을 촉진한다.

⑨ 자원봉사 활성화를 통하여, 지역사회의 문제를 해결하고, 기관이 사명(mission)을 성취하고, 기관목표가 달성되도록 촉진한다.

2 자원봉사관리자의 개념

1) 자원봉사관리자의 개념

자원봉사관리라는 주제가 부상(浮上)하자 사람들은 자연히 자원봉사관리자(volunteer manager)란 누구인가에 관심을 갖기 시작하였다. 몇몇의 연구자들이 자원봉사관리자를 다음과 같이 정의하였다.

우선, 권현수(2008)는 "자원봉사관리자는 자원봉사활동과 관련된 전반적인 지식과 가치를 가지고 체계적인 자원봉사관리를 수행하는 유급의 전문인력이다."라고 했다.

이것보다는 좀 더 광의적으로 정의한 사람이 이성록(1995)이다. 그는 드럭커(P. F. Drucker)를 인용하여 관리자라는 용어보다는 관리조정자[1]라는 용어를 사용하면서 "관리조정자는 다른 사람들이 그들의 일을 하게 함으로써 자기의 일을

1) 이성록(2005)은 자원봉사관리자를 미국의 매니저(manager)와 일본의 코디네이터(coordinator)라는 두 가지 용어를 모두 수용하여 자원봉사관리조정자로 명명하였다.

하는 사람"이며, 관리조정자라는 직업은 자신의 부하직원의 직무수행을 지원해 주는 것인데 다른 말로 관리조정자는 인적자원에게 가능성을 주는 사람이라고 진술한다. 그러나 몇 년 후 그는 자원봉사관리조정자의 개념을 보다 구체화시켜 "자원봉사활동을 촉진하고 효과적으로 활동할 수 있도록 지지하는 역할을 하는 사람이며, 단순한 행정직에 그치지 않고 일정한 교육과정을 마치고 전문가로서 직무를 수행하는 전문가"(이성록, 2005)라고 하였다.

한편 조휘일은 자원봉사관리자를 인간자원을 효과적으로 개발할 수 있는 능력을 갖춘 사람으로 보고 조직의 목적들을 이룩하기 위하여 다른 사람들과 더불어 또 그들을 통하여 일하는 사람으로 보고 있다(최성문, 2004, 재인용).

류기형 외(2004)는 자원봉사관리자는 "서비스를 수행하기 위해 수많은 자원봉사자를 활용하고 있는 기관이나 조직의 최고 실무감독자(executive director)"라고 할 수 있으며, 이러한 자원봉사 감독자는 조직 내에서 자원봉사프로그램을 책임지고 있는 중간관리자라고 할 수 있다고 기술한다.

그런가 하면 자원봉사관리의 전문가는 "자원봉사활동 전반에 대한 전문적인 교육과 훈련을 받고, 기관이나 시설에서 자원봉사 관리 및 조정에 대한 일을 주된 업무로 하는 유급직원"이라고 했다. 미국의 경우 자원봉사관리자는 비영리 직종에 종사하는 직업으로 소개되면서 자원봉사자 모집, 계획, 훈련, 지도감독, 그리고 자원봉사프로그램 개발과 같은 일에 책임을 지고 있는 것으로 그려지고 있다.

이와 같은 여러 연구자들의 개념정의를 종합하여 자원봉사관리자에 대한 개념을 잠정적으로 정의하면, "자원봉사관리자란 전문가가 되기 위한 교육과 훈련을 받고, 기관이나 시설에 종사하면서 여러 가지 관련된 일련의 하위역할을 수행함으로써 자원봉사활동의 효율을 증진시키고, 자원봉사프로그램을 성공적으로 수행하며, 이를 통하여 조직의 사명과 목적을 달성하려는 책임을 갖는 유급의 전문가"라고 할 수 있다.

2) 자원봉사관리자[2)]의 명칭

자원봉사지도자(leader)가 사람들이 인정할 수 있는 전문직으로 발달되어감에 따라 1965년 미국의 『직업명칭사전』에 자원봉사지도자를 가리키는 3개의 직업 명칭이 수록되었다. 바로 자원봉사 지도감독자(supervisor), 자원봉사 조정자(coordinator), 자원봉사 감독자(director)이다. 현재는 이러한 명칭과 더불어 자원봉사 행정가(administrator), 자원봉사 관리조정자, 자원봉사 지도자(leader) 등의 명칭이 사용되고 있다.

이들의 역할 구분에 대하여 류기형 외(2004)는 다음과 같이 기술한다. 자원봉사 지도감독자(supervisor)는 자원봉사자 교육이나 사례관리에 초점을 두며, 자원봉사 감독자(director)는 기관의 행정가와 같은 직책의 역할을 수행하며, 자원봉사 조정자(coordinator)는 시설과 지역사회 사이에 위치하여 자원봉사자 등 지역사회자원을 효과적으로 동원함으로써 시설 등이 목적으로 하는 사업을 효과적으로 수행하게 하는 한편 자원봉사활동에 대한 욕구를 가진 지역사회의 가정이나 사람을 지원하도록 하는 전문가를 의미한다. 실제에 있어서는 이들 역할이 기관이나 시설에 따라 서로 조금씩 차이가 나며, 역할이 명확히 구분되는 것이 아니라 중복되어 행해지는 경우가 많으며, 한 사람이 여러 역할을 동시에 수행하기도 한다.

이와 같이 자원봉사를 다루는 사람들을 가리키는 명칭으로 여러 개가 통용되고 그 역할들이 조금씩 상이하지만, 던(Dunn, 1995)의 주장대로 역사적으로 볼 때 자원봉사지도자가 전문직이 되면서 자원봉사프로그램을 감독하는 자원봉사관리자(manager)가 되었으며, 이들이 자원봉사에 관한 책임을 수용해야 한다는 인식이 생겨나게 되었다.

2) 자원봉사관리자라는 명칭에 여러 가지가 혼용되고 있다. 가령 자원봉사에 활동이라는 단어를 첨가하여 자원봉사활동 관리자 조정(이성록, 1995), 자원봉사활동 조정자(박태영·최경익 역, 1993)라는 용어가 사용되고 있다.

3) 자원봉사관리자의 역할

자원봉사관리자의 역할은 다차원적이다. 이들은 자원봉사활동과 과업에 따라 유연하고 융통성 있게 다양한 역할을 수행한다. 이들의 역할에는 다음과 같은 것들이 있다(이성록, 1995; 류기형 외, 2004; Dunn, 1995).

① 조정자(coordinator): 서비스의 욕구를 조정하는 역할
② 감독자(director): 자원봉사자의 직무활동을 지휘·통제하는 역할
③ 지도감독자(supervisor): 자원봉사자의 과업수행을 지도·평가하고 조언하는 역할
④ 훈련자/교육자(trainer/educator): 자원봉사자를 교육하고 훈련을 담당하는 역할
⑤ 지도자(leader): 자원봉사자의 자유로운 활동을 촉진하는 역할
⑥ 자문가(consultant): 기관 내부와 외부에서 자원봉사에 관한 사안에 대해 의견을 제시하여 도움을 주는 역할
⑦ 행정가(volunteer administrator): 자원봉사프로그램과 관련하여 정치를 하고, 이를 집행하고 운용하는 역할
⑧ 상담자(counsellor): 자원봉사자가 갖는 문제점 혹은 자원봉사에 관련하여 직원 및 기관이 갖는 문제점을 상담하는 역할
⑨ 관찰자(observer): 때로는 자원봉사자 혹은 자원봉사활동을 단순히 관찰하는 역할
⑩ 조사연구자(researcher): 자원봉사자, 자원봉사활동, 자원봉사프로그램에 관해 조사하고 연구하는 역할
⑪ 재무관리자(fiscal agent): 자원봉사프로그램을 창시하거나 유지하는 데 있어 지출자금이 정당한지를 산정하고, 보고하고, 예산을 개발하는 역할
⑫ 공공 관계와 지역사회 관계를 맺는 역할: 자원봉사프로그램을 유지·활성

화시키기 위하여 대중과 우호적 관계를 맺는 역할

⑬ 동료이자 친구로서의 역할: 자원봉사자들에게 동료의식을 갖고 친구로서 행동하는 역할

⑭ 통제자 역할(controlling): 자원봉사프로그램이 계획한 목표와 목적이 달성되도록 확실하게 하는 역할

⑮ 정보처 역할(information role): 자원봉사에 관한 정보를 보급·감시·분석하며 기록을 유지하는 역할, 자원봉사에 관한 일들의 추세와 문제에 관해 인지하는 역할

⑯ 정책결정자(decision maker): 자원봉사프로그램의 창시와 종결을 결정하고 자원을 할당하는 역할, 자원봉사자의 선발·해고·업무부여에 관여하는 역할, 자원봉사프로그램의 크고 작은 여러 정책결정사항에 관여하는 역할

이 외에도 상호작용 역할(interactional role), 연락원(liaison) 등 여러 역할들이 제시되고 있다.

4) 자원봉사관리자 유형

자원봉사활동이 효과적이 되려면 유능한 관리자(지도자)가 필요하다. 엘리스와 노일즈(Ellis & Noyles, 1990)에 의하면 자원봉사관리자(지도자)는 다음과 같은 3가지의 평행적 경로로 발달해 왔다(Dunn, 1995, 재인용).

첫째, 모든 자원봉사자 집단에서 지도자가 나타나거나 혹은 집단성원들이 지도자를 선출한다. 이러한 지도자들은 활동계획을 개발하고, 그 사람을 중심으로 다른 자원봉사자들이 모이게 된다. 이러한 지도자 유형은 수없이 많은데 가령, 마틴 루터 킹(Martin Luther King), 해리엇 터브만(Harriet Tubman) 등이다.

둘째, 유급직원으로서 부수적 책임으로 자원봉사자들을 지도감독하는 사람이다. 이 유형의 지도자 예는 클라이언트를 위해 자원봉사자가 수행하는 보충적

서비스를 책임지는 사회복지사, 성직자, 교사, 의사 등이다.

셋째, 유급직원으로서 그의 주된 책임이 자원봉사자들의 업무를 관리하는 것이다. 병원, 사회복지기관, 자선조직 등은 모두 자원봉사자들을 관리하는 직원을 갖고 있다.

자원봉사관리자는 전문성의 정도에 따라 전문가, 준전문가, 리더로 세분화하여 구분하였다. 자원봉사 전문가는 앞에서 말한 대로, 자원봉사활동 전반에 대한 전문적인 교육과 훈련을 받고 기관이나 시설에서 자원봉사 관리 및 조정에 대한 일을 주된 업무로 하는 유급직원이다. 준전문가는 자원봉사관리를 부차적인 업무로 행하는 사람들로 목사, 교사 등이 여기에 속하며, 리더는 자원봉사자들 중 자원봉사자에 의해 선출되는 사람으로 구분하였다. 말하자면, 앞에서 던(Dunn, 1995)이 기술한 자원봉사관리자(지도자)의 평행적 발달경로에서 첫 번째 경로에 해당하는 사람이 리더이며, 두 번째에 해당하는 사람이 준전문가, 세 번째에 해당하는 사람이 전문가라고 말할 수 있을 것이다.

5) 자원봉사관리자의 자격

미국에서는 자원봉사관리자의 자격요건으로 적어도 2년 이상의 관리수준의 책임 혹은 경험, 자원봉사프로그램에 참여한 경험, 리더십과 팀 구성 능력, 학사학위 등을 요구하고 있다. 또한 관련된 지식으로 자원봉사요원개발, 지도감독, 조직, 계획, 그리고 인정 프로그램, 리더십과 관리와 관련된 원칙, 컴퓨터 및 MS 오피스와 같은 일반적인 프로그램 조작능력 등을 필요로 하고 있다. 연봉은 전일제 근무일 경우 40,000$에서 출발한다고 한다.

영국의 경우 자원봉사관리자는 직업군(群) 중 사회복지 및 가족상담 영역에 속하는 직업이다. 이들은 자원봉사자들을 적재적소에 배치하는 것을 주요 업무로 하며, 또한 자원봉사자들을 모집, 훈련, 지도감독하고, 이벤트를 촉진하며, 행정적인 역할을 수행한다. 이들에게 요구되는 자질로는 일에 대한 헌신성, 뛰어난 조직적 기술, 기술(記述)능력과 의사소통기술, 융통성과 수용성, 팀워크에 능숙, 사람들과 함께 일하기를 즐겨야 하는 것 등이 언급되고 있다. 영국 자원봉사관리자들은 현재 국가와 지방자선조직, 병원, 예술단체, 문화, 스포츠조직, 환경, 아동 및 청소년 기관들에서 일하고 있으며, 현재 569,000명의 유급관리자가 채용되어 있다. 평균연봉은 16,000~30,000￡ 정도다.

우리나라의 경우, 자원봉사활동의 제도적 인프라가 확대되면서 자원봉사관리자가 새로운 직업으로 등장하고 있으나, 명확하지 않은 역할과 자격요건 등으로 많은 어려움을 겪고 있다(김동배, 1997). 자원봉사에 대한 법률적 지원·장려의 근거가 되고 있는 「자원봉사활동기본법」이 오랜 논의 끝에 2005년에 제정되었지만 자원봉사관리자에 대한 정의, 역할, 자격, 그리고 이들에 대한 교육훈련체계 등에 대한 조항이 배제됨으로써 현장에서 활동하고 있는 자원봉사관리자들의 자격과 역할 등은 많은 혼란을 겪고 있는 실정이다.

6) 자원봉사관리자의 윤리적 행동원칙

자원봉사는 그 자체가 사회적 책임수행, 타인에 대한 관심표명, 그리고 인간 존엄과 자기결정이라는 원칙을 포함하고 있다. 개인은 자기실현의 수단으로 자원봉사를 할 권리가 있는 반면, 자원봉사 서비스를 받는 사람도 그것을 받을 권리와 거부할 권리가 있으며, 혹은 도움 상황에 대해 입장을 명백하게 할 권리가 있다. 이러한 권리들을 윤리적 관점에서 고려할 경우 어느 한 가지도 절대적인 것은 아니다. 따라서 자원봉사관리자는 실제에 있어 어떤 윤리적 원칙 속에서 행동해야 하는데, 다음과 같은 것들이 있다(엄인성, 2007).

첫째 일관된 자원봉사 철학 : 자원봉사관리자는 남과 더불어 일하는 자원봉사 철학을 일관되게 유지하면서 자원봉사프로그램을 개발하고 관리하여야 한다.

둘째 인간의 존엄성 향상 : 자원봉사관리자는 자원봉사에 관련된 모든 사람들의 존엄성을 향상시키는 자원봉사프로그램을 개발하고 관리하여야 한다.

셋째 상호 호혜성 : 자원봉사관리자는 어떤 자원봉사활동이든 관련된 사람들의 상호혜택이 실현되고 향상되도록 노력해야 한다.

넷째 자기결정권 : 자원봉사와 관련된 정책결정으로 인해 직접 영향을 받게 되는 사람으로 하여금 정책결정과정에 본인 스스로 직접 참여하도록 해야 한다.

다섯째 사생활 보호 : 자원봉사관리자는 개인의 사생활 존중, 클라이언트의 비밀보장, 그리고 활동 중에 알게 된 각종 정보를 존중하고 이를 지켜주어야 한다.

여섯째 직원과의 관계 확립 : 자원봉사관리자는 모든 전문직 및 기타 직원들의 고유권한을 존중하고, 이들과의 업무관계를 강화하여야 한다.

일곱째 사회적 책임 : 자원봉사관리자는 인간의 욕구충족과 가치향상을 위해 지역사회문제와 자원봉사프로그램을 연계시키는 사회적 분위기를 조성하는 역할을 수행해야 한다.

여덟째 진문가로서의 책임 : 자원봉사관리자는 서비스대상자들에게 전문가로서의 신뢰를 얻을 수 있어야 한다.

3 자원봉사관리 과정의 개요: 8단계 소개

1) 자원봉사프로그램의 기획

기획(planning)이란 무엇을 할 것인가, 어떻게 할 것인가, 언제 할 것인가, 누가 할 것인가를 미리 결정하는 것이다. 이것은 현재 우리가 놓여 있는 곳과 다다르기 원하는 곳 사이에 가교역할을 해준다. 기획업무들은 자원봉사프로그램의 개발과 운영에 가장 기초적인 기능을 하기 때문에 기획 없이는 자원봉사자의 조직, 배치, 감독, 통제, 그리고 평가 등이 그 의미를 상실한다. 또한 기획의 중요성은 성공적인 자원봉사프로그램의 초기구상뿐만 아니라 실제 운용과정에서 나타날 수 있는 장애물을 확인하고 해결책을 마련하는 데에서도 나타난다. 기획단계에서 자원봉사관리자가 알아야 할 것들은 자원봉사프로그램의 기획이 어떤 과정을 거쳐 완성되는가, 각 과정마다 어떤 사안을 어떤 방법으로 수행할 것인가이다.

2) 자원봉사 직무개발과 직무설계

직무개발과 직무설계(job development & designing)의 핵심요인은 이러한 직무들이 기관사명에 어떤 관련성을 갖는가를 결정하는 것이다. 자원봉사자들의 직무는 기관사명을 달성하는 직무들과 함께 짜여야 하고, 기관의 다른 업무들과 부합해야 한다(Dunn, 1995).

3) 자원봉사자 모집과 충원

모집과 충원(recruitment)은 기관에서 필요로 하는 적합한 인원을 확보하는 첫 번째 과정이다. 모집과 충원은 수행해야 할 업무에 맞추어 '업무를 담당할 봉사자의 종류는 무엇인가, 어디서 구할 것인가, 가장 좋은 모집방법은 무엇인가' 등을 고려하는 것이다. 이 때 기관이나 프로그램의 이미지(image)를 가장 효과적으로 사용할 것이 요구된다. 모집과 충원의 가장 좋은 도구는 훌륭한 자원봉사프로그램과 자원봉사자에게 의미 있는 업무들이다(Lauffer & Gorodezky, 1977; Dunn, 1995).

4) 자원봉사자 심사·선발·면접

심사(screening)는 장래의 자원봉사자가 업무담당에 적합한지 아닌지를 기관이 결정하는 하나의 절차를 말한다. 또한 심사는 장래의 자원봉사자들로 하여금 업무가 요구하는 것들에 대하여 자기 자신을 체크할 기회를 준다. 심사는 기관과 자원봉사자 양쪽이 합치를 결정하기 전에 서로를 파악할 기회를 준다. 심사과정 역시 신중히 설계되고 지속적으로 다루어져야 한다. 이것은 직원의 시간과 에너지를 필요로 한다. 그리고 기관의 다양한 업무들이 어떤 종류의 봉사자를 원하는가를 알아야 함을 의미한다.

선발(selecting)은 자원봉사지원자 중에서 선발기준에 부합되는 사람을 선택하는 과정이다. 선발과정의 가장 힘든 부분은 지원자를 거부하는 것이다. 거부는 불쾌를 수반하기 때문에 지원자를 거부해야 할 때에는 사려 깊은 구체적인 환류를 주는 것이 필요하다.

심사와 선발에 필요한 여러 방법 중 면접(interviewing)은 직원의 시간조절이 쉽고, 요구되는 기술 또한 보다 일반적이기 때문에 보다 선호되는 방법이다. 따라서 훌륭한 면접이란 무엇인가를 친숙히 알아두는 것이 도움이 된다. 또한 자원봉사자프로그램에 면접을 사용할 때의 중요사항들을 알아야 한다.

5) 자원봉사자에 대한 오리엔테이션 · 교육 · 훈련 · 배치 · 업무부여

자원봉사자들이 업무를 적절히 수행하기 위해서는 교육과 훈련이 필요하다. 그러나 또한 오리엔테이션도 필요하다. 오리엔테이션(orientation)에서는 복잡한 인간서비스 조직이 움직이는 방법, 인간서비스 조직의 상위체계, 조직의 사명과 가치, 직원의 행동을 다스리는 규범 등이 제시된다. 이 때 기관의 구조나 공식적인 규칙과 조례들이 공식 또는 비공식적으로 제시될 수 있다.

교육과 훈련(training and education)은 오리엔테이션과 다르다. 즉, 이것들은 자원봉사자가 구체적 업무를 수행하는 데 필요한 태도· 지식· 기술에 초점을 둔다. 또한 자원봉사자의 교육과 훈련은 유급직원의 그것과 구별된다.

배치(placement)란 선발된 자원봉사자를 적재적소(適材適所)에 두는 것이며,

업무부여(job assignment)란 배치된 자원봉사자가 가지고 있는 지식·기술·재능을 구체적 서비스로 전환하도록 업무를 대응시키는 과정이다.

적절한 배치를 위하여 면접을 구성하는데, 이러한 면접은 자원봉사자들로 하여금 그 업무를 이해할 기회를 주어 그 업무가 그들이 진정으로 원하는 것인가 그리고 그들이 그 업무를 수행할 자격이 있는가를 판단하게 한다. 면접에서 충분히 정보를 교환하여 자원봉사자의 동기·열망·그리고 업무목표가 무엇인지를 결정하고, 배치와 업무부여는 이러한 결정에 기초하여 수행한다.

6) 자원봉사자 업무에 대한 수퍼비전과 동기부여

수퍼비전(supervision)이란, 글자 그대로 정의하면, 다른 사람이 하는 일에 대해 책임을 지고 지켜보는 감독자(over-seer)의 일이라는 의미다. 수퍼바이저는 그가 책임을 맡은 수퍼바이지의 현장업무 수행을 지시, 조정, 향상, 그리고 평가하는 권한을 갖는다(Kadushin, 1992).

자원봉사관리에서의 수퍼비전은 자원봉사자의 서비스를 효과적이고 효율적으로 클라이언트에게 전달하기 위하여 자원봉사관리자가 자원봉사자들이 수행한 업무에 대해 행정적, 교육적, 그리고 지지적 도움[3]을 제공하는 것이다. 수퍼비전을 주기가 어려운 경우는 자원봉사자 업무가 모호하고, 업무단위를 명확하게 하지 않았을 때다. 어려움이 더 커지는 경우는 자원봉사자가 잘못 유도되었거나, 빈약하게 교육·훈련되었을 경우다.

한편, 동기란 그 사람의 행동을 결정하는 직접적인 원인을 말하며, 동기부여(motivation)란 '그 사람에게 어떤 특정자극을 주어 행동을 하게 하는 일'로 정의된다(엣센스국어사전, 1996). 자원봉사자에 대한 수요가 증가하고, 자원봉사자에 대한 전통적 공동관리가 변화함에 따라 "왜 사람들은 자원봉사를 하는가"라

3) 간략히 말해 행정적 수퍼비전은 작업배경을 제공하며, 교육적 수퍼비전은 업무능력을 개선하는 것이며, 그리고 지지적 수퍼비전은 업무만족감을 지원하는 것이다(Kadushin, 1992).

는 질문이 점차 중요해졌다. 또한 자원봉사자들의 욕구와 흥미가 변화되고 상향됨에 따라 자원봉사관리자들은 자원봉사자들에게 새로운 동기를 부여하는 것이 중요해졌다. 자원봉사관리자들은 사람들이 자원봉사를 하는 동기는 무엇이며, 동기부여는 어떻게 할 수 있는지 알아야 한다.

7) 자원봉사자에 대한 인정과 보상

크게 보아서, 자원봉사자에 대한 인정(recognition)이란 기관이 자원봉사자가 수행한 일에 대해 감사를 표시할 때 사용하는 '통화(currency)'로써 자원봉사프로그램의 성공에 치명적으로 중요하다(Dunn, 1995). 기관은 자원봉사자가 사용한 시간, 지식, 기술, 재능, 능력 등에 대한 감사로 그에 상응하는 그 무엇을 제공하여 조금이나마 보상(reward)하려고 노력한다. 그러나 자원봉사자들은 돈에 동기화된 것이 아니기 때문에 인정과 보상의 수단으로써 돈이 아닌 다른 수단을 사용하게 된다. 자원봉사관리자들은 자원봉사자에 대한 인정과 보상에는 어떠한 것들이 있으며, 이를 어떻게 활용해야 하는가를 알아야 한다.

8) 자원봉사프로그램에 대한 평가·환류·기록보존

평가(evaluation)란 자원봉사자가 수행한 업무를 업무묘사표(그리고 출석기록표)에 비추어 사정하고, 해결해야 할 문제가 있는가 혹은 훈련이 더 필요한가를 결정하고, 또한 자원봉사자가 제공한 서비스에 대해 감사를 표현하는 과정이다.

환류(feedback)는 평가의 긍정적 혹은 부정적 결과를 다음 업무에 재투입(혹은 수정재투입)하여 더 큰 효과를 산출해 내려는 과정이다.

평가와 환류는 크게 두 가지로 구분할 수 있는데, 하나는 자원봉사자의 업무수행에 대한 것이고, 다른 하나는 자원봉사프로그램에 대한 것이다. 자원봉사관리자는 이 두 가지의 평가와 환류를 어떻게 할 것인가를 알아야 한다.

자원봉사자들의 활동에 대한 기록유지(record keeping)는 중요하다. 기록에 관한 훈련은 자원봉사관리자, 기관직원, 혹은 경험 있는 자원봉사자가 맡을 수 있다. 기록보존과 관련해서 자원봉사관리자들은 기록이 중요한 이유, 기록의 종류, 기록보전기간, 기록에 대한 자원봉사자의 권리 등이 무엇인가를 알아야 한다.

참고문헌

경기도사회복지협의회(1997). 경기도 사회복지시설(기관) 자원봉사 운영실태와 개선방안.

권현수(2008). 자원봉사관리자 재교육과 직업적 역량 및 전문직업성과의 관계. 박사학위논문. 경북대학교 대학원.

김기선(1984). 자원봉사활동의 방향 및 활성화에 관한 연구. 「사회복지」 통권84호, 한국사회복지협의회.

김동배(2005). 시민사회와 자원봉사. 서울: 학지사.

대구직할시 사회복지협의회(1993). 자원봉사자의 활동실태와 효율적 활동체계에 관한 조사연구.

류기형 외(2004). 자원봉사론. 경기: 양서원.

민중서림(1996). 엣센스국어사전(제4판).

박태영·최경익 역(1993). 자원봉사활동 조정자. 은닉출판사.

엄인성(2007). 자원봉사관리의 문제점과 그 개선방안에 관한 연구. 석사학위논문. 동아대학교 사회복지대학원.

이성록 편역(1995). 자원봉사활동 관리조정론. 서울: 학문사.

이성록(2005). 자원봉사 어드바이저. 서울: 미디어숲.

이종복(1993). 사회복지시설과 자원봉사활동 방향. 「자원봉사활동활성화 방안」. 한국사회복지협의회, 자원봉사활동 활성화를 위한 대토론회 자료집, 39-42.

조휘일(1991) "자원봉사자의 관리 및 운영방안". 한국사회복지학회. 「자원봉사활동 활성화를 위한 세미나 자료집」, 51-63.

조휘일(1995). "지역사회복지와 자원봉사활동". 한국지역사회복지운동연구회. 「지역사회복지운동」, 창간호, 34-45.

조휘일(1996). "자원봉사프로그램 관리과정 개발에 관한 연구". 「자원봉사실무편람」. 서울시사회복지협의회 편.

최성문(2004). 종합사회복지관의 자원봉사 관리에 영향을 미치는 요인 및 개선방향 연구-관리자 요인을 중심으로-. 석사학위논문. 서울여자대학교 대학원.

한국복지연구회(1997). 현대사회의 자원봉사론. 서울: 유풍출판사.

한국여성개발원(1990). 현대사회와 자원활동.

허진희(2006). 자원봉사관리자의 개인요인과 기관특성이 노인자원봉사관리에 미치는 영향: 서울지역 노인종합복지관을 중심으로, 석사학위논문, 중앙대학교 사회개발대학원.
현대사회연구소(1985). 「자원봉사활동 실태 조사연구」.

Dunn, Patricia C.(1995). Volunteer Management, *Encyclopedia of Social Work*(19th ed.), NASW, 2483-2490.
Kadushin, Alfred(1992). *Supervision in Social Work*(3th ed.), NY: Columbia University Press.
Lauffer, Armand & Gorodezky, Sarah(1977). *Volunteers*. SAGE Publications.

CHAPTER 06

자원봉사 관리과정

1 자원봉사프로그램 기획

1) 자원봉사프로그램 기획

프로그램이란 어떤 목적을 달성하기 위해 만들어진 조직적 활동이다. 즉, 자원봉사프로그램은 의도된 계획에 따라 구척적인 목표를 달성함으로써 사람과 지역사회를 변화시키고자 하는 것이다.

기획(planning)은 우리가 처한 곳과 나아가야 할 곳의 간격을 연결해 주는 것으로서, 해야 할 바를 결정하는 역할을 하며 기본적으로 여러 대안들 중에서 어떤 목적을 위해 행동방침을 선택하는 것이다. 자원봉사프로그램의 기획은 자원봉사자를 활용하고자 하는 기관에서 유능한 자원봉사자의 유지, 기존의 업무에 새로운 자원봉사자 배치, 새로운 업무에 자원봉사자의 배치 등을 위한 기본적인 작업이라고 말할 수 있다(Dunn, 1995; 김동배, 2005, 재인용). 정무성(1999)은 프로그램 기획과정에서 고려해야 할 중요한 점을 4가지로 정리하고 있다.

① 가치: 프로그램 관여자들이 받아들일 수 있는 가치가 반영되어 있는가?
② 실현가능성: 프로그램을 실행할 만한 정치적 승인과 경제적 자원을 동원할 수 있는가?
③ 준비성: 프로그램의 주관기관이나 조직이 제안된 프로그램을 진행할 만한 준비가 되어 있는가?

④ 합리성: 프로그램이 객관적 사실에 근거하여 준비되는가?

제이콥슨(Jacobson)은 자원봉사프로그램을 기획할 때 지켜야 할 9가지 지침을, 조휘일은 프로그램을 기획할 때 사전 점검할 사항 10가지를 제시하고 있다(Jacobson, 1987; 조휘일, 2002a). 이러한 지침들을 준수할 때 시행착오를 최소화할 수 있고 원하는 결과를 얻을 수 있다.

▍자원봉사프로그램 기획지침(Jacobson, 1987)

① 기획은 기관의 목적 및 목표와 일치하면서 합리적이어야 한다.
② 매년 장단기 목표를 설명하고 분기마다 검토·수정한다.
③ 현재 목표의 타당성을 평가하고 가용자금, 장소, 지원과 관련이 있어야 한다.
④ 프로그램(또는 서비스)에 대한 지역사회의 사명감과 책임감을 고려해야 한다.
⑤ 프로그램(또는 서비스)의 적용 가능성을 고려해야 한다.
⑥ 일련의 발달과정이 진행되는 설계구조를 갖춰야 한다.
⑦ 구체적 과업과 이를 완수하는 일자를 구체적으로 명시한다.
⑧ 대중에게 홍보하고 대중과의 관계를 장려해야 한다.
⑨ 정기적으로 브레인스토밍(brainstorming)을 할 수 있는 현실적 이사회, 위원회가 필요하다.

▍자원봉사프로그램 기획 사전 점검사항(조휘일, 2002a)

① 자원봉사프로그램으로 무엇을 얻고자 하는가?
② 자원봉사프로그램을 기획하고 운영하는 데 대해 이사회, 그리고 상급관리자들이 얼마나 책임감을 느끼는가?
③ 기관사업 중 일부 구체적 업무를 자원봉사자에게 맡길 수 있는가?
④ 기관은 자원봉사자들을 모집할 수 있는 잠재력이 있는가?
⑤ 자원봉사자에 대한 직원의 태도는 어떠한가?
⑥ 자원봉사자에게 직원에 준하는 훈련프로그램을 제공할 수 있는가? 아니면 그 외 활용 가능한 훈련프로그램이 있는가?

⑦ 직원들이 자원봉사자와 함께 일하는 것에 동기화되어 있고 도움을 주고받을 수 있는가?
⑧ 직원들에게 자원봉사자의 업무를 규정하고 훈련·지도·감독할 수 있는 사명감이 있는가?
⑨ 기관은 자원봉사에 관한 정책이 있거나 정책을 세우려고 하는가?
⑩ 프로그램 평가계획이 있는가?

2) 자원봉사프로그램 기획단계

프로그램 기획은 프로그램 계획단계에서 적절한 변화를 창출하기 위하여 산출된 과학적·기술적·실천적 정보를 체계적으로 적용하여 이용 가능하도록 기술하는 것이다. 프로그램 기획의 구성요소는 ① 구성원의 관심영역, ② 문제의 발견·정의, ③ 문제해결을 위한 대안 및 전략 선택, ④ 실행, ⑤ 평가 및 긍정적 결과의 강화·보급 등이다(이성록, 2005).

(1) 구성원의 관심영역 파악

자원봉사활동에 있어서 가장 중요한 것은 구성원들의 자발적 참여를 유도하는 것이다. 이를 위해서는 먼저 자원봉사활동의 가치에 대해 인식변화를 시도하여야 한다. 그러나 아무리 자원봉사활동이 가치 있는 일이라 하더라도 자신의 관심영역 밖이거나 활동하고 있는 직무에 대하여 흥미를 느끼지 못하면 실천하지 않는다. 그들은 그 일이 나에게 적절한가, 보람되고 흥미 있는 일인가, 성취감을 얻을 수 있는가 등과 같이 자문하게 될 것이다. 그러므로 구성원들의 관심영역을 먼저 파악하여야 한다.

그런데 여기서 유의할 것은 자원봉사 영역과 직무에 대한 충분한 정보를 미리 제공해야 한다는 점이다. 왜냐하면 아직 대부분의 사람들이 자원봉사라고 하면 사회복지시설 또는 소년소녀 가장, 장애인 등을 먼저 떠올리기 때문이다. 복지, 환경뿐만 아니라 교육, 문화, 정치, 경제, 보건, 교통, 교정 분야 등 보다 폭넓은 활동분야와 활동유형 및 직무에 관한 일반적인 정보를 미리 제시해 줄 필요가 있는 것이다.

(2) 활동분야 현황 파악

구성원들의 관심영역을 파악하여 활동분야를 선택하게 되면 그 다음에는 활동분야의 구체적인 현황을 파악하여야 한다. 먼저 자원봉사자를 필요로 하는 곳의 명부를 수집하고 활동 내용 및 조건 등에 대한 정보를 파악하여야 한다. 자원봉사 신청자는 나름대로 기대하는 직무를 가지고 있으므로 이러한 정보가 자율적 선택의 기준이 될 수 있다.

여기에는 목적, 방침, 연간계획, 현황과 문제점, 요망사항 등은 물론, 주소 및 위치, 교통수단 및 소요시간, 자원봉사 서비스 수용태도, 이전 또는 기존 자원봉사자의 활동현황, 직무환경과 필요한 기술, 문제점과 장점 등 도움이 될 수 있는 정보도 포함되어야 한다. 활동현장의 실정에 대하여 충분한 정보가 없으면 충동적으로 직무를 선택하게 되고 적절한 계획을 세울 수도 없으므로 빗나간 행동이 되기 쉽다. 따라서 사전에 현지조사를 하거나 관계기관의 설명 및 전문가의 의견을 충분히 들어야 한다.

(3) 문제정의와 목적 설정

문제정의는 개별적이고 본질적인 문제를 규명하는 것으로서 의사의 진료행위에 비유하자면 환자의 병이 무엇인지 진단하는 과정과 같다. 그러므로 자원봉사활동에 있어서 문제의 파악은 가장 중요한 과정이며, 자원봉사프로그램은 문제를 발견함으로써 시작된다. 그런데 문제를 파악하려면 문제의식을 가지고 있어야 한다. 그러므로 프로그램을 계획하는 사람은 먼저 무엇이 본질적인 문제인지를 판단할 수 있는 자의식을 가져야 한다.

자원봉사활동은 선행이나 자선과 같은 '도움의 활동'이 아니라, 도움의 활동에 의미와 가치를 부여함으로써 사람과 사회를 변화시키는 '변화의 활동'이다. 따라서 일련의 역동적 과정과 기술적 방법이 구체적으로 표현된 프로그램이 요구된다. 즉, 자원봉사프로그램은 문제를 인식하고 변화시킬 계획을 수립하며 그 계획을 실천함으로써 바람직한 상태 또는 환경을 만들어 내는 인간의 노력을 표현한 것이다. 따라서 자원봉사프로그램에 있어서 가장 선행되어야 하는 것은 문제를 발견하고 논의를 통하여 원인을 규명하며 근본적인 문제를 정의하는 것이다.

(4) 문제의 해결책 선택

문제정의(진단)가 이루어지면 다음 차례는 가능한 해결책을 구상해 보는 것이다. 이때는 조직의 사명을 가장 잘 이해하는 직원, 업무를 잘 수행할 수 있는 자원봉사자, 도움을 받는 대상자의 입장을 잘 대변할 수 있는 사람 등과 자원봉사관리자, 협력기관 담당자가 함께 참여하는 것이 좋다.

모임에서는 누구나 제약 없이 자유롭게 다양한 아이디어를 제시하여 대안을 발굴하는 브레인스토밍 등의 방법을 사용하는 것이 좋다. 문제를 정의하고 해결을 위한 토의를 할 경우, 항상 '만일 이렇게 한다면' 하고 상상력을 발휘해 본다면 전에는 발견하지 못했던 여러 가지 기발한 아이디어를 얻을 수 있고 미처 몰랐던 돌파구를 찾을 수 있을 것이다.

(5) 실행계획 수립

문제의 해결책이 선택되면 구체적인 실행계획을 수립하여야 한다. 지역사회의 문제해결과 대상자의 욕구해소에 도움이 되고 나아가 인간의 행복을 만들기 위해서 구체적으로 해야 할 일들을 선정하며, 가능한 범위를 단계적으로 정하여 목적·목표·프로그램을 기술한 기본계획 및 활동시간·장소·예산·업무분담 등 구체적 실천방안을 기술한 실천계획서를 만들어야 한다.

아울러 자원봉사자로서 수행해야 할 직무를 명백하게 정의해 두어야 한다. 자원봉사활동에 있어서 최선의 직무는 정교하고 복잡한 것이 아니라 정확하고 간결한 것이다. 기본적으로 고려되어야 할 자원봉사자의 직무는 ① 지역사회 또는 대상자의 이해에서 요구된 것이고, ② 자원봉사자 수요처에 의해 요청된 것이며, ③ 자원봉사자에 의해 실행될 수 있는 것이어야 한다. 그리고 '일일 봉사활동'으로부터의 직접적 만족이 자원봉사자들에게 동기부여와 활력소가 되기 때문에 실행계획에는 활동에 따르는 다양한 즐거움을 반영할 필요가 있다. 특히, 같은 직무도 배려에 따라 성과 및 만족도가 현저히 달라질 수 있다. 그리고 어떤 경우라도 실시를 위한 준비를 철저히 해야 한다. 따라서 실행계획에는 활동을 실시하는 데 필요한 비품이나 용품의 준비는 물론 돌발적인 사태에 대한 대비책 등 세심한 준비를 기술해 두어야 한다.

2 자원봉사 직무개발과 직무설계

1) 직무개발

직무개발(jop development)이란 자원봉사 조직의 관련 구성원(사회복지사, 자원봉사자, 대상자 등)들의 욕구를 충족시켜 주는 적절한 직무 배정을 통해 개개인이 만족하도록 실행체계를 구성하는 과정을 의미한다. 즉, 자원봉사자를 위해 특수한 직무를 설계하고 이와 관련된 업무를 개발하는 것이다. 이는 자원봉사프로그램에 대한 전체적인 기획을 기초로 해야 한다. 이때 기관 측면에서는 자원봉사자의 업무를 기관 업무의 일부분으로 설계해서 조직의 사명과 목적을 달성하도록 해야 하며, 자원봉사자의 입장에서는 개인적인 욕구를 충족할 수 있는 기회를 제공할 수 있어야 한다. 또한 자원봉사활동 대상자에 대한 이해를 바탕으로 하고, 질 높은 서비스를 제공하는 것을 목적으로 자원봉사자가 해야 할 업무를 세부적으로 설명해야 한다. 이는 자원봉사프로그램과 자원봉사자를 효과적으로 관리하는 데 있어 매우 중요한 요소로 작용하기 때문이다.

2) 직무설계

(1) 직무설계의 필요성

효과적인 자원봉사프로그램을 관리하는 데 있어 가장 중요한 요소 중에 하나는 자원봉사자의 직무설계(job design)다. 이는 프로그램에 대한 전체적인 기획을 기초로 해서 자원봉사자의 구체적인 직무를 설계한다. 직무설계의 필요성은 다음과 같이 요약할 수 있다(김범수 외, 2007).

- 자원봉사자의 의무에 대한 설명을 통해 직원과 자원봉사자의 역할을 명확히 하여 서로 간의 역할 이해를 돕는다.
- 업무가 어떤 자격과 기술, 책임, 활동시간을 필요로 하며, 그 직무에 배치된 사람이 어떤 자격요건을 갖추어야 하는지를 알려 준다.
- 업무의 명확한 제시로 자원봉사자가 맡게 될 업무가 자신의 동기에 적합한 일인가를 판단할 수 있게 한다.
- 누가, 무엇을, 누구에게, 언제까지, 얼마 동안 해야 하는지를 명확하게 함으로써 자원봉사자 지도감독 활동의 기초가 된다.

직무설계에 있어서 대상자에 대한 종합적인 이해는 우선적으로 요구되며 다음과 같은 의문사항을 만족시켜야 한다(유성호, 1997).

- 서비스를 제공받을 인구의 특성, 인원수와 그들의 욕구는 무엇인가?
- 프로그램을 통해 효과적으로 봉사하기 위하여 자원봉사자가 갖추어야 할 조

건은 무엇인가?

- 서비스를 제공받을 대상자는 유급직원과 자원봉사자 가운데 누구에게서 서비스가 제공되기를 바라고 있는가?
- 자원봉사자의 직무는 기관의 전체적인 사명과 어떻게 관련되어 있는가?

셰이어(scheier, 1980)는 자원봉사자 직무설계에 있어서 유급직원, 자원봉사자, 대상자 삼자의 동시참여를 주장한다. 유급직원에게 그들이 하고 싶지 않은 업무와 하고 싶지만 수행할 수 없는 업무들을 작성하도록 권장한다. 그런 후에 자원봉사관리자, 적어도 한 명 이상의 자원봉사자와 유급직원 대표가 모여서 자원봉사자가 수행할 업무와 활동을 파악하는 데 공동으로 노력한다. 또한 직무설계 과정에 있어서 자원봉사자가 수행할 업무가 매우 매력적이어야 한다고 주장한다. 자원봉사 업무가 조직의 사명과 관련 있고 의미 있고 호감 가는 활동을 많이 포함할 때 그 업무에 대해 매력을 느끼게 된다는 것이다. 따라서 자원봉사자가 수행하는 개별 업무는 나름대로의 의미가 있어서 즐거운 경험을 제공할 수 있어야 한다. 이러한 것들이 직무설계에 표현되는 것이 바람직하다.

(2) 직무설계의 구성요소

자원봉사 직무를 설계할 경우 '일'(work)이라기보다 '게임'(game)을 설계한다는 마음으로 스스로를 위해서 시간과 재능, 물질을 사용하도록 참여 동기를 자극시켜 주는 것이 필요하다. 직무설계를 위해서는 다음의 네 가지 요소가 강조된다(배기효 외, 2008).

① 주인의식 부여: 주인의식은 자원봉사자에게 자신의 직무에 관한 권한을 높여 주고 그 업무에 대한 자부심을 높여 준다.

② 생각하고 기획할 수 있는 권한: '단순히 일만하고 있다'는 의식 대신 '일의

방법을 결정하고 자신의 역할을 한다'는 의식을 갖게 되면 직무에 대해 보다 높은 동기를 갖게 된다.

③ 결과에 대한 책임의식 부여: 만약 자원봉사자들이 활동과정에 대한 결과 또는 성과에 대하여 책임을 지게 한다면 동기부여와 만족을 얻을 수 있다.

④ 평가: 나타난 결과를 어떻게 평가할 것인가를 결정하는 것이다. 이에는 평가기준이 있어야 한다.

(3) 업무분장

업무분장이란 업무설계에 의해서 각자의 기능과 역할분담을 정하는 것을 의미하는 것으로서 크게 유급직원의 업무와 자원봉사자의 업무로 구분할 수 있다. 업무분장에서는 실행빈도수(일을 얼마나 자주 실행해야 하는가)와 일의 중요성, 필요한 전문성 등을 고려하여야 하며, 특히 자원봉사자의 경우 돈이나 물질적 보상보다는 성취감, 인정, 자아실현 등의 욕구에 의해 활동이 좌우되므로 내적 욕구와 동기가 충분히 보상될 수 있도록 해야 한다. 명확한 업무분장은 업무책임을 분명히 하고, 자원봉사자 모집과 배치를 용이하게 하며, 효과적 업무실행에 필요한 훈련영역을 제시하고, 자원봉사자 업무실행에 대한 감독과 평가를 위한 토대를 마련하며, 업무에 참여하는 사람들 간의 역할을 이해하게 한다(Ilsley & Niemi, 1981: 52; 류기형 외, 2001: 502, 재인용).

제이콥슨은 자원봉사 업무분장의 요소로 ① 업무명칭, ② 활동의 목적과 목표, ③ 수행해야 할 책임, ④ 자격조건, ⑤ 활동시간, ⑥ 교육훈련, ⑦ 활동장소, ⑧ 관리감독, ⑨ 보상, 혜택을 제시하고 있다(Jacobson, 1990: 10). 예를 들면 〈표 6-1〉, 〈표 6-2〉와 같다.

〈표 6-1〉 제이콥슨의 자원봉사 직무기술 항목에 따른 업무분장의 실례(Ⅰ)

제목	• 독거노인을 위한 국배달
목적	• 거동이 불편한 독거노인을 위해 뜨거운 국을 집으로 배달
활동내용과 책임성	• 사전에 예약한 날짜에 계획된 노선으로 20명의 수혜자에게 배달 • 이전 배달 시의 용기수거 • 정해진 수혜자들에게 음식물을 배달하고 도움을 필요로 하는 다른 사람들을 점검
필요자격	• 사회복지, 관련전공 대학(원)생 • 편안하게 대화를 나누고 돌볼 수 있으며 노인에 관심을 가진 분
활동시간	• 월, 수, 금요일 중에서 택 1 • 오전 11:30~13:00, 16:00~17:30 중 택 1 • 월 1회 자원봉사자 모임
교육훈련	• 지역특성 및 지리에 대한 교육 • 독거노인의 특성 및 면접방법
장소	• 서울시 성북구 월곡동 산 2번지 일대지역
관리감독 담당	• ○○복지관 재가복지팀 1급 사회복지사 ○○○
보상 및 혜택	• 자원봉사활동 중 사고를 대비하기 위한 자원봉사자 상해보험 • 봉사기간 중 식사제공 • 자원봉사활동 증명서

〈표 6-2〉 자원봉사자 업무설계 사례(Ⅱ): 음식물 차량배달 자원봉사

제목	• 음식물 차량배달
목적	• 거택보호 노인을 지원하기 위해 뜨거운 음식물을 집으로 배달
책임성	• 사전에 계약한 날짜에 계획한 노선으로 5명의 수혜자에게 배달 • 정해진 수혜자에게 음식물을 배달하고 도움을 필요로 하는 다른 사람을 점검
자격	• 운전면허증과 자가용 소지 여부 • 편안하게 대화를 나누고 돌볼 수 있으며 노인에 대한 관심을 가진 분

활동기간	• 최소한 주 1회 1년, 오전 11:30~오후 1시까지 • 1년 동안 다른 운전자를 3회 이상 만나 경험을 공유하는 시간을 갖는다.
장소	• 음식물을 ㅇㅇ상점에서 받아 간다.
관리감독	• 음식물 배달담당자는 ㅇㅇㅇ이다.
보상 및 혜택	• 사고 시 부담을 해소하기 위해 자동차보험 가입 • 봉사 일에 점심제공 • 가능하면 운전자들이 쉽게 배달할 수 있도록 업무분담

자료: 김성이 외(1997).

3 자원봉사자 모집

1) 모집의 의의

자원봉사자 모집이란 자원봉사자와 조직의 욕구를 조화시키는 과정이다. 모집과정은 조직의 욕구와 부합되는 욕구를 가진 자원봉사자를 확인하여 구하려는 노력이다. 따라서 최상의 모집도구는 성실한 기획과 업무설계를 거쳐 완성된 탁월한 자원봉사프로그램과 자원봉사자들에게 의미 있는 업무내용들이다(조휘일, 1998).

적합한 자원봉사자를 모집하려면 어디서 어떻게 발견하고, 자원봉사에의 참여를 호소하며, 업무에 투입해야 하는가를 면밀히 고찰해야 한다. 자원봉사자를 효과적으로 모집하기 위해서는 무엇보다도 자원봉사프로그램이 우수해야 하고 자원봉사자에게 큰 의미를 부여할 수 있는 업무라야 한다.

2) 자원봉사자 모집의 유형

자원봉사자 모집(recruitment)은 자원봉사프로그램이나 기관(도움 수요자)이 필요로 하는 자원봉사자를 찾아내어 자원봉사에 참여하도록 하는 것이다. 이는 자원봉사활동에 참여하고자 하는 자원봉사자의 욕구를 찾아내는 일이기도 하다. 따라서 단순한 인력의 모집이 아니라 자원봉사프로그램이나 업무에 가장 적합한 인적 자원의 발굴을 의미한다(볼런티어 21, 2004).

(1) 다수모집

다수모집(warm body recruitment)은 특별한 기술이 필요하지 않거나 제한된 시간 안에 배울 수 있어서 대부분의 사람에 의해 수행될 수 있는 활동을 위해 모집하고자 할 때 효과적이다. 이 방법은 단기간, 단순한 일에 많은 자원봉사자를 찾고자 할 때 특히 효과적이며, 자원봉사프로그램에 관한 메시지를 가능한 한 많은 사람들이 접할 수 있게 한다. 다수모집을 하기 위한 방법에는 다음의 세 가지가 있다.

① 모집 브로슈어와 포스터를 사람들이 많이 모이는 장소에 배포하는 방법
② 신문, 라디오, TV 같은 대중매체와 인터넷을 이용하는 방법
③ 반상회, 부녀회, 로터리클럽 같은 지역사회 단체 등과 접촉하는 방법

(2) 표적모집

표적모집(target recruitment)은 누가 업무를 수행했으면 좋을지를 구체적으로 결정하여 대상자를 찾아내는 방법이다. 현재 그 업무를 담당하고 있는 자원봉사자들의 욕구와 배경을 검토하여 공통요소를 발견하고 그 요소로 그 일을 좋아할 수 있는 사람들을 확인해 그 가운데서 부합되는 대상자들을 찾아낸다. 동기 욕구를 충족시켜 주는 업무가 자원봉사자를 모집하는 데 있어 관건이므로 사람들의 흥미를 유발할 수 있는 특별한 업무를 강조하는 것이 중요하다. 표적모집은 특별한 기술을 가진 자원봉사자를 모집할 때 효과적이며, 어떤 심리적인 특성을 가진 자원봉사자를 모집할 때도 효과적일 수 있다. 표적 대상자들에 따라 그들

을 찾아낼 수 있는 장소는 달라진다. 예를 들어, 십대들을 찾기 원한다면 학교 앞에서 홍보지를 돌리고, 잠재적인 자원봉사자가 특정 지역에 산다면 집집마다 방문해야 할 것이다. 집단에 따라 준비된 연설이 필요하거나 일상적인 대화가 필요하다. 대중매체를 사용한다면 청취자, 시청자, 독자의 특성에 따라 어떤 매체를 사용할지를 선택할 필요가 있다.

(3) 동심원 모집

동심원 모집(concentric recruitment)은 동심원이론에 근거하고 있다. 이는 돌을 하나 던졌을 때 그 돌이 던져진 곳을 중심으로 물결이 밖으로 퍼져 나가는 것처럼, 기관과 관련을 맺고 있는 사람들을 시작으로 밖으로 확산해 나가 자원봉사자를 모집해 나가는 방법이다. 이 방법은 잠재적인 자원봉사자들이 이미 조직해 호의적인 성향을 띠게 되므로 긍정적인 반응을 얻을 가능성이 크며, 또 간단하고 효율적이다. 동심원을 형성할 이상적인 집단에는 현 자원봉사자, 자원봉사자의 친구나 친척, 자원봉사 대상자 및 그들의 친구, 직원, 후원자, 지역사회 주민들이 있다.

(4) 연계성 모집

연계성 모집(ambient recruitment)은 자아정체감과 연계성이 강한 사람들이나 집단으로 이루어진 닫힌 체계들에서의 모집방법이다. 이 방법이 효과적일 수 있는 닫힌 체계의 예로는 학교, 회사, 전문직업, 교회 신도들 등이 있다. 연계성 모집캠페인에는 3단계가 있다. 첫 번째 단계는 참여가 그룹의 중요한 가치임을 설명하는 참여문화를 형성하는 것이다. 두 번째 단계는 그 가치에 대해 공동체나 그룹의 구성원들을 교육시키는 것이다. 이것은 그룹 구성원이 된 초기에 자원봉사의 가치와 의미에 대한 토론에 참여시키는 것이 가장 좋은 방법이며 집단 구성원이 토론을 주재할 때 더욱 효과적이다. 문화적인 가치를 행하고 있는 모범적인 인물을 창조하는 것도 좋은 방법이다. 마지막 단계는 지지 집단을 형성하는 것이다. 적합한 자원봉사활동을 찾고 자원봉사자에게 개인적으로 욕구를 충족시켜 줄 수 있도록 지원해야 한다(신승연, 2004).

3) 자원봉사자 모집을 위한 홍보전략

홍보(public relation: PR)란 적절한 매체 등을 활용하여 주체가 전달하고자 하는 메시지를 대중(대상)에게 효과적으로 전달함으로써 목적했던 반응을 얻어내는 것이다. 즉, 자원봉사 모집을 위한 홍보는 대중이나 대상자 집단 혹은 지역사회 자원봉사에 참여하도록 메시지를 제공하고 소통하는 것이다. 자원봉사 모집 홍보는 자원봉사자를 찾아내는 방법과 기술만을 말하는 것이 아니라 경영적 마인드를 가지고 대중(public-, 즉 고객)을 관찰하고, 그들이 우리가 제시하는 것(상품 또는 서비스)을 선택할 수 있게 하기 위한 단체의 자원봉사 육성 정책이 보이는 마케팅 전략을 가지고 접근해야 한다(볼런티어 21, 2004).

(1) 자원봉사 모집을 위한 홍보전략 5단계

① 1단계: 모집 대상 결정

- 표적집단: 자원봉사프로그램을 효과적으로 수행하기 위해 어떤 기술과 어떤 사람이 필요한지 분석하고, 홍보가 그 대상에게 전달되도록 한다. 대상이 설정되면 언제, 어디서, 어떻게 홍보할지가 정해질 수 있다.
- 모집인원: 모집단계에서는 약간 여유 있게 모집하는 것이 좋다. 모집하고 있는 인원에 따라 홍보수단이 결정될 수 있다.
- 모집기간(시기): 설정된 대상이 홍보를 접할 수 있는 충분한 기간은 얼마인지, 현재 모집하고 있는 시기가 적절한지 분석한다.
- 모집장소: 모집대상, 즉 잠재 자원봉사자가 모집 메시지를 가장 손쉽게 접할 수 있는 장소를 분석한다.

② 2단계: 홍보수단 결정

가장 알맞은 홍보방법을 선택하기 위해서는 각 홍보매체의 특성을 잘 파악하고 있는 것도 중요하다.

- 대중매체: 신문(일간지), 잡지, TV, 게시판/버스 · 지하철/포스터, 텔레마케팅, 우편, 인터넷 등이 있다.
- 모집 캠페인: 브로슈어, 전단, 포스터, 간지 등이 있다.
- 교육, 캠프: 교육의 성과나 분위기에 따라 자원봉사자 모집의 결과에 영향을 받을 수 있으며 지속적인 교육이 필요하다. 반면, 자원봉사프로그램이 필요로 하는 능력을 가진 자원봉사자나 그 업무에 대한 욕구를 가진 자원봉사자들이 스스로 찾아오도록 만드는 효과가 있다(예: 박물관이나 미술관의 자원봉사자).
- 일대일 모집: 자원봉사자 모집 홍보에서 가장 효과적인 방법이 될 수 있다. 또한 효과성이 매우 높지만, 시간과 인력의 소모가 많고 사전에 자원집단에 따라 분류가 잘된 리스트가 준비되어 있어야 한다.
- 지역사회 리더와의 접촉: 지역사회의 리더는 모집운동에 귀중한 자산으로 잠재적 자원봉사자와 만날 수 있는 가교 역할을 한다.

③ 3단계: 홍보 메시지 결정

무엇을 홍보할 것인가, 즉 무엇을 알릴 것인가에 해당한다. 모집 캠페인의 슬로건이 될 수도 있고, 홍보문의 헤드라인이 될 수도 있다. 홍보물이 전달하는 메시지는 모집 대상에 대한 분석을 바탕으로 업무계획서에 나와 있는 내용을 가지고 만들 수 있다. 메시지는 글이 될 수도 있고 사진이 될 수도 있다.

④ 4단계: 모집활동 수행

누구를 어떻게 얼마나 모집할 것인가에 대한 계획이 세워지면 그 계획의 수행 시 비용의 효과성을 고려해 보아야 한다. 자원봉사자를 모집하기 위한 비용이 실제 효과성과 비교·검토하여 적합한지를 고려해야 한다. 홍보에 대한 예산 수립은 홍보수단을 설정하는 단계부터 함께 세워야 한다. 모든 것이 완료되면 계획상의 모집기간 동안 자원봉사자를 모집하게 된다. 이때 누가 무슨 역할을 담당할 것인지, 언제 어떻게 몇 번의 홍보활동을 할 것인지 정확하게 이해하고 있어야 한다. 한 가지 홍보수단을 가지고 1회만 홍보하는 것이 아니라 연속적으로 여러 번 홍보하는 것이 효과적이다.

전 직원이 홍보하고자 하는 기관의 이미지나 자원봉사프로그램이 가지고 있는 가치에 대해 공감하고 있어야 하며 적절한 업무분담이 필요하다.

⑤ 5단계: 평가

모집 홍보의 결과를 측정하고 평가하는 것은 결코 쉽지 않다. 자원봉사관리자들의 노력에도 불구하고, 실제 모집된 자원봉사자의 수는 목표했던 수에 비해 터무니없이 모자라기 일쑤다. 하지만 모집과 홍보의 중요성에 대한 기관 차원의 동의와 실무자의 노력이 뒷받침된다면 적어도 자원봉사에 처음 참여하는 자원봉사자들의 수는 점차 늘어나게 될 것이다. 지난 3개월간의 자원봉사 모집 홍보활동에 대해 모집 대상은 적합했는지, 모집장소가 적합했는지, 자원봉사자에게 동기부여와 인정의 분위기를 만들어 주었는지 등의 전반적인 평가가 필요하다(볼런티어 21, 2004).

(2) 자원봉사자 모집 전 준비사항

자원봉사자를 모집한다는 것은 자원봉사자와 대상자가 만나도록 연계해 주는 과정을 말한다. 즉, 자원봉사를 하고자 하는 사람들에게 동기를 부여하고 기관이나 시설에서 제공하는 일거리와 만나도록 주선하는 것이라고 할 수 있다.

기관의 정책상 자원봉사자를 활용하려고 결정했을 경우 효율적으로 자원봉사자를 모집하는 방법과 준비사항이 필요하다. 자원봉사자를 모집하기 전 준비사항을 알아보면 다음과 같다(김범수 외, 2007).

첫째, 기관 내 직원들에게 자원봉사의 이해에 관한 교육이 필요하다. 자원봉사란 국민 개개인에게 내재해 있는 이타주의의 성격으로 이웃과 지역사회의 협동 분위기를 조성하는 핵심적 활동이며, 국민들의 나태를 예방하고 정신건강을 증진하며 왜곡된 것을 정화하는 활동이다. 또한 인간의 공통 문제인 빈곤, 무지 등의 사회적인 문제를 해결하며 국민의 창의력과 잠재력을 계발하고 실천을 가능케 하는 운동이라는 것을 직원들에게 인식시키는 것이 필요하다. 왜냐하면 자원봉사에 관한 이해 없이 자원봉사자를 활용했을 경우 상호 보완적이 아니라 종속관계에 의한 상호 의견대립이 발생할 수도 있기 때문이다.

둘째, 자원봉사자를 받아들일 때는 그들의 사회적 지위, 경제적 수준, 교육 정도 등에 따라 적절히 활용할 수 있는 자리가 필요하다. 또한 자원봉사자는 기관의 직원에 비해 통찰력과 비판의식이 있더라도 이를 최대한 수용할 수 있는 자세가 필요하다.

셋째, 자원봉사자가 안정감을 갖고 자신의 능력을 최대한 활용할 수 있도록 기관 내의 정보를 제공해 줄 수 있어야 한다.

넷째, 자원봉사자가 활용할 수 있는 방이나 비품, 명찰(배지), 자원봉사 일지, 출근부, 자원봉사 시간표, 자원봉사 신청서 및 자원봉사자가 참여할 수 있는 프로그램이 준비되어 있어야 한다.

(3) 자원봉사자 모집 유의점

① 자원봉사자 요구에 부응

모집이 자원봉사자의 요구에 부응하기 위한 전제조건은 자원봉사 업무가 의미 있는 것이어야 한다는 점이다. 지원자들에게 "당신은 어떤 일을 하고 싶은가?"라고 질문할 경우 대부분의 사람들은 다음과 같이 말한다. "도전적인 일을 하고 싶다." "내가 느끼기에 가치 있는 어떤 일을 하고 싶다." "내 기술을 증진시킬 수 있는 것이었으면 한다."라고 대답할 것이다. 따라서 자원봉사자들이 하고 싶은 의미 있는 업무를 개발하지 않고 모집하는 것은 존재하지 않는 상품을 팔려고 시도하는 것과 같다. 대부분의 사람들은 그러한 상품을 사려고 하지 않을 것이다.

② 적합한 자원봉사자 발굴

자원봉사기관에서 자원봉사자를 모집할 때 두 가지 유형의 어려움이 있다. 첫째는 충분한 자원봉사자가 없다는 것이며, 둘째는 업무에 적합한 자원봉사자가 없다는 점이다. 실제로 자원봉사자가 남을 경우 여러 가지 면에서 좋지 못하다. 예를 들면, 1명의 자원봉사자를 찾는 데 20명이 지원할 경우 우선 면접과 인터뷰, 어떤 자원봉사자를 받아들여야 할지를 결정하는 데 많은 시간을 필요로 할 것이다. 그러고 나면 당신은 대부분의 자원봉사자를 거절해야만 하고 그들이 기분 나빠 할 것을 각오해야 한다. 왜냐하면 거절하는 것보다 더 나쁜 것은, 그들이 해야 할 업무가 없는데 받아들이는 것이기 때문이다. 이 지점에서 지원자들은 당신과 기관 모두 무능하다고 생각할 것이다. 이렇듯 모집이란 지원자들 가운데서 자격이 있는 사람을 잘 구분해 내는 일까지 포함한다(정하선, 2000).

4 자원봉사자 면접과 선발

1) 자원봉사자의 면접

면접은 자원봉사자와 기관이 서로 간의 기대와 욕구가 맞는지를 구체적으로 확인하는 과정이다. 즉, 자원봉사자와 기관은 면접을 통해 서로에 대해 생각하고 기대했던 바가 서로 잘 맞고 일치되는지를 확인하며 최종결정을 짓게 된다.

면접은 두 가지 측면이 있는데, 첫째는 기관이 배치하기 위하여 자원봉사자에 관해서 알아야 할 사실들을 파악하는 것이고, 둘째는 자원봉사자 자신이 기관이 추구하고 있는 것이 자신에게 적합한가를 결정하기 위해 기관에 대해서 파악하는 것들을 포함한다(박태영 외, 2008).

자원봉사자와의 면접에서 물어볼 사항을 요약하면 다음과 같다.

① 왜 이 업무에 흥미를 갖는가?
② 해당 분야의 과거 경험이 있는가?
③ 특정 업무에서 얻으려는 것이 무엇인가?
④ 이 기관의 업무에 어떻게 기여할 수 있는가?
⑤ 자신의 취미와 관심사는 무엇인가?
⑥ 자원봉사 업무에 6개월 또는 1년 동안 책임 있게 봉사할 수 있는가?
⑦ 기관, 클라이언트, 그리고 업무에 대해 알고 싶은 것은 무엇인가?
⑧ 현재 자신의 생활에 자원봉사 업무가 여전히 적합한가?

2) 자원봉사자의 선발

선발은 자원봉사 지원자 중에서 현재의 환경적 상황들을 고려하여 선발기준에 부합되는 사람을 선택하는 과정이다. 프로그램에 적합한 자원봉사자를 선발하기 위해서는 효과적 업무성과를 얻기 위해서 요구되는 자원봉사자의 특성에 관한 내용이 업무분장에 잘 기술되어 있어야 한다. 자원봉사자를 선발할 때 자원봉사자의 현재 또는 과거의 직업과 적성, 연령, 성별, 종교, 학력수준 등의 요소가 충분히 고려되어야 한다(조학래, 1998).

잠재적 자원봉사자와 기관이 가진 욕구가 서로 조화될 수 있는 것인지를 알아보고 적절한 자원봉사자를 뽑는 것이 선발과정이다. 따라서 자원봉사 신청자 모두를 선발하면 좋겠지만 계획된 자원봉사활동에 가장 적절한 사람을 선발하는 것이 중요하다. 선발을 위해 사용되는 가장 보편적인 방법이 면접이다.

잠재적 자원봉사자를 선발하지 않는 경우는 다음과 같다(신승연, 2004).

① 기관 내에 그 지원자에게 적합한 업무가 없는 경우
② 지원자가 기관이 충족시켜 줄 수 없는 기대를 가진 경우
③ 기관과 지원자의 철학이 다른 경우
④ 지원자가 기관의 요구사항(근무시간, 훈련이수)에 동의하지 않는 경우

모집과정을 통해 응모한 자원봉사자 중에서 적절한 자원봉사자와 부적절한 자원봉사자를 구별하는 것은 선발과정의 핵심이며, 적절치 못한 자원봉사자를 활용할 경우 위험성은 다음과 같다(남기철, 2007).

① 잘못된 실천이 나타날 수 있다. 적합하지 못한 자원봉사자들은 기관의 클라이언트들에게 상처를 입힐 수가 있다.
② 적절치 못한 자원봉사자들은 기관의 평판을 나쁘게 만든다. 나쁜 평판을 듣는 기관은 클라이언트를 위한 훌륭한 서비스를 제공하기 어렵다.
③ 적절하지 못한 자원봉사자들은 클라이언트나 기관뿐만 아니라 그 기관의 직원이나 자원봉사관리자, 그리고 더 중요하게는 자원봉사자 자신을 힘들게 한다. 자신에게 맞지 않는 활동은 스스로를 고통스럽게 할 뿐이다.

5 자원봉사자 교육·훈련

1) 교육·훈련의 의미

자원봉사자를 적재적소에 배치하기 전에 자원봉사자로서의 자세와 태도, 그

리고 특정 자원봉사업무에 필요한 지식과 기술을 습득할 수 있도록 자원봉사자에 대한 교육·훈련이 필요하다. 이는 자원봉사자의 동기를 강화하고 자원봉사 업무에 대한 기술이나 지식의 습득 기회를 제공하며 나아가 자기 발전과 성장의 기회를 제공한다. 그리고 자원봉사활동에 참여할 수 있는 기회는 모두에게 주어지지만 모두 자원봉사활동에 투입되는 것은 아니다. 자원봉사활동에 필요한 준비가 된 사람만이 참여가 가능하다. 예컨대 자원봉사활동에서 서비스 수혜자에게 어떻게 접근해야 하며 자원봉사자의 역할이나 자세, 직원이나 동료 간의 관계형성, 자원봉사활동에서 지켜야 하는 규칙이나, 직무에 필요한 기술 등에 대한 교육이 필요하다(배기효 외, 2008).

사회복지기관이나 시설에 참여하는 지원봉사자들을 위한 교육·훈련이 주는 의미와 역할은 다음과 같다.

① 기관에 대한 설명과 연혁, 시행사업에 대해 듣고, 그들이 하게 될 일에 대한 지침 등을 듣게 된다. 이를 통해 그들은 활동하는 기관에 대해 신뢰하고 막연하게 생각하던 자원봉사에 대해 확신을 갖고 시작하게 된다.
② 자원봉사의 가치에 대해 좀 더 포괄적으로 이해하게 되고, 바람직한 자원봉사자의 자세를 형성하게 된다.
③ 자원봉사에 필요한 기술을 배움으로써 전문적인 자원봉사활동을 하게 된다.
④ 자원봉사 사례발표나 동향에 대해 들음으로써 자원봉사자로서의 사명감을 얻게 된다.
⑤ 다양한 자원봉사프로그램에 대한 소개를 통해 그들에게 맞는 자원봉사활동을 찾고 지속적인 자원봉사활동으로 변화·발전해 나갈 수 있다.

자원봉사자에 대한 교육은 이렇게 다양한 의미를 갖는다. 자원봉사자 교육은 한 사람의 진정한 자원봉사자를 성장시키는 과정에 있어 중요한 역할을 하며, 자원봉사자에게 동기를 부여하고 활동을 원활하게 하는 윤활유 역할을 한다. 또한 자원봉사를 모집하고 면접·배치한 다음, 자원봉사활동 시작과 함께 이루어지는 첫 번째 관리과정이 되기도 한다.

이에 자원봉사관리자는 자원봉사자 교육·훈련이 갖는 다양한 의미와 역할을 이해하고 필요성을 파악하여 목적이 분명한 자원봉사자 교육·훈련을 준비하고 진행하는 데 역점을 두어야 한다. 또한 무엇을 위한 교육인지를 항상 명백히 이해하고 있어야 한다(볼런티어 21, 2004).

2) 교육·훈련의 내용

교육·훈련은 그 시기에 따라 업무 전 교육, 업무 중 교육으로 구분할 수 있다. 먼저 업무 전 교육에는 오리엔테이션, 사전훈련이 있고 업무 중 교육·훈련에는 초기훈련, 인지서비스 훈련이 있다(류기형 외, 2001).

(1) 오리엔테이션(Orientation)

기관 오리엔테이션이란 기관의 목적, 연혁, 활동분야, 재정상태, 주요 서비스 대상자, 직원들의 고유 업무 등과 같이 기관에 관한 기초적 정보를 기관 담당자로부터 제공받는 것을 말한다. 이는 자원봉사자들이 일할 기관에 대해 이해하고 편안하게 느낄 수 있도록 준비하는 과정이 된다.

기관 오리엔테이션은 봉사활동 수요처 및 봉사활동 대상에 대한 이해를 위해, 지속적이고 질 높은 봉사활동을 위해 반드시 필요하다.

신승연(2004)은 오리엔테이션을 3가지로 정리하여 설명하고 있다. 첫째, 조직의 목적에 관한 오리엔테이션은 '왜 나는 여기서 일을 해야만 하는가?'에 관한 것으로 조직의 사명과 목적, 대상자 집단, 조직의 역사, 조직의 프로그램과 서비스, 같은 분야에 있는 다른 조직, 타 조직과의 차별성 그리고 조직의 장래 계획에 대한 내용을 소개한다. 이는 단순한 묘사보다 토론을 통해서 하는 것이 더 효과적이다. 둘째, 조직의 관리체계에 관한 오리엔테이션은 '어떻게 내가 여기서 일할 것인가?'에 관한 것으로서 조직의 구조와 프로그램, 각 자원봉사자의 해당 프로그램에 대한 기여, 자원봉사자에 관한 정책과 절차, 시설과 장비, 자원봉사자 자격조건과 혜택사항, 기록유지, 예상되는 훈련·지원·감독 및 평가에 대한 정보 그리고 조직의 활동과 주요행사 일정에 대한 소개와 토론을 포함한다(Curtis & Noble, 1933). 이는 자원봉사자들에게 조직을 소개하고 그들이 조직의 과정에 어떻게 조화를 이루어 나갈지를 이해하게 하는 데 목적이 있다. 셋째, 사회적 관계에 관한 오리엔테이션은 '어떻게 나는 다른 사람들과 조화를 이룰 것인가?'에 관한 것으로서 조직의 리더십에 관한 소개, 직원과 현 자원봉사자들의 환영 그리고 조직의 문화와 예의에 관한 설명을 포함한다. 이것은 자원봉사자들이 누구와 함께 일하게 될 것인지를 보여주며 조직 내로 그들을 환영하려는 목적을 갖는다.

(2) 사전훈련(Preservice Training)

사전훈련은 오리엔테이션 후 자원봉사자들이 활동을 행하기 전에 활동에 필요한 지식, 기술을 습득하도록 고안된 연수훈련이다. 훈련내용은 자원봉사자의 욕구 및 특성, 기관에서 필요한 업무, 자원봉사자의 경험 정도에 따라 다양하게 구성되며 훈련 시기는 단시일 내에 집중적으로 하는 방법과 분산해서 실시하는 방법이 있다.

(3) 초기훈련(Start-up Training)

자원봉사자가 활동에 앞서 교육받았다고 하더라도 직접 활동에 참여하는 데는 아직 미숙한 상태이므로 많은 지원이 필요하다. 초기훈련은 여러 형태를 통해 이뤄질 수 있다. 이는 활동 후 자원봉사자가 수퍼바이저와 직접 만나거나 전화통화를 하는 형태일 수도 있고, 활동에 참여한 자원봉사자들이 그룹별로 모여 토의하는 형태일 수도 있다.

자원봉사관리자가 팀을 지속적으로 관리해 주기 어려운 상황인 경우, 팀의 구성원들이 자원봉사 후 함께 자원봉사 경험을 나누는 시간을 갖는 것이 매우 중요하다.

(4) 인지서비스 훈련(Inservice Training)

인지서비스 훈련을 활동 중 훈련이라고도 하는데, 이는 자원봉사자의 활동이 진행되는 중에 지속적으로 이뤄진다. 자원봉사자의 지식, 기술, 태도를 강화하고, 새로운 기술, 지식, 태도를 소개하는 데 초점을 둔다. 즉, 자원봉사자의 기술을 향상시키고, 매너리즘에 빠지지 않도록 함으로써 자원봉사자 활동의 계속성과 서비스 질의 고양에 이바지하는 것이다.

인지서비스 활동 중 훈련은 자원봉사자에게 자기성장의 기회를 제공하고, 팀에 대한 연대감과 팀워크를 증가시키는 기능을 한다. 훈련방법은 강의식 교육, 워크숍, 가상연습, 역할극, 시청각교육 등이 있다.

6 수퍼비전과 동기부여

1) 수퍼비전

(1) 수퍼비전의 중요성

자원봉사활동 수퍼비전은 누가 누구에게 지시를 내리고 감시하는 일이 아니다. 훌륭한 수퍼바이저는 자원봉사자의 업무가 아주 의미 있고 보람이 있는 활동이라는 것과 자원봉사활동이 한 사람의 변화와 성장을 가져오고 개인적인 의미와 가치를 실현하며 사회적으로, 정서적으로 그리고 지적으로 성장하는 계기를 마련해 준다는 것을 잘 알고 있어야 한다.

자원봉사자에 대한 수퍼비전은 자원봉사자들이 그 기관에서 담당하고 있는 역할을 잘 수행할 수 있도록 돕는다는 의미에서 매우 중요하다. 자원봉사자에 대한 수퍼비전은 사람들에게 종종 위협적인 문제가 될 수 있는데 이는 봉사활동에 대해 감시받는 것으로 생각될 수 있기 때문이다. 따라서 봉사자에 대한 봉사활동 수퍼비전은 실무자나 담당자들이 자원봉사자들의 일을 잘 감당할 수 있도록 정보와 피드백을 제공하기 위해 존재한다는 것을 사전에 알려야 한다(김범수 외, 2012).

(2) 자원봉사활동 관리 원칙

자원봉사자활동 관리에 있어서 고려해야 할 원칙은 첫째, 자원봉사자들을 조직을 이루는 직원으로 받아들이는 것이다. 둘째, 자원봉사자들은 무상으로 주어지는 것이 아니라는 것을 받아들이는 것이다. 셋째, 봉사활동 관리는 자원봉사자와 관계를 맺고 유지하는 일이다. 넷째, 태도와 행동에 있어서 늘 일관성을 갖도록 한다. 다섯째, 자원봉사자가 하는 봉사업무에 대한 직무설계서를 작성하여 제공한다. 여섯째, 자원봉사자들에게 최고 수준의 교육과 훈련을 제공한다. 일곱째, 자원봉사자들의 활동에 대해 늘 피드백을 한다. 여덟째, 자원봉사자와 정보를 공유하며 봉사자에게 항상 감사의 마음을 표현한다(조휘일 외, 2009).

(3) 지속적인 활동 지원을 위한 요소

① 수퍼바이저와의 만남이 쉽도록 배려

자원봉사자가 정기적으로 혹은 필요할 때 수퍼바이저에게 보고하고 대화를 나눌 수 있도록 수퍼바이저와 만나는 것이 용이해야 한다. 자원봉사자가 수퍼바이저에게 접근이 용이할 때 봉사자들은 그들이 하는 봉사활동이 수퍼바이저의 관심을 받고 시간을 요구하는 비중 있는 일이라는 것을 알게 되며, 문제가 생길 때 수퍼바이저를 만나 적극적으로 문제를 해결하려는 태도를 갖추게 된다.

자원봉사자가 수퍼바이저와의 만남을 제도화하기 위한 방법으로는 월례간담회를 정기적으로 갖는 것, 일주일에 한두 번 개방된 시간을 두어 어떤 자원봉사자든지 약속하고 상담할 수 있도록 하는 것, 특정한 점심회의를 정해 개방된 토론을 하는 것, 인터넷 상담실을 적극 활용하는 것, 일지, 편지, 유머 나누기 등을 활용하는 것 등이 있다. 자원봉사자가 쉽게 다가가 이야기할 수 있도록 지역 자원봉사 캠프 또는 봉사활동 현장을 라운딩하면서 이루어질 수도 있다. 이를 통해 자원봉사자는 조직의 행정이나 지도감독이 개방되어 있고 언제나 의사소통이 가능하다는 느낌을 가질 수 있다(조휘일 외, 2009).

② 동등한 대우와 배려

지속적인 활동관리를 위한 지원의 두 번째 중요한 요소는 자원봉사자 자신들이 기관운영에 있어서 직원들과 동등한 위치를 인정받고 동등하게 활동에 참여하도록 배려받고 있다는 느낌을 갖도록 하는 것이다. 자원봉사자들을 소홀히 대할 때 그들은 기관을 떠난다.

자원봉사자에게 직원과 동등한 위치를 부여하는 방법은 업무를 맡길 때 업무에 대한 충분한 설명을 하는 것, 직원들의 단합대회 및 뒤풀이에 참여시키는 것, 기관의 정보흐름을 알 수 있도록 자원봉사자들을 기관 소식지 발송 명단에 포함시키는 것, 그들의 업무에 관한 부분이 포함된 문서(직무설계서)를 복사해서 배부하는 것, 결근한 자원봉사자에게 최근 소식을 알리는 것 등 다양한 방법이 있을 수 있다.

이와 같이 자원봉사자를 직원과 동등하게 대우하는 방법은 기관의 정책결정과정과 기관의 일상적인 활동, 즉 자원봉사자의 활동과 관련된 기관의 각종 정보를 제공한다든지 조직의 최근 동정을 알려서 자원봉사자들이 동등한 대우를 받고 있다는 느낌을 갖도록 하는 것이다. 자원봉사자들에게 기관의 활동에 있어서 파트너라는 인상을 심어 주게 되므로 이들은 조직에 오래 남아 봉사활동에 참여하게 될 것이다.

(4) 봉사활동 관리 체계의 방향

첫째, 긍정적인 측면에 초점을 맞추는 것이다. 봉사활동 관리는 문제가 커지기 전에 문제를 찾아내어 개선을 위한 제안을 하고, 일을 잘 하도록 도울 필요가 있는 자원봉사자를 찾아내고, 보상하기 위해 필요한 것이다. 그러므로 어떤 상황에서든지 긍정적인 사고로 접근하는 것이 매우 중요하다.

둘째, 평가에 대해 부담스럽게 생각하지 않도록 하는 것이다. 대부분의 사람들이 만족스런 평가점수를 기대하고 받기를 원한다. 이러한 욕구는 자원봉사자 관리자가 자원봉사자에게 유용한 피드백을 줌으로써 그들이 스스로 동기부여를 할 수 있게 한다(조휘일 외, 2009).

2) 자원봉사자 동기부여

(1) 동기부여

동기부여(motivation)란 개인이 자신의 욕구를 충족시키기 위해 목표지향적인 행동을 자발적으로 일으키고 방향을 정하며 지속시키는 과정을 의미한다. Motivation이라는 단어는 라틴어 'movere'에서 유래한 것으로 욕구를 충족시키려고 움직인다는 의미다. 우리는 다른 사람들이 활동하도록 자극할 수는 있지만 다른 사람을 동기부여 할 수는 없다. 동기부여는 자기 안에서 나오는 것이기 때문이다. 동기는 개인의 내적 심리상태를 자극하는 요인으로서 개인의 행동결정에 매우 중요한 기능을 한다. 동기는 개인의 욕구에서 발생하고 그 강도는 욕구의 결핍도에 의해 좌우된다. 발생된 동기는 욕구를 충족시키기 위한 목표 지향적 행동으로 전환되는데, 이 과정에서 직무구조, 리더십 등의 환경변수가 작용하여 개인의 행동을 자극하게 된다. 동기가 유발되면 설정된 목표를 달성하기 위해 일하는 동시에 각자가 개인적으로나 조직의 일원으로서 그의 욕구를 충족시키고 성장할 수 있는 기회를 부여받는다(볼런티어 21, 2004).

(2) 동기부여의 기능

자원봉사프로그램의 성패는 직원은 물론 자원봉사자의 동기부여에 달려 있다. 동기부여된 자원봉사자란 기관의 정신과 지침 내에서 성취될 필요가 있는 일을 하기 원하는 사람을 말하며, 그 일이 자신의 욕구를 충족시킬 때 자원봉사라는 동기부여된 방식으로 일하게 된다. 동기부여된 자원봉사자는 자신의 능력을 최대한 발휘할 것이며, 자신의 직무에 만족할 것이다. 이는 또한 프로그램과 조직의 성공에도 영향을 미친다.

동기부여는 자원봉사자를 지속적으로 활동하게 하는 핵심 요소라 할 수 있다. 자원봉사 경험이 자원봉사자들의 특정한 혼합된 동기 욕구를 확실하게 충족시켜 그들을 기분 좋게 하면 자원봉사자들은 계속 봉사하기를 원할 것이다(볼런티어 21, 2004).

(3) 동기부여 방법

동기부여의 방법을 조휘일 외(2009)는 다섯 가지로 정리하여 설명하고 있다. 첫째, 자원봉사자의 긍지를 높이기 위한 방법으로 봉사활동 시간 일수에 따른 메달 수여 또는 봉사자 명함을 발급하고, 봉사자 개인별 카드를 만들어 봉사활동 실적 등 활동상황을 기록하여 보관하며, 자원봉사자가 관련 홈페이지에서 항상 확인 가능할 수 있도록 한다. 또한 개인별 활동수첩을 지급하여 봉사활동실적 등 활동상황을 본인이 보관하도록 하여 자원봉사활동에 긍지를 가질 수 있게 한다.

둘째, 감사표시를 위한 방법에는 봉사활동에 관한 감사서신 발송 및 봉사자 또는 배우자 생일카드 발송, 크리스마스카드 및 연하장 발송, 자원봉사활동 보고서 발송 등을 통해 자원봉사자에게 감사 표시를 한다.

셋째, 자원봉사자의 사기진작을 위한 자원봉사자대회 개최, 우수 자원봉사자 소개 및 표창, 우수 자원봉사사례집 발간 등을 통해 자원봉사자들의 사기를 진작시켜 자원봉사활동을 지속적으로 할 수 있는 동기를 부여한다.

넷째, 자원봉사활동의 질적 향상을 위해서는 자원봉사 관련 세미나, 사례발표회, 간담회 개최 등을 통해 자원봉사자가 끊임없는 발전과 질적 향상을 꾀하도록 한다.

다섯째, 봉사자가 소속감을 느끼게 하는 방법에는 봉사자를 소집단, 팀별로 구성하여 리더를 선정, 관리하며 이러한 소집단 관리를 통해 소속감을 느껴 지속적인 활동을 하도록 할 수 있다.

7 자원봉사자에 대한 인정과 보상

1) 인정과 보상의 개념

자원봉사프로그램의 가장 큰 문제는 자원봉사자들의 중도탈락 없는 지속성일 것이다. 여기에 영향을 주는 것이 인정과 보상이다.

인정과 보상이라 함은 그 의미에서 정신적 또는 물질적, 추상적, 그리고 구체적 요소들을 모두 포함할 수 있다. 이와 같은 인정과 보상은 근래에 와서 자원봉사 상황에서 매우 공개적으로 다뤄지는데, 자원봉사자 입장에서는 기대 또는 이득으로 표현되고 있다. 그러나 조심해야 될 사항은 인정과 보상에 경제적 의미가 전제되어야 한다는 주장은 옳지 않다는 것이다. 실제로 대부분의 자원봉사자들은 자신들의 활동대가로서 경제적 보상이 아닌 사회적 기여나 자아개발을 도모함으로써 사회심리적 보상을 선호하는 것으로 나타나고 있다. 따라서 자원봉사자를 활용하는 기관에서는 그들의 봉사를 얻는 대신에 손쉽고 직접적인 경제적 보상을 제공하기보다는 그들에게 지식, 경험, 기술 등을 제공하여 사회심리적 욕구가 충족되도록 하는 것이 더 중요하다(표갑수, 2010).

맥컬리와 린치(McCurldy & Lynch)는 자원봉사활동에서 인정의 법칙을 다음과 같이 설명하고 있다(McCurley & Lynch, 1989; 박태영, 2008, 재인용).

첫째, 자원봉사활동의 업적을 인정하고 그 일을 한 사람에 대해서는 칭찬해 주어라.

둘째, 자주 인정하고 대중이나 동료 앞에서 인정해 주어라.

셋째, 자원봉사자의 노고에 대해 즉시, 그리고 적절한 시기에 칭찬해 주어라.

넷째, 인정은 일관되고 진실하게, 그리고 인정받을 사람이 원하는 방법으로 인정해 주어라.

2) 자원봉사 인정과 보상의 종류

자원봉사자에 대한 인정과 보상을 세분화하면 다음과 같다(서울시정개발연구원, 1995).

① 시설과의 일체감: 시설자료와 증빙카드 제공, 시설행사 초대 등
② 사회적 보상: 자원봉사자 사무실 제공, 자원봉사자 조직 운영, 자원봉사자 토론 주선, 자원봉사자 친목행사 주선 등과 같은 봉사자들 간의 만남 등
③ 도덕적 보상: 외부기관이나 정부포상 추천, 기관 자체의 포상 등
④ 물질적 보상: 교통비, 식비 등 최소한의 활동경비 제공 등

자원봉사자의 인정과 보상은 공식적 인정과 보상, 비공식적 인정과 보상, 물질적 인정과 보상, 비물질적 인정과 보상으로 구분할 수 있다.

(1) 공식적 인정과 보상, 비공식적 인정과 보상

훠레처(Fletcher)는 자원봉사자들의 참여동기 및 욕구에 대한 인정과 보상의 요소를 제시하고 있다(Fletcher, 1987; 현외성, 2006, 재인용).

① 공식적 인정과 보상의 방법

- 특정한 기술을 사용할 수 있는 기회
- 기관의 한 부분이 될 수 있는 기회
- 사회적 개입의 기회
- 마일리지와 같은 누적제 활용
- 자원봉사자의 업적을 치하하기 위해 연례적으로 개최하는 행사나 저녁 식사, 리셉션, 다과회
- 수료증, 감사장, 상패, 자원봉사자 핀, 배지 등의 제공
- 자원봉사활동의 경력 인정
- 선출직 인사의 선출 판단기준으로 설정
- 입학, 취업, 승진 등에 반영
- 지역사회 신문이나 기관지 게재
- 기관 간행물 우송

② 비공식적 인정과 보상의 방법

- 수시로 적절한 시기를 맞춰서 "감사하다"는 말을 표현하는 것
- 자원봉사자들의 불편을 고려해서 훌륭한 물질적 환경을 조성하는 것
- 자원봉사자들이 '메시지'를 받을 수 있는 우편함을 설치해 주는 것
- 불가피한 사정으로 또는 근무일정이 없어서 결근했다가 출근했을 경우 그동안의 안부와 함께 기관이 아쉬워했다는 말을 전하는 것
- 자원봉사자들을 직원회의, 직원 훈련프로그램, 그리고 직원의 사교행사에 참여시키는 것
- 자원봉사자들을 점심 또는 커피모임에 동반해서 참여시키는 것
- 경험 많은 자원봉사자에게 새로운 자원봉사자 교육훈련을 도와줄 것을 요청하는 것
- 자원봉사자의 준비상태를 점검하여 새로운 책임을 부과하는 것

- 자원봉사자 개개인의 특별한 기술이나 전문적 능력의 영역에 대한 자문을 구하는 것
- 자원봉사자의 생일에 카드를 보내거나 기관 내에서 생일케이크를 준비하여 축하하는 것
- 자원봉사자의 직위 및 업무와 관련된 훈련과정 참여비용을 제공하는 것
- 자원봉사자들이 잘 수행한 특정의 업무들에 대해서 칭찬해 주는 것

(2) 인정과 보상의 방법

인정방법은 물질적 수단이 활용될 수도 있고 비물질적 수단이 활용될 수도 있다. 또한 물질적 수단의 경우에도 경제적 의미를 지니는 것과 그렇지 않은 상징적 의미를 갖는 것으로 구분할 수 있다.

물질적 방법 중 경제적인 것은 활동에 대해 보상의 의미로 주어진 금전, 현물(식사, 교통편의 등 포함), 각종 비용에 대한 감면증서, 경제적 의미를 갖는 교통카드나 쿠폰 등이 있다. 비경제적인 것으로는 배지, 핀 등의 상징물과 감사편지, 개인적 사항에 대한 축하카드 등이 활용된다.

비물질적 방법으로는 구두나 행동으로 나타나는 감사표현, 각종 행사, 교육훈련 참여기회 부여, 초대나 강연요청 등이 있다.

2009년 우리나라는 자원봉사 인증을 위해 인증관리사업이 이뤄지고 있다. 특히 대표적 자원봉사활동 영역인 사회복지 영역에서는 사회복지협의회 부설 사회복지정보센터에서 관련사업을 실행하고 있다. 여기서는 자원봉사인증센터 지정, 인증요원 양성과 자원봉사인증 DB프로그램 보급 및 교육훈련을 실시하고, 자원봉사단체에서 교육이나 홍보자료로 활용할 수 있는 교육교재나 각종 홍보물을 다양하게 제작·배포하고 있다. 1995년 11월에 개통된 자원봉사전산망(VT-NET)을 1999년에 사회복지자원관리시스템으로 확충하여 자원봉사의 체계적 관리가 이뤄질 수 있도록 하였고, 2001년 11월에는 자원봉사인증관리 DB를 구축

하여 전국 사회복지 분야 자원봉사활동 실적을 관리하고 있다(표갑수, 2010).

3) 인정과 보상의 사례

인정과 보상의 내용을 보다 구체적이고 실제적으로 적용하는 프로그램의 목록을 제시해 보면 아래와 같은 것들이 있을 수 있다. 이를 맥컬리와 빈야드(McCurley & Vineyard)는 '자원봉사자의 이득 및 혜택 목록'이라고 한다(McCurley & Vineyard, 1987; 조휘일, 2002a; 현외성, 2006, 재인용).

자원봉사자의 이득 및 혜택 목록

- 자원봉사활동의 비용 상환
- 장기근속의 인정과 상징물 부여
- 기관 이용료 감면 혜택
- 급행 통행권 발부
- 업무 수행기술 기록체계 유지
- 자원봉사자 포상
- 유니폼, 배지, 이름표의 배려
- 유급직원 선발 시 우선권 부여 등
- 고정된 자원봉사자 공간 제공
- 연말 파티 또는 만찬 초대
- 외부 자원봉사자 표창에의 추천
- 고용주의 추천서 작성
- 다른 자원봉사기관과의 교류프로그램
- 적절한 훈련
- 세금감면제도
- 건강보험
- 무료주차
- 휴가제도
- 직위명찰 부여
- 자원봉사직원 신분증
- 진급기회의 보장
- 자동차 보험
- 책임보험
- 탁아서비스
- 자원봉사활동 훈련경험의 학점 부여 혜택

8 자원봉사프로그램 평가

1) 자원봉사프로그램의 평가

자원봉사 평가(evaluation)는 프로그램을 계획하고 수행한 후의 마지막 단계이지만, 프로그램 설계와 실행의 전 과정에 적용되는 개념이기도 하다. 평가란 프로그램을 통해 문제가 해결된 정도, 즉 프로그램의 목표달성 정도를 사정(assessment)하는 것이다. 또한 평가내용 역시 프로그램의 목표에 이미 설정된 바에 따라 선택된다고 할 수 있으며, 프로그램 계획단계에서 진술된 목표를 충분히 반영한 것이어야 한다. 정확하고 의미 있는 평가를 위해서는 적절한 평가지표와 타당성 있는 평가도구를 사용해야 한다. 또한 중요한 것은 평가결과를 다음 프로그램을 계획할 때 반영하여 기존 프로그램을 수정·보완하거나 새로운 프로그램의 질을 높이는 자료로 활용하는 것이다(김범수 외, 2012).

① 무엇을 평가할 것인가?

- 활동의 목적과 목표
- 무엇이 달성되었는가?
- 그 밖의 변화들은?

② 어떻게 평가할 것인가?

- 양적 평가(계량화)
- 모집결과, 자원봉사자 수
- 자원봉사자의 서비스 제공시간
- 훈련에 참석한 자원봉사자 수
- 인정을 받은 자원봉사자 수

- 지속되는 자원봉사자 수
- 자원봉사활동에 대한 금전적 기여 환산 등
- 구조화된 설문지를 통한 평가: 자원봉사자의 노력의 결과로 프로그램 대상자들에게 어떤 변화나 성과가 일어났는가를 측정한다. 평가설문지, 평가토론회, 특정한 평가척도를 이용한 프로그램 전후 검사 실시 등
- 질적 평가(사례토의): 1일 활동 후 간담회 개최, 활동 소감 나누기, 대상자 및 지역사회 주민 간담회
- 자원봉사자 개인의 목표에 대한 평가
- 프로그램에 투입된 비용과 프로그램의 효과성을 비교하는 효율성 측정: 프로그램 실행에 투입된 노력과 산출의 비율로서, 투입을 비용으로 보고 산출을 효과로 보면 효율성=산출/투입=효과/비용이 된다.

③ 누가 평가에 참여할 것인가?

- 3요소: 자원봉사자, 운영자, 지역사회 및 대상자

④ 언제 평가할 것인가?

- 계획평가: 프로그램 계획 자체의 합리성 평가
- 진행평가: 모든 분야의 진행상황에 대한 지속적인 평가
- 결과평가: 프로그램 실행결과가 변화된 정도와 목표달성 정도 측정(볼런티어 21, 2004).

자원봉사프로그램을 전개하는 과정에서 가장 중요한 평가는 매 회기 자원봉사활동 종료 후 차를 마시며 간단한 평가회를 하거나 마지막 인사를 나누는 대화 속에서 자원봉사자들의 반응 및 개선점을 파악해 내는 것이다. 설문조사를 통해 평가하는 방법도 있지만 이보다는 질적 평가와 양적 평가방법들을 잘 활용하는 것이 자원봉사 관리에 있어서 더 중요하다고 할 수 있다.

(1) 평가 시 고려할 점과 평가 원칙

무엇보다도 평가 시 고려해야 할 점은 평가양식, 평가 팀, 평가 계획을 수립하고, 질문서, 조사서를 고안하여 면접자를 선정하고 훈련해야 하며, 프로그램 참여자 모두의 의견을 수렴하여 토론을 거치며, 평가 결과에 의하여 데이터 분석 후 보완과정을 거쳐 활동계획을 수립하는 것이다. 또한 평가 결과를 관련자에게 보고하고 기관의 기획과정에 반영하며 가능하다면 외부 평가도 실시하는 것도 좋다. 조휘일 외(2009)는 평가의 원칙을 3가지로 정리하여 설명하고 있다. 첫째, 정기적이고 예정된 피드백 원칙이다. 정기적으로 피드백할 수 있는 기회를 갖지 않으면 문제가 그대로 방치되어 작은 문제가 커질 수 있다. 둘째, 직원과 자원봉사자의 참여원칙이다. 평가는 직원과 함께 자원봉사자를 참여시킨다. 셋째, 평가의 긍정적인 방향 원칙이다. 가능한 한 평가의 대부분을 자원봉사자들이 한 일을 칭찬하는 긍정적 방법으로 한다.

(2) 평가효과

평가는 자원봉사자가 자신의 활동에 대해서 기관이나 자신, 자원봉사 수혜자가 어떻게 생각하는지를 알게 된다는 측면에서 진단적(평가적)임으로, 자원봉사자에게 조금은 부담이 되는 시간이기도 하다. 그러므로 자원봉사관리자는 자원봉사자의 이러한 심리적 부담을 예측하고 있어야 한다. 평가를 하는 시간에 이런 상황에 민감한 자원봉사관리자는 좋은 자원봉사자가 소진되거나 자신의 일에 싫증을 느끼지는 않는지, 혹은 그들이 더 중요한 책임을 맡도록 승진시켜야 하지는 않는지 등을 결정하는 기회로 삼는다. 조휘일 외(2009)는 아래의 자원봉사활동 평가서(자원봉사자 평가)를 제시하고 있다.

(참고) 자원봉사자활동 평가서

※ 자원봉사활동 프로그램 개선의 일환으로써 자원봉사자들의 평가를 수렴하고자 합니다. 다음 질문에 성실히 응답해 주시기 바랍니다.

1. 귀하는 본 기관에서 얼마나 오랫동안 자원봉사활동을 하였습니까? [개월]

2. 실무자나 기관이 자원봉사자들의 의견을 얼마나 받아들이고 있다고 생각합니까?
□ 잘 받아들여졌다. □ 전반적으로 잘 받아들여졌지만 모두는 아니다.
□ 잘 받아들여지지 않았다. □ 전반적으로는 받아들여지지 않았지만 모두 그런 것은 아니다.

3. 자원봉사활동 업무의 의사결정에 자원봉사자들이 얼마나 참여하고 있다고 생각합니까?
□ 많은 부분 참여하고 있다. □ 때때로 참여한다. □ 참여하고 있지 않다.

4. 서비스를 제공받는 사람들이 자원봉사자들에게 얼마나 만족하고 있다고 생각합니까?
□ 만족하고 있다. □ 만족하지 못한다. □ 모르겠다.

5. 자원봉사자들이 부여받은 직무에 대해 얼마나 만족하고 있다고 생각합니까?
□ 만족한다. □ 그저 그렇다. □ 그렇지 않다.

6. 자원봉사활동을 시작하기 전에 충분한 오리엔테이션을 받았다고 생각합니까?
□ 받았다. □ 그렇지 않다. □ 모르겠다.

7. 직무수행에 있어 자원봉사자들이 충분한 훈련을 받았다고 생각합니까?
□ 받았다. □ 그렇지 않다. □ 모르겠다.

8. 귀하의 경험으로 미루어 볼 때 봉사활동에서 직무는 직무설계서와 일치한다고 생각합니까?
□ 일치한다. □ 그렇지 않다. □ 모르겠다.

9. 귀하는 자원봉사활동 직무가 흥미 있고 참여할 만한 가치가 있다고 생각합니까?
□ 그렇다. □ 그저 그렇다. □ 그렇지 않다.

10. 자원봉사자들은 수행한 직무에 대해 충분한 평가의 기회를 가졌다고 생각합니까?
□ 받았다. □ 그렇지 않다. □ 조금 받았다.
□ 모르겠다.

11. 귀하는 자원봉사자가 본 기관의 직무를 진전시켰다고 생각합니까?
□ 그렇다. □ 그렇지 않다. □ 모르겠다.

12. 귀하는 기존의 자원봉사활동 이외에 얼마나 새로운 영역이나 새로운 직무가 있다고 생각하시는지에 대해 적어주세요.

13. 귀하는 본 기관에서 새로운 자원봉사자들을 모집할 때 어떤 방식을 제안하고 싶습니까?

14. 귀하가 본 기관에서 자원봉사활동을 하던 중 가장 좋았던 경험은 무엇입니까?

15. 가장 좋지 않았던 경험은 무엇입니까?

16. 이번 자원봉사프로그램 진행에서 변화가 있어야 한다면 어떤 것이라고 생각합니까?

17. 전반적으로 볼 때, 본 기관의 자원봉사활동 프로그램은 어느 정도라고 평가합니까? 해당번호에 ✓ 표시해 주세요.

매우 나쁘다	조금 나쁘다	나쁜 편이다	보통이다	좋은 편이다	조금 좋다	매우 좋다
1	2	3	4	5	6	7

18. 다음 공란은 본 기관에서 자원봉사활동 프로그램을 운영하는 데 있어서 귀하의 주관적 평가를 묻는 란입니다. 아울러 위의 질문에 보충하고 싶은 것이 있다면 적어 주십시오.

-대단히 감사합니다-

참고문헌

김동배(2005). 시민사회와 자원봉사. 서울: 학지사.

김범수·권선진·신승연·이종복·손영희·정옥희·정용충·최은숙(2007). 자원봉사론. 서울: 학지사.

김범수·신원우(2006). 지역사회복지론. 경기: 공동체.

김범수 외(2005). 자원봉사의 이해. 서울: 학지사.

김범수 외(2012). 자원봉사론. 서울: 학지사.

김성이 외(1997). 자원봉사프로그램백과. 한국사회복지협의회.

남기철(2007). 자원봉사론. 경기: 나남.

류기형·남미애·박경일·홍봉선·이경희·장중탁(2001). 자원봉사론. 경기: 양서원.

배기효·김한양·김현수·남연희·도기봉·오현숙·이미영·전영록·조당호(2008). 자원봉사론. 서울: 공동체.

박태영·김숙경·오주·이경은·장덕희·채현탁·최태자(2008). 자원봉사론. 경기: 공동체.

신승연(2004). 자원봉사관리자의 업무. 서울: 학지사.

이성록(2005). 자원봉사활동관리 이론과 실제. 서울특별시 자원봉사센터.

유성호(1997). 자원봉사프로그램의 관리와 리더십. 서울: 아시아미디어리서치.

정무성(1999). 종교와 사회복지. 『제10회 전국사회복지사대회 자료집』. 한국사회복지협의회.

정하선(2000). 신자원봉사론. 서울: 백산출판사.

조학래(1998). 자원봉사의 효율적 관리를 위한 기술. 『자원봉사업무의 효율적 관리를 위한 기술』. 사회복지자원봉사센터.

조휘일(1998). 자원봉사관리자의 구체적 업무. 『자원봉사의 효율적 관리』. 사회복지 자원봉사 안내센터.

조휘일(2002a). 자원봉사프로그램 관리. 서울: 학지사.

조휘일(2002b). 현대사회와 자원봉사. 서울: 홍익제.

조휘일·정재훈·원미순·박윤숙(2009). 자원봉사론. 경기: 공동체.

볼런티어 21(2004). 자원봉사관리자 아카데미 일반과정.

서울시정개발연구원(1995). 서울시 자원봉사 활용 증진방안에 관한 연구.

표갑수(2010). 자원봉사론. 경기: 나남.

현외성(2006). 자원봉사론 강해. 서울: 학지사.

Compton, B. R., & Galaway, B.(1989). Social Work Processes. Wadsworth Publishing Company.

Curtis, M., & Noble, J.(1933). Volunteer Management: A resource Manual. south Australia: Volunteer Center of South Australia, lnc.

Dunn, P. C.(1995). Volunteer Management, National Association of Social Workers, Encyclopedia of Social Work(19th ed.), Washington D. C.: NASW Press.

Fletcher, Kathlee Brown(1987). Tbe Keys to 9 Successful Volunteer Program, Washington. D. C.: The Taft Group.

Jacobson, A.(1978). Standard and Guidelines for the Field of Volunteerisim, Association of Volunteer Bureaus.

Jacobson, A.(1990). Volunteer Management Handbook for Effective Development of Volunteer Programs. ACSW.

Scheier, I. H.(1980). The Task Enrichment System: A First Outline. Volunteer Administration.

Ilsley, P. J., & Niemi(1981). Recruiting and Training Volunteer. New York : McGraw-Hill Book Co.

McCurley, S., & Lynch, R.(1989). Essential Volunteer Management, Downers Grove, Ⅲ. : VM Systems and Herittage Arts.

McCurley, S., & Vineyard, S.(1987). 101 Ideas for Volunteer Program. Heritage Arts Publishing.

CHAPTER 07

자원봉사센터

1 자원봉사센터의 현황과 실태[1)]

1) 자원봉사센터 운영현황

자원봉사센터(volunteer center)는 1996년부터 전국 시·도, 시·군·구에 1개소씩 총 248개소가 설치되어 지역 자원봉사활동의 중추적인 역할을 수행하여 왔으며, 2011년 현재 전국 246개소의 자원봉사센터와 1개소의 중앙자원봉사센터가 운영되고 있다.

자원봉사센터 운영현황을 연도별 자원봉사센터 운영현황 중심으로 살펴보면, 〈표 7-1〉에서 보는바와 같이 2005년에 자원봉사센터 250개소로 가장 많고 2011년과 2012년에는 246개로 약간 감소되었음을 알 수 있다. 그리고 직영(순수직영, 혼합직영)과 위탁도 줄어들었고 특히, 위탁의 경우 2005년에 95개소가 계속 7년 동안 증가해 오다가 2011년에 63개소로 32개소(66.3%)로 줄어들었다. 법인의 경우에는, 직영과 위탁과 달리 2005년 9개소였는데 2011년 38개소로 29개소(422%)로 증가하였는데, 이는 자원봉사센터는 점차로 법인이 운영하는 비율이 높아지고 있음을 알 수 있다.

1) 자원봉사센터 현황과 실태에서 나오는 〈표 7-1〉~〈표 7-10〉 출처: 행정안전부·한국중앙자원봉사센터(2011). 전국자원봉사센터 현황.

〈표 7-1〉 연도별 자원봉사센터 운영현황

(단위: 개소)

연도별	2005	2006	2007	2008	2009	2010	2011
계	250	248	248	248	248	246	246
직영	146	151	159	158	152	151	145
위탁	95	83	70	74	69	68	63
법인	9	14	19	16	27	27	38

* 한국중앙자원봉사센터 현황은 통계에 포함되지 않음.

2) 근무관련 현황

자원봉사센터 근무관련 현황, 즉 근무인력, 연령별 및 급여수준과 근무기간별, 성별과 학력별 근무인력 현황을 살펴보면 다음과 같다.

첫째, 2011년 근무인력은 총 1,321명 가운데 민간인 1,171명(88.6%), 공무원 150명(11.4%)으로 전년 대비 전체 근무인력 수가 30명 증가하였다.

〈표 7-2〉 근무인력 및 연령별 현황

(단위: 명)

근무인력							
연도별	2005	2006	2007	2008	2009	2010	2011
계	768	784	1,205	1,253	1,221	1,291	1,321
공무원	211	203	186	215	145	171	150
민간인	557	581	1,019	1,038	1,076	1,120	1,171
연령							
연도별	2005	2006	2007	2008	2009	2010	2011
계	557	581	1,019	1,038	1,076	1,120	1,171
20대	125	136	324	292	296	291	294
30대	223	235	404	424	424	421	416
40대	136	135	200	222	244	280	322

50대	49	53	70	73	98	99	113
60대 이상	24	22	21	27	14	29	26

* 민간인: 일반관리자, 코디네이터(자원봉사 활성화 도모 및 자원봉사센터 역량제고를 목적으로 2007년 7월부터 전국 센터에 각 2명씩 지원한 인력임).
* 한국중앙자원봉사센터 현황은 통계에 포함되지 않음.

그리고 2011년 근무 연령별을 보면, 20대 294명(25%), 30대 416명(35.6%), 40대 322명(27.5%), 50대 113명(9.7%), 60세 이상 26명(2.2%)으로 전년대비 40대 이상 근무인력이 증가하여 연령대가 전반적으로 높아지고 있음을 알 수 있다(표 7-2 참조).

둘째, 〈표 7-3〉에서 보는바와 같이, 급여수준 및 근무기간 현황을 살펴보면, 먼저 급여수준별에서는 무급 10명(0,9%), 2천만 원 미만 657명(56.1%), 3천만 원 미만 331(28.3%), 3천만 원 이상 173명(14.8%)으로 작년대비 급여수준은 전반적으로 증가하고 있으나 여전히 2천만 원 미만이 56%로 전년대비보다 나아지고 있지만 아직도 관리자 처우개선과 복지향상을 위한 대책 마련이 필요함을 알 수 있다. 또한 근무기간별을 보면, 1년 미만 336명(28.7%), 2년 미만 201명(17.2%), 3년 미만 143명(12.2%), 3년 이상이 491명(41.9%)으로 간극별 증가양상을 보이고 있고, 3년 이상의 큰 증가폭으로 보아 점차적으로 장기 근속자의 수가 증가하는 것으로 보이며 장기 근속자에 대한 처우 개선 방안을 마련해야 할 것이며 나아가서 전문성 보완을 위한 재교육과 다양한 제도적 장치 마련이 필요할 것이다.

〈표 7-3〉 **급여수준 및 근무기간 현황**

(단위: 명)

급여수준							
연도별	2005	2006	2007	2008	2009	2010	2011
계	557	581	1,019	1,038	1,076	1,120	1,171
무급	24	22	13	12	3	9	10

2천 미만	371	329	684	668	695	684	657
3천 미만	128	174	233	257	268	294	331
3천 이상	34	56	89	101	110	133	173
근무기간							
연도별	2005	2006	2007	2008	2009	2010	2011
계	557	581	1,019	1,038	1,076	1,120	1,171
1년 미만	138	134	583	323	264	287	336
2년 미만	104	106	117	367	209	222	201
3년 미만	113	86	81	85	294	147	143
3년 이상	202	255	238	263	309	464	491

* 연령, 근무수준, 근무기간별 통계는 민간인에 한함.

셋째, 2011년 성별 및 학력별 근무인력 현황을 살펴보면, 〈표 7-4〉에서 보는바와 같이 먼저 성별을 보면, 여성(801명, 68.4%)이 남성(360명, 31.6%)보다 2배 이상 많음을 알 수 있다. 이는 자원봉사센터에서 근무하는 여성이 남성보다 자원봉사에 대한 동기부여나 자원봉사센터를 일터로 자리매김하는 것이 더 강하다는 것을 알 수 있다. 그 다음 학력에서는 대졸이 학력 전체의 80.2%를 차지하고 있고 그 다음으로 대학원졸 이상(136명, 11.6%), 고졸(96명, 8.2%)의 순으로 나타났는데, 이는 자원봉사센터에서 근무하는 인력이 다른 직종과 같이 대졸이 일반적으로 가장 많음을 알 수 있다. 더욱이 대학원졸 이상이 고졸보다 더 많은 것은 자원봉사센터의 전문적 인력이 증가되고 있음을 알 수 있다.

〈표 7-4〉 **성별, 학력별 근무인력 현황**

(2011년, 단위: 명)

구분	성별		학력		
계	남	여	고졸	대졸	대학원졸 이상
1,171	370	801	96	939	136

3) 직원 연간 평균 교육관련 현황

시도별 연간 평균 직원 수, 평균 교육 참여 횟수 및 이수시간 현황 중 평균 이상 시·도별을 찾아보면 〈표 7-5〉에서 보는바와 같다.

〈표 7-5〉 직원 1인당 연간 평균 교육 참여 횟수 및 이수시간

(2011년, 단위: 명, 회, 시간)

구분	평균 직원수	평균 교육참여 횟수	평균 교육 이수시간
평 균	5.2	3.6	31.0
서 울	7.5***	3.3	18.4
부 산	4.1	4.1*****	31.3******
대 구	5.2*****	4.6**	26.0
인 천	7.9**	2.8	18.5
광 주	6.3****	3.5	53.8*
대 전	4.5	4.3***	32.5*****
울 산	4.7	2.3	16.2
경 기	8.3*	3.2	25.4
강 원	4.0	3.3	25.4
충 북	4.3	3.6	26.5
충 남	4.2	6.0*	47.3**
전 북	4.7	4.2****	26.2
전 남	3.6	3.2	28.3
경 북	4.8	3.0	30.3
경 남	4.3	4.0******	36.0***
제 주	4.7	3.2	35.1****

평균 직원 수(5.2)보다 높은 시도별은 경기, 인천, 서울, 광주, 대구이고, 평균 교육 참여 횟수(3.6)보다 더 많은 시도별은 충남, 대구, 대전, 전북, 부산, 경남이

다. 그리고 평균 교육 이수시간(31.0)보다 더 많은 시도별은 광주, 충남, 경남, 제주, 대전, 부산으로 나타났다. 이는 직원 1인당 연간 평균 직원 수, 평균 교육 참여 횟수 및 이수시간 이하가 전체의 2/3 이상 차지하므로 앞으로 자원봉사센터의 인력의 전문성을 강화하기 위해 이들에게 지속적인 교육 참여와 교육 이수시간을 늘려나가야 할 것이다.

4) 예산 및 집행 현황

자원봉사센터 연도별 예산 현황 및 집행 현황을 살펴보면 다음의 〈표 7-6〉과 같다. 전체 자원봉사센터 예산 합계는 76,710백만 원으로 '10년 대비 5,510백만 원(7.7%)이 증가하였고, 시군구비가 증액되고 있어 기초단체의 자원봉사에 대한 관심도 증대와 활동이 활성화되고 있는 것으로 분석된다.

예산 현황에서는 2005년 예산(32,805백만 원)보다 2011년 예산(76,710백만 원)이 2.4배로 증가했고, 그 중 국비가 2005년 예산에서 2011년 예산이 4.8배로 가장 높게 나타나 국가에서 자원봉사센터에 국비 보조금이 늘어나고 있음을 알 수 있다.

〈표 7-6〉 **예산 현황**

(단위: 백만 원)

연도별	계	국비	시 도 비	시군구비	기타
2005	32,805	-	8,027	22,664	2,114
2006	38,813	1,670	8,262	20,819	8,122
2007	48,086	4,105	12,363	29,892	1,726
2008	61,872	5,845	15,575	38,702	1,750
2009	66,603	5,454	15,587	43,847	1,715
2010	71,200	5,454	15,181	47,899	2,666
2011	76,710	8,053	16,837	48,223	3,597

전국 예산집행 현황을 보면, 예산 총액 76,710백만 원 중 73,001백만 원(95.2%)을 집행하였고, 분야별로 인건비 28,182백만 원(36.7%), 운영비 11,300백만 원(14.7%), 사업비 33,519백만 원(43.7%)을 사용하였음을 알 수 있다. 또한 연도별 집행 현황을 보면, 2011년이 2009년보다 1·2배가 증가했는데, 이 중 인건비와 사업비, 운영비가 거의 1·2배 증가했다. 이는 예산 집행비는 2011년이 2009년과 거의 비슷하여 예산의 거의 증가하지 않음을 알 수 있다. 앞으로 예산 및 집행비가 자원봉사활동 인구수에 비례하여 더 많이 증가해야 할 것이다(표 7-7 참조).

〈표 7-7〉 예산 집행 현황

(단위: 백만 원)

연도별	계	인건비	운영비	사업비
2009	62,499	23,052	11,002	28,445
2010	65,267	24,561	11,508	29,198
2011	73,001	28,182	11,300	33,519

5) 자원봉사자 등록 현황 및 성별, 연령 인원 현황

자원봉사자 등록 현황 및 성별, 연령별 인원 현황을 살펴보면 다음과 같다(표 7-8 참조).

〈표 7-8〉 자원봉사자 등록 및 성별, 연령 인원 현황

(단위: 명)

연도별	총계	성별		연령별					
		남	여	20세 미만	20대	30대	40대	50대	60대 이상
2005	2,083,704	900,214	1,183,490	461,728	280,234	291,274	495,536	345,960	208,972
2006	2,681,193	1,148,458	1,532,735	577,475	387,578	377,498	615,256	440,742	282,644
2007	3,279,911	1,433,642	1,846,269	731,312	491,402	491,573	717,813	501,151	346,660

연도별	총계	성별		연령별					
		남	여	20세 미만	20대	30대	40대	50대	60대 이상
2008	4,396,633	1,890,169	2,506,464	1,102,429	654,826	665,965	917,345	628,507	427,561
2009	5,363,435	2,290,367	3,073,068	1,392,766	884,771	717,047	1,075,208	763,458	530,185
2010	6,315,032	2,705,429	3,609,603	1,680,373	1,098,612	774,930	1,213,168	913,321	634,628
2011	7,085,162	3,034,139	4,051,029	2,007,734	1,245,759	832,933	1,319,685	984,805	694,246

자원봉사자 등록자 수는 2011년 7,085,162명으로 '10년 말 대비 770,130명(10.9%)이 증가하였고 성별로는 여성(57.2%)이 남성(42.8%)보다 많으며 연령별로는 10대(28.3%)와 40대(18.6%)가 가장 많고, 20대(17.6%)와 50대(13.9%), 30대(11.8%), 60대(9.8%)순으로 전 연령에 고른 분포를 보이고 있다. 청소년 자원봉사 활성화에 따른 10대의 자원봉사 참여와 40~50대의 중년층이 지속적으로 자원봉사 참여율이 증가하고 있음을 볼 수 있다. 60세 이상 자원봉사자들의 증가에 따라 노인세대를 고려한 맞춤 자원봉사프로그램 개발이 필요할 것으로 보인다.

6) 자원봉사자 1회 이상, 50시간 봉사자 및 교육 현황

자원봉사자 직업별 현황, 1회 이상 봉사자 및 교육 현황을 살펴보면 다음과 같다(표 7-9, 표 7-10 참조).

먼저 〈표 7-9〉에서 보는바와 같이 2011년 등록단체의 경우 2010년 작년대비 1,660개로 증가는 했지만 2009년과 2010년에 비해 증가(13,385개) 추세가 많이 둔화되었음을 알 수 있다. 또한 1회 이상 봉사자는 2011년 1,743,394명으로 2009년 대비 148,700명(9.3%) 증가하였으나 2010년 전년대비 308,027명(15%) 줄어들었다. 이는 앞으로 1회 이상 자원봉사자는 지속적으로 증가하였으나, 2011년에 와서 감소한 것에 대해 주목할 필요가 있고, 앞으로 자원봉사자들의 참여를 활성화시킬 구체적 방안모색이 요구되어진다.

〈표 7-9〉 1회 이상, 50시간 이상 봉사자 현황

(단위 : 명)

연도별	등록단체		지속 봉사자		수요처 현황 (기관수)
	단체	회원	1회 이상	50시간 이상	
2009	63,547	3,476,560	1,594,694	260,341	63,983
2010	77,032	3,620,049	2,051,421	287,158	69,681
2011	78,692	4,179,876	1,743,394	363,358	61,802

〈표 7-10〉의 자원봉사자 교육 현황을 살펴보면, 2011년에 자원봉사자에 대한 교육은 18,107회 실시하여 1,121,262명이 참여하였다.

기초교육 9,110회(50.3%), 보수교육 2,754회(15.2%), 전문교육 6,243회(34.5%)의 분포를 보이고 있다. 이는 2010년 작년과 비교해 보면, 기초교육이 줄고 보수교육과 전문교육이 증가했음을 알 수 있다. 따라서 앞으로 보수교육과 전문교육의 증가폭이 높아질 것으로 예상하여 이에 맞는 보수 및 전문 교육 커리큘럼의 개발이 필요하다고 본다. 그리고 교육 인원은 신규 봉사자가 845,864명(70%), 기존 봉사자가 275,398명(30%) 참여하였는데, 이는 2010년 작년대비 신규 봉사자는 늘어나고 기존 봉사자가 감소됨을 알 수 있다. 앞으로 신규봉사자 관련 교육 프로그램 등을 개발하여 실천할 수 있는 구체적 방안이 나와야 할 것이다.

〈표 7-10〉 자원봉사자 교육현황

(단위: 회/명)

연도별	교육과정별				참여인원		
	계	기초교육	보수 교육	전문 교육	계	신규자	기존 봉사자
2005	24,062	18,341	3,089	2,632	570,991	377,789	193,202
2006	10,866	4,855	2,463	3,548	675,965	449,793	226,172
2007	11,800	6,090	2,355	3,355	696,156	427,552	268,604

연도별	교육과정별				참여인원		
	계	기초교육	보수 교육	전문 교육	계	신규자	기존 봉사자
2008	13,389	7,123	2,033	4,233	830,458	605,478	224,980
2009	16,048	8,191	2,286	5,571	947,539	657,951	289,588
2010	22,532	13,880	2,723	5,729	1,067,647	743,782	323,865
2011	18,107	9,110	2,754	6,243	1,121,262	845,864	275,398

2 자원봉사센터의 외국사례

1) 미국

미국의 자원봉사활동 추진체계를 이루는 대표적 기관으로는 자원봉사기관, 촛불재단과 지역의 자원봉사센터, 기업 등이 있다. 미군의 자원봉사센터는 지방 차원에서는 지역자원봉사센터가 조직, 설치되어 있고 중앙에 이들 센터를 지원하고 추진하는 중심조직인 촛불재단이 설치되어 있다. 이 두 기관의 관계는 상하수직적인 관계가 아닌 상호 독립적이며 협력적인 관계를 유지하고 있다.

우선 촛불재단에서 실시하고 있는 대표적인 사업과 프로그램의 내용을 종합해 보면 다음과 같다(최일섭 외, 1996; 박태영·김숙경 외, 2011; 김범수, 2012; 구재관·권향임 외, 2012).

첫째, 성공적인 자원봉사프로그램의 11가지 특정 제시 및 기관의 경영변화를 위한 자기사정도구 개발 등 자원봉사센터나 활용기관의 변화를 위한 연구나 조사를 행한다.

둘째, 자원봉사활동을 통해 가족구성원들에게 의미 있는 경험, 공통된 목표, 목표의식을 공유하게 하여 가족과 지역사회를 통합·강화시키는 것을 목적으로 가족단위의 자원봉사활동을 권장한다. 이를 위해 가족들이 아동·청소년·노인과의 활동, 우편배달, 오락·스포츠·환경 프로젝트 등의 활동에 함께 참여하도록 하며 이들에게는 개인지도·선도·위기개입·법률구조 등의 서비스를 제공하고 있다.

셋째, 지역사회 동원 및 자원봉사센터(Community Mobilization and Volunteer Center) 운영 프로그램이다. 이것은 현재 자원봉사지역센터들이 겪고 있는 극심한 자금난과 심각하고 복잡한 사회문제의 증가라는 두 가지 난제 해결을 위해 각 지역센터를 연계시켜 공통된 비전(VC 2000)을 형성케 하려는 것이다. 이를 위해 훈련, 기술지원, 정보제공, 지원체계 형성 등의 지원활동과 함께 재정적인 후원이 행해지고 있다.

넷째, 정부기관 자원봉사프로그램(government outreach)이다. 이 프로그램은 지방자치단체 및 주정부기관 등 정부기관에서의 자원봉사활동을 촉진시키기 위해 실시되는 것으로 정부기관 자원봉사프로그램 중에서 창의적이고 성공적인 것을 찾기 위해 정부기관 자원봉사프로그램 관리자와 주정부 자원봉사 담당자 전국협의회(National Assembly of State Offices of Volunteerism : Nasov), 국가 및 지역사회봉사 주정부위원회(State Commission on National and Community Service) 등이 함께 활동하고 있다.

다섯째, 전국자원봉사대회를 매년 6월 중 개최하여 참가자들에게 새로운 기술, 정보, 자료 등을 습득할 수 있는 기회를 제공하고 참가자들 사이에 지원체계를 형성하게 하여 보다 더 효율적으로 사회문제 해결에 대응하도록 하고 있다.

여섯째, 청소년 자원봉사(youth and education outreach) 프로그램이다. 이것은 5~25세 사이의 어린이와 청소년들에게 자원봉사활동에 참여하도록 하기 위해 지역사회에 기반을 둔 시설, 학교, 자원봉사센터에서의 청소년 자원봉사센터의 프로그램 개발 및 보급에 앞장서고 있다.

일곱째, 시민, 자원봉사관리자, 각종 공공기관 및 민간단체들을 대상으로 다양한 방법을 활용하여 활발한 홍보활동을 전개하고 있다. 이 예로는 언론 및 방송을 통한 홍보활동, 정보제공, 「USA Today Weekend」지와 공동으로 매년 10월 마지막 주 토요일에 개최하는 '색다른 날을 만들자(Make A Difference Day)'라는 전국적인 1일 자원봉사경연대회, 공동모금회와 공동으로 개발한 컴퓨터 온라인 서비스인 자원봉사 네트워크의 운영, 각종 프로그램 출판물과 화상회의(video conference)를 이용한 통신서비스, 수익사업, 미국봉사단과 공동으로 주최하는 대통령표창행사(president's service award) 등을 들 수 있다.

지역 차원의 자원봉사센터에서 실시하고 있는 대표적인 사업과 프로그램의 내용을 종합해 보면 다음과 같다(류기형 외, 2009; 양점도·김도희 외, 2010; 임은희·김성기 외, 2010).

첫째, 지역사회계획과 프로그램 개발이다. 자원봉사센터는 지역수준에 적합한 프로그램의 개발 및 실행을 하여 자원봉사활동의 동기를 고취시키고 직접 참여하게 한다.

둘째, 모집과 의뢰이다. 자원봉사센터는 자원봉사를 희망하는 사람들에게 기회에 대한 정보를 제공하여 모집을 하고, 적합한 곳에 배치하거나 의뢰한다.

셋째, 자문과 훈련이다. 자원봉사센터는 비영리조직, 이사회, 자원봉사프로그램 등의 새로운 노력을 창조하고 유지하는 데 필요한 자문·훈련·기술을 원조한다.

넷째, 진흥이다. 자원봉사센터는 대중매체, 즉 텔레비전, 라디오, 신문, 뉴스, 책자 등과 같은 매체를 통해 자원봉사활동 참여를 위한 기회에 대한 자각을 높이게 한다.

다섯째, 승인이다. 자원봉사센터는 자원봉사자들을 인정하고 승인하기 위한 다양한 프로그램을 마련하고 있다.

여섯째, 자원봉사활동에 대한 정보를 제공한다. 자원봉사센터는 자원봉사활동과 지역사회서비스에 관한 정보를 제시하는 일차적 출처이다.

일곱째, 옹호이다. 자원봉사센터는 모든 인간이 동등한 기회를 갖고 자원봉사 프로그램에 동등한 접근을 갖도록 옹호함으로써, 자원봉사활동에 대한 현존하는 장애를 제거하고, 지역·전국 차원에서 자원봉사자와 볼런티어리즘에 대한 지지를 제공함으로써 자원봉사자에게 기회를 준다는 것을 보증한다.

2) 영국

영국의 자원봉사활동을 육성·추진하는 기관으로는 전국이나 지역별로 운영되고 있는 각종 자원봉사기관, 자원봉사센터 등을 들 수 있다. 먼저 자원봉사기관에 대해 살펴보면 영국의 자원봉사기관은 대부분 자원봉사자들에 의해 운영되고 있는데 이들은 서비스 제공자에서부터 이사회의 이사 등과 같은 정책 참여 또는 정책 결정자의 역할 등 다양한 역할을 하고 있다. 대부분의 자원봉사기관들은 필요에 따라 자원봉사 수요자와 공급자의 역할을 병행해 오고 있다.

자원봉사센터의 조직상황을 살펴보면 자원봉사센터는 일원화된 조직의 산하기구가 아니며, 지역이나 사업의 특성에 따라 독립적이고 자율성 있게 운영되고 있다. 1973년에 설립된 영국의 자원봉사센터의 경우 공공·민간 또는 사적 분야에서 자원봉사활동의 촉진을 도모하고 직·간접적으로 자원봉사자에게 영향을 미치는 정책 형성가, 관리자, 그 외 직원을 위한 지원대행기관으로 활동하는 것을 목적으로 자원봉사관련 정보·조언·기술적 원조 등을 제공하고 교육훈련사업, 출판사업, 각종 상담, 조사연구 및 협정 등의 활동을 하고 있다.

자원봉사사무국(volunteer bureaux)의 경우, 전국자원봉사사무국연맹(National Association of Volunteer Bureaux)의 회원으로 소속되어 있다. 이 연맹은 1986년에 자원봉사사무국에 대한 홍보활동, 사무국 간의 정보교환, 자원봉사사무국 직원 연수 및 교육, 사무국에 관련된 조사와 출판, 모임, 코스 회의, 개최 및 자원봉사사무국 발전을 위한 정부와 민간단체의 협력 등을 위해 설립되었다. 자원봉사사무국은 전국자원봉사사무국연맹(National for Volunteer Bureaux)의 회원으로 가입하고 있지만 연맹의 지부는 아니고 독립적인 단체로서 등록되어 활동하는 단체이다.

자원봉사센터 또는 사무국은 그 지역의 민간서비스에 대한 욕구(needs)와 기회에 관한 정보를 수집해 자원봉사자에게 제공해 주는 기능과 자원봉사자의 활동을 필요로 하는 조직에게 자원봉사자를 연결해 주는 기능을 하고 있지만, 곳에 따라 자체에서 훈련코스를 제공하는 곳도 있고 훈련이나 교육 없이 조언이나 자문을 행하는 곳도 있다.

그리고 자원봉사센터는 주로 자원봉사활동에 관한 정보제공, 프로그램의 개발, 연구, 홍보, 간행물 발간 등을 행한다. 또한 매년 6월 1일~6월 7일 사이에 자원봉사자에게 감사를 표하며 이웃의 봉사활동 확산을 유도하기 위해 영국자원봉사자주간(UK Volunteer Week)을 정하여 회원 표창, 파티 및 만찬회 개최, 봉사활동 소개 및 홍보, 각종 이벤트 사업 실시 등의 행사를 한다. 또한 두 지역의 자원봉사센터의 연결을 위해 동맹의 날(Link-up Days) 행사를 개최하여 지역에서 센터가 무엇을 제공하여 줄 수 있는지를 보여준다. 그 외 컴퓨터를 활용하여 지역 내 봉사활동기관, 기관의 위치, 조직구성에 관한 정보 등 각종 정보제공 활동과 도서대여 활동을 한다.

그 외 전국자원봉사자사무국연맹에서는 자원봉사활동에 관련된 정보서비스 제공, 자원봉사사무국의 회원편람 및 기타 도서출판, 자원봉사사무국 직원을 위한 연례회의와 훈련개최, 회원에게 정규적인 정보제공, 자원봉사사무국에 대한 일반적인 자문과 지지를 한다(National Council for Voluntary Organnization, 1995; 이성록, 2003; 이란희, 2010; 이병순, 2010).

3) 일본

일본은 패전 후 혼란수습에 대하여 국가적 공권력에 의존할 수밖에 없는 상황에서 자발적 지역 활동이 시작되었다. 이후 고도성장과 1973년에 불어 닥친 석유 파동으로 복지문제가 심각하게 대두되어 중앙이나 지방자치단체의 보조에 의해 사회복지협의회를 중심으로 자원봉사활동 추진체계가 정비되기 시작했고 자원봉사센터에 국고 보조가 행해지고 있다. 1979년 고복지·고부담이라는 복지국가의 폐해를 방지하고 본형 복지사회에 대한 구상이 발표되었고 이에 입각해 서비스의 책임을 정부에서 지역사회로 전가시켰으며 1983년에는 사회복지사업법을 일부 개정하여 시·구·정·촌(市·區·町·村)[2]사회복지협의회가 제도화되어지기 시작하였고 자원봉사단체원조비, 연수양성사업비, 자원봉사보험요금, 자원봉사활동비 조성사업에 사용되는 자원봉사 육성기금제도를 발족하는 곳도 있다. 또한 전국 사회복지협의회에서는 재정적 지원을 하고 있다. 1990년 이후 현재까지 기업과 학교 등 광범위한 분야에서 자원봉사활동이 이루어지고 있다.

일본의 자원봉사활동 추진체계로는 사회복지협의회에서 운영하고 있는 자원봉사센터, 민간단체에서 운영하는 각종 자원봉사협회, 다양한 자원봉사기관, 기업 등이 있다. 현재 일본에서는 자원봉사센터를 봉사은행, 자원봉사국, 자원봉사협회, 자원봉사코너, 자원봉사상담실, 또는 지역사회센터 등 다양한 용어로 부르고 있으며, 또한 그 시설 운영 주체도 사회복지협의회를 비롯하여 공사관계단체, 각종 시설 등 다양하며 규모나 기능도 다양하다. 센터의 설치, 운영 주체는 크게 공공기관, 사회복지협의회, 민간 육성기관, 시설단체 등의 네 가지로 분류될 수가 있는데, 그 중에서도 사회복지협의회를 중심으로 한 자원봉사센터가 다수를 차지하고 있다.

일본의 사회복지협의회에서 운영하고 있는 자원봉사센터에서는 다음과 같은 사업을 행하고 있다(全國社會福祉協議會·全國ボランテアィア活動振興センター(1993); 최일섭 외, 2007; 정연욱 외, 2009; 임은희 외, 2010).

첫째, 자원봉사센터의 정보지나 연구지 등을 발행한다.

둘째, '자원봉사자대회', '자원봉사자 페스티벌', '자원봉사자 연구집회' 등 자원봉사자홍보를 위한 대회나 모임을 실시하고 있다.

셋째, 자원봉사 조정자나 리더를 양성하기 위한 강연과 실습, 사례발표, 그룹토의 등 각종 연수회를 실시한다.

넷째, 자원봉사활동에 실태조사나 욕구조사를 실시하고 있다.

2) 시정촌(일본어: 市町村 시초손[*])은 일본의 지방 자치 제도의 기초 자치 단체인 시(일본어: 市), 정(일본어: 町 조), 촌(일본어: 村 손)을 묶어 이르는 말이다. 일본 지방자치법 2조 3항에서는 '기초적인 지방공공단체'라고 규정하고 있다. 도쿄 도에는 시정촌에 해당하는 특별구가 있는데, 이를 포함해 시구정촌(일본어: 市区町村 시쿠초손)이라고 부르기도 한다.

다섯째, 시·구·정·촌(市·區·町·村) 사회복지협의회 자원봉사센터에 자원봉사 코너 조성비, 자원봉사자 그룹 기자재 구입조성, 직원·자원봉사 조정자·상담원의 배치, 센터의 운영비 보조, 모델지구 등의 사업비 조성, 직원·리더 양성 등의 사업보조, 자원봉사 기금조성에의 보조 등을 지원한다.

여섯째, 자원봉사활동 보급 사업을 행하고 있다.

일곱째, 전국 사회복지협의회에서 사례발표, 분과회연수, 심포지엄, 시설실습 견학 등 다양한 복지교육추진사업을 행하고 있다.

여덟째, 전국 사회복지협의회 자원봉사센터에서 보조가 이루어진다.

아홉째, 전국 지방자치단체에서 자원봉사자의 날, 자원봉사그룹명부, 자원봉사수첩발행 등을 행하고 있다. 자원봉사활동의 추진주체가 시구정촌 자원봉사센터로 강조되면서 이에 대한 국가의 지원이 증대되고 그 활동사업에 박차가 가해지고 있다.

열째, 진·도·부·현(道·都·府·縣) 및 지정도시 단계에서 '자원봉사자의 날', '자원봉사주간', '자원봉사월간'을 실시하는 곳이 19개이다. 19건의 내역은 10건이 여름방학을 이용한 학생, 그 외를 대상으로 한 체험 자원봉사, 9건이 그 밖의 것으로 동기 고취를 위한 복지홍보개발 등을 목표로 하고 있다. 그 외에도 자원봉사 그룹 명부, 자원봉사 수첩발행 등을 행하고 있다.

3 자원봉사센터의 과제와 발전방안

1) 자원봉사센터의 문제점과 과제

자원봉사센터의 문제점과 과제는 크게 나누어서 추진체계, 관리체계, 지원체계로 나누어 설명할 수 있다(이성록, 2003, 2004, 2005; 최일섭 외, 2007; 정연욱 외, 2009).

(1) 추진체계의 문제점과 과제

첫째, 자원봉사센터 및 자원봉사 육성·추진기관들은 이용접근성이 낮고, 전문성의 부족 등으로 자원봉사활동의 거점으로 기능하기 어려운 상태이다. 특히 행정안전부에서 시·도 및 시·군·구에 설치, 운영되고 있으나 기능의 차별성 및 역할분담을 제대로 하지 못하여 지역사회 내 단체 간을 연계하고 사업을 조정할 수 있는 모든 정보의 수집 등 종합적으로 일을 맡아 처리 하는 자원봉사센터로서의 위상을 확고하게 구축하지 못하고 있는 실정이다. 따라서 각 센터는 차별성 및 역할분담을 확고하게 구축하여야 할 것이다.

둘째, 자원봉사센터의 관 직영문제를 들 수 있다. 자원봉사활동은 민간 중심의 활동임에도 불구하고 행정안전부의 자원봉사센터 운영체계를 보면 앞서 자원봉사센터 현황에서 살펴보았듯이 여전히 관 직영이 전체의 과반 수 이상을 차지하고 있다. 이는 자원봉사활동의 자율성과 전문성에 문제를 일으킬 우려가 있다. 따라서 자율성이 있고 전문성이 있는 민간 자원봉사단체가 많이 운영할 수 있게 조성하여야 할 것이다.

셋째, 자원봉사센터 및 자원봉사단체는 재정적으로 열악한 문제가 있다. 현재 자원봉사센터의 예산은 전액 국가 지원이 아니기 때문에 센터 운영에 재정적 부담은 항상 중요한 걸림돌이 되고 있다. 자원봉사센터의 경우 기관특성상 회비나 후원금 모금이 불가하고 자원봉사단체의 경우에는 자립적 기반이 열악하고 후원자 모집에 어려움이 있다는 점을 고려해 볼 때 자원봉사 진흥을 위한 독립재단의 설립으로 안정된 재원을 확보하거나 차선책으로는 재정적 안정을 국가가 책임지되 운영에 있어서는 철저히 민간이 책임지도록 하는 것이 필요하다. 특히 자원봉사센터의 사업·운영비가 대부분 지방자치단체의 예산에 편중되다보니, 자원봉사센터의 운영에 대한 지방자치치단체의 개입 및 간섭에 따른 부작용을 방지하거나 견제할 수 있는 제어장치가 없다. 이런 문제점을 개선하기 위해서는 국가가 일정 비율의 운영·사업비를 지원하여 지방자치단체의 자원봉사활동 추진정책에 대한 평가 및 시정조치를 할 수 있는 예산지원 근거를 마련할 필요가 있다.

(2) 관리체계의 문제점과 과제

첫째, 자원봉사 관리과정의 전문성과 체계성이 부족하다. 자원봉사자 활용기관의 자원봉사프로그램 관리는 더 이상 단순한 임시방편적인 관심만으로는 제대로 될 수가 없고, 자원봉사자 관리도 직원관리와 같이 대등하게 중요함을 인식하고 과학적이고 체계적이며 전문적인 업무분장, 지도감독, 교육훈련, 유인책 등의 포괄적인 관리체계를 도입해야 한다. 이를 위해 자원봉사 대상에 맞는 표준 자원봉사활동 관리 매뉴얼이 필요하며 특히 시·도 센터와 시·군·구 센터의 특성화 및 차별화가 행해져야 하며 역할 분담이 이루어져야 한다. 시·도 센터는 직접적 사업보다는 자원봉사를 위한 모든 정보의 수집 등 종합적으로 일을 맡아 처리하는 자원봉사센터로서의 기능을 담당해야 하며 시·군·구 센터는 자원봉사자를 배치하고 직접 대면해서 활동의 시작에서 종결까지 직접적인 개입 및 지원을 행하는 역할을 수행하며 질적인 관리가 될 수 있도록 해야 한다.

또한 자원봉사자에 대한 교육과정을 체계화·전문화시키는 것도 중요하다. 교육은 현재 일회적으로 진행되고 있는 오리엔테이션의 수준을 보강하여 자원봉사자의 특성(노인, 여성, 청소년, 전문직 등)과 서비스의 대상 및 유형을 고려하여 이에 대한 이해를 제고하고 봉사기술을 습득하여 적용할 수 있게 실효성 있는 교육이 되도록 해야 한다. 이와 더불어 단위 자원봉사활동 또는 프로그램별 자원봉사 업무지침서(job description)가 개발되어야 한다. 또한 기관의 자원봉사자로 등록하였지만 실제 자원봉사활동을 시작하지 않거나 중도에 탈락하는 자원봉사자에 대한 파악 및 체계적인 관리가 필요하다.

둘째, 자원봉사활동 프로그램 개발 및 평가가 활성화되지 못하고 있다. 자원봉사에 대한 조사, 연구, 개발, 보급, 수퍼비전을 줄 수 있는 전국 규모의 전문기구가 조직되어 있지 않다. 또한 자원봉사활동이 체계적으로 실시되어 어떤 효과를 얻고 있는지에 대한 다각적인 양적·질적 평가가 이루어지지 못하고 있다. 현재 센터를 중심으로 기관평가가 부분적으로 이루어지고 있지만 더불어 자원봉사자 및 서비스 대상자에 대한 다각적인 평가도 이루어져야 한다(이성록, 2005).

(3) 지원체계의 문제점과 과제

첫째, 자원봉사활동기본법 및 시행령의 개정이 필요하다. 오랜 시간의 노력 끝에 「자원봉사활동기본법」이 제정되면서 자원봉사에 대한 국가 및 지방자치단체의 책임을 공고히 하고 자원봉사 인프라의 구축 등 우리나라 자원봉사활동에 있어 새로운 도약의 발판이 만들어지게 된 것은 사실이나 법 적용 이후 여러 가지 문제점이 제기되면서 법 개정의 의견이 끊임없이 제기되고 있다. 법 개정에서는 민간센터의 육성 및 지원강화, 한국자원봉사협의회의 역할 및 지원 확대, 시·도 자원봉사센터의 관계설정 등이 검토되어야 한다.

둘째, 지원내용의 미흡함을 들 수 있다. 정부의 경우 자원봉사센터에 국고 및 지방비 보조금, 정부기금 지원 등을 행하고 있으나 그 액수가 부족하여 자원봉사의 활성화를 이루기 어렵고 그나마 대다수의 기관에서는 그런 지원도 받을 수 없는 곳이 많다. 자원봉사추진기관들의 자립기반이 열악한 상황에서 후원이나 기업의 기부문화가 성숙되지 못한 사회문화적 상황을 고려해 볼 때 안정적인 예산 지원 및 증대가 필요하다. 자원봉사활동 중 불의의 사고에 대비한 공적(중앙 또는 지방정부) 차원의 기금 확보와 보험 가입이 확대되어야 하며 자원봉사자 변호사 선임 등 법적인 안정보장제도가 마련되어야 한다. 또한 자원봉사자의 동기부여와 저변 확대를 위한 정부 차원의 다각적인 인정제도도 마련되어야 한다.

2) 자원봉사센터의 발전방안

자원봉사자들을 조직적으로 관리하고 적재적소에 배치하여 효과적으로 운영할 수 있는 자원봉사센터의 발전방안을 살펴보면 다음과 같다(류기형 외, 2010; 박태영·김숙경 외, 2011; 이란희, 2010).

(1) 지역사회 활동 프로그램 개발 및 수요욕구 충족

주 5일제 근무자가 계속적으로 늘어남에 따라 여가선용과 자원봉사를 생활화할 수 있도록 자원봉사자의 특성에 맞는 자원봉사프로그램이 개발·보급되어야 할 것이다. 이를 통해 풀뿌리 봉사단체를 육성하고 지역실정에 맞는 프로그램을 개발하여 자원봉사단체를 통한 프로그램의 활성화를 이끌어야 한다. 따라서 센터별 지역실정에 맞는 특화된 자원봉사 대표 프로그램의 개발·보급이 필요하다. 주요 프로그램의 예를 들면 다음과 같다.

① 사회복지 봉사활동

- 장애아동, 장애인 통학보조, 노약자, 장애인 목욕보조, 수화봉사
- 저소득 직장여성의 아기보기, 급식지원, 도시락전달 등의 식사지원 등

② 행정보조 봉사활동

- 공공기관, 구청, 동사무소, 우체국, 경찰서 등 민원안내 및 행정기관 업무보조
- 사회복지기관 및 시설에서의 업무보조 등

③ 문화행사 봉사활동

- 음악, 무용, 연극 등 소규모 공연봉사
- 복지기관 및 공공기관 행사 시 공연봉사
- 지역문화행사 지원, 행사참가 등

④ 교통·환경 캠페인 봉사활동

- 교통정리, 주차정리, 카풀참여
- 환경, 수질, 재활용 캠페인 등

⑤ 기술 및 기능지원 봉사활동

- 이·미용, 집수리, 도배, 벽화봉사, 전산입력 봉사
- 전기·가스 안전점검 봉사 등

⑥ 교육 봉사활동

- 자원봉사자를 위한 지도, 한글·영어·한자·서예 등의 지도
- 어린이 공부방 학습지도, 학습부진아 지도, 한글·문맹인 학습지도, 장애아동학습지도, 저소득층 학습지도 등

⑦ 상담 봉사활동

- 법률 및 세무상담, 청소년·여성·가족상담
- 취업상담, 영세·중소기업창업 상담 등

⑧ 재난·재해구조 봉사활동

- 긴급재난 지휘, 구조, 복구, 위문
- 응급구조, 소방 등

⑨ 보건·의료 봉사활동

- 헌혈, 장기기증, 간병, 호스피스, 무료진료, 환자위문, 환자운동보조, 병원업무보조 등

⑩ 외국·통역 봉사활동

- 해외의 자매도시 및 저개발국을 위한 봉사
- 외국어 통역, 번역봉사

⑪ 기타 자원봉사활동

- 자원봉사 멘토링, 청소년들의 금연도우미, 야간 방범봉사, 아름다운 도시 가꾸기, 합동결혼식 주례봉사 등

(2) 자원봉사센터 조직 정비 및 역할인식 제고

우리나라 자원봉사센터는 운영전반에 대한 시스템을 점검하여 새로운 환경에 부응하여 자원봉사활동을 지원하는 전문기구로서 자원봉사센터들 간의 역할분담, 관계방식에 대해서는 보다 심도 있는 논의가 필요하며 시·군·구 자원봉사센터와 도 단위 자원봉사센터의 실천적 역할체계 구축이 요구된다. 특히 향후 자원봉사센터에 대한 조직 진단을 하고 운용모형을 개발하여 최근 환경변화에 부응하는 형태로 조직이 정비되어야 할 것이며 자원봉사센터로서의 역할인식이 새롭게 제고되어야 할 것이다.

(3) 자원봉사자 모집 및 홍보 시스템의 구축

자원봉사에 대한 인식과 참여율이 증가하고는 있으나, 이를 좀 더 만족할 만한 수준으로 높이기 위해서는 효과적인 자원봉사자 모집 및 홍보 시스템의 구축이 절실하다. 지역사회구성원으로서 책임과 연대감을 불러일으킬 수 있도록 자원봉사활동에 대한 기본정신과 가치를 널리 홍보하고, 지역사회에 자원봉사의 필요성을 알려, 지역사회 전 구성원이 자원봉사자로 참여할 수 있도록 시민의 인식을 제고해야 한다. 그리고 자원봉사에 관한 상세한 수요처 및 자원봉사활동 소개를 통하여 다양한 계층의 사람들이 자원봉사에 참여토록 유도해야 한다. 단계별 홍보 시스템 구축 방안을 제시하면 다음과 같다.

① 1단계: 홍보의 목적 및 대상자 설정

② 2단계: 홍보수단 선정

- 신문과 방송, 정기간행물 및 기타 인쇄매체, 인터넷, 전자우편, 캠페인 및 이벤트 등

③ 3단계: 홍보자료 제작

- 구체적이고 논리적이며 명확한 표현과 적절한 어휘를 사용, 문장은 함축

적이고 간결해야 함

④ 4단계: 홍보자료 배부 및 홍보활동

- 홍보담당 실무자뿐만 아니라 가급적 다양한 사람들에게 역할을 나누어 주는 것이 좋으며, 홍보물 배치 시 해당기관 담당자 허락을 얻고 홍보물 배치의 목적을 설득력 있게 전달

⑤ 5단계: 홍보결과 확인 및 영향 분석

(4) 자원봉사센터의 재정 기반 마련

자원봉사센터의 재정문제는 자원봉사센터의 정체성 및 자주성과 관련되는 가장 중요한 요소이다. 일반적으로 자원봉사단체에 대한 정부 지원의 관점은 정부지원이 자원봉사단체의 정치적 중립성을 훼손하고 운동의 입지를 작게 할 우려가 있다는 입장과 자원봉사단체는 공익을 추구하는 단체이므로 정부의 재정지원이 정당하다는 두 가지로 정리할 수 있다.

그러나 국가의 시책에 대한 감시기능까지 포괄하는 일반적 시민단체와 조금 분리된 순수 자원봉사센터는 자주성을 훼손하지 않는 범위 내에서 정부지원이 불가피함을 역설하면서도 재원확보와 관련하여 다각적 방법을 모색해야 한다는 주장이 제기되고 있다. 예를 들면 미국의 촛불재단과 같은 정부출연과 민간참여 형태의 자원봉사재단을 만들어 운영하는 방법도 있고, 공동모금회의 수단으로 자원봉사센터의 재정문제를 해결하는 것도 좋은 방법이다.

(5) 자원봉사관리자의 전문성 및 관리의 효율성 제고

전문적이고 체계적인 자원봉사관리를 위하여 자원봉사관리자의 전문성 강화가 요청된다. 이를 위해서는 자원봉사 관련 연구기관이나 연수원 및 대학에서 정규적인 재교육을 실시하며, 교육교재를 개발함으로써 전문성을 확보하는 방법이 바람직하다. 자원봉사센터에서는 관리자의 근무연수에 따른 교육 매뉴얼

을 만들고, 이를 기초로 관리자 교육과정, 자원봉사자 교육과정 등을 개선하여 전문성을 강화하는 데 중점을 두어야 할 것이다.

(6) 자원봉사활동 보상·인정제도 확대

자원봉사활동을 활성화하는 방안으로 가장 많이 대두되는 것이 자원봉사자에 대한 보상이나 인정제도를 확대 실시하는 것이다. 따라서 자원봉사자의 자긍심을 높이고 지역사회에서 존경을 받도록 하는 인정이나 보상에 대한 다양한 방안이 모색되어야 할 것이다.

최소한의 기본적인 경비가 지원된다면 자원봉사자가 활동에 대해 만족도나 지속성이 높게 나타날 것이다. 현재 지원되는 최소한의 경비, 즉 교통비, 보험료, 식비, 숙박비 등은 아직 매우 미흡한 상태이다. 그리고 자원봉사활동의 활성화를 위하여 인증·보상제도가 확대되어야 한다. 자원봉사활동 시의 최소경비 지원 외에 보험가입, 업무시간 대체 활용, 자원봉사 휴가실시, 소득공제, 취업, 승진 시 경력인정 등의 다양한 인증·보상 방법을 실시함으로써 자원봉사활동을 활성화시킬 수 있을 것이다.

(7) 지역의 민·관의 상호 협력을 통한 자원봉사활동의 전개

기초자치단체에서 자원봉사활동이 활성화되기 위해서는 지방자치단체 및 정부, 교육기관, 기업, 민간단체 등의 관련 기관의 역할 분담이 원활하게 이루어져야 할 것이다. 특히 각 지역의 기업들이 활발한 생산 활동과 더불어 지역사회공헌활동에도 많은 투자를 하고 있다. 그러나 아직까지 그 활동에 대해 시민들이 느끼는 체감도는 낮은 편이다. 따라서 기업체나 자치단체에서는 지역의 자원봉사활동 참여자들을 위한 각종보상이나 인정제도의 프로그램을 개발하여 자원봉사활동에 적극 동참하는 것도 자원봉사활동의 활성화에 도움을 줄 수 있다.

(8) 네트워크 형성 강화

현재의 자원봉사 체제는 자원봉사 총괄 정책과 담당 부서의 부재로 행정자치부, 보건복지부, 여성가족부, 문화관광부, 교육인적자원부 등이 각기 지역자원봉사종합센터, 자원봉사정보안내센터, 여성자원활동센터, 청소년자원봉사센터, 학생봉사활동안내센터 등을 설치하고, 부처 간의 조정과 협의가 잘 안 되는 상황에서 각 시·도 자원봉사센터의 한정된 자원의 분산과 중복 투자라는 비효율성을 초래하고 있다. 따라서 자원봉사센터 간 정보의 활발한 교류, 상호 유대적 협력, 자원봉사활동에 관한 사항 심의, 그리고 지역·국가적 재난발생 시 효율적인 자원봉사자 배치 등을 위하여 민·관 자원봉사네트워크가 구축되어야 할 것이다.

참고문헌

구재관·권향임 외(2012). 자원봉사론. 경기: 양서원.

김범수(2012). 자원봉사론. 서울: 학지사.

류기형 외(2010). 자원봉사론. 경기: 양서원.

박태영·김숙경 외(2011). 자원봉사론. 경기: 공동체.

양점도·김도희 외(2010). 자원봉사론. 경기: 양서원.

이란희(2010). 자원봉사센터 평가에 대한 메타평가 : 서울시 자치구를 중심으로. 한양대학교 박사학위논문.

이병순(2010). 자원봉사론. 경기: 공동체.

이성록(2003). 사회복지서비스와 자원봉사운용체계. 계간 사회복지. 통권158호.

이성록(2004). 자원봉사센터의 정체성과 혁신방안. 2004. 전국자원봉사센터 관리자대회 자료집. 한국자원봉사센터협회.

이성록(2005). 전국자원봉사센터 실태조사 및 발전방안. 행정자치부.

임은희 외(2010). 자원봉사론. 경기: 학현사.

임은희·김성기 외(2010). 자원봉사론. 경기: 학현사.

정연욱 외(2009). 지역자원봉사센터의 역할과 과제. (재)광명시자원봉사센터.

최일섭 외(1996). 미국의 자원봉사 유래와 현황. 한국사회복지관협회.

최일섭 외(2007). 자원봉사활동 진흥을 위한 국가기본계획수립 연구용역. 한국자원봉사협의회.

행정안전부·한국중앙자원봉사센터(2011). 전국 자원봉사센터 현황.

全國社會福祉協議會·全國ボランテアィア活動振興センター(1993). ボランテアィア活動年報.

National Council for Voluntary Organnization(1995). *The Voluntary Agencies Directory*.

CHAPTER 08

시민단체(NGO)의 자원봉사

1 시민단체(NGO)의 개념과 특성

한국의 시민단체(NGO)는 한국의 정치적 민주화와 함께 급속도로 확대되었고, 우리사회에 커다란 영향력을 행사하는 새로운 집단으로 성장하였다. 정부를 중심으로 하는 국가영역과 이윤을 추구하는 시장영역과 달리 하나의 독립된 제3의 영역으로 NGO가 성장하고, 영향력을 행사하면서 NGO에 대한 관심과 연구도 활발해지고 있다.

과연 NGO란 무엇인가? 일반적으로 통용되는 NGO에 대한 인식과 관심과는 달리, 아직 NGO의 개념에 대한 학문적 이론은 제대로 정립되지 못하고 있다. 이러한 혼란은 NGO에 대한 개념이 각국이 지니고 있는 역사적 배경, 정치문화적 환경, 정치체제에 따라 다르게 정의되고 있고, NGO로 불리는 조직이 너무 다양하고 많아서 정확한 개념정의가 어렵기 때문이다.

NGO라는 용어가 국제사회에서 공식적으로 사용되기 시작한 것은 UN의 설립과 관계가 있다. 1945년 51개국이 모여 UN창설을 논의할 때, NGO의 대표들도 국제평화를 구축하기 위해 참여했는데, 이때 참석한 민간대표들을 정부 간 조직(inter-governmental organization)에 대응하는 의미로 비정부조직(non governmental organization)이라고 한 것이다. 즉, 초기의 NGO는 국제정치에서 정부 간 조직에 대응하는 소극적 의미로 사용되었다. 그러나 점차 NGO가 시민 권리를 옹호하고, 국가권력과 다국적 기업을 견제하는 역할을 적극적으로 수행하면서 개념의 범주도 확대되었고, UN에서도 사회적 연대와 공공목적을 실현하기 위한 자발적인 공식조직으로 NGO의 지위[1])를 인정하게 되었다. 그리고 오늘날 NGO는 시민들의 자발적인 참여와 연대를 통하여 각종 국제적인 영역뿐만 아니라, 주권국가 내의 문제나 지역사회문제를 해결하는 단체로 그 범위와 역할이 확대되고 있다(박상필, 2001).

그러나 여전히 NGO의 개념에 대한 명확한 합의는 이루어지지 못하고 있고, 국가마다 시민사회에 있는 단체를 지칭하는 용어도 다양하다. 일반적으로 NGO는 국가나 시장이 아니라, 비영리섹터에서 비영리적 목적을 추구하는 결사체로 자리매김하고 있다. 그러나 사람, 시대, 국가에 따라 다양성을 가지고, 공익성, 공식성, 자원성, 자발성, 독립성, 개방성, 다원성, 연대성 등 다양한 특성을 가지고 있기 때문에 어떤 특성을 강조하느냐에 따라 여러 용어로 불리어 진다. 미국에서는 비영리단체(NPO-non profit organization)를 가장 많이 사용하고, 이와 유사한 개념으로 사적 자원조직(PVO-private voluntary organi zation)이라는 개념을 사용한다. 영국을 비롯한 영연방국가들은 전통적으로 자원조직(VO)이라는 용어를 사용하고, 유럽은 국가마다 다양하며 NPO, 제3섹터, VO라는 개념을 섞어서 사용한다. 일본은 NPO와 제3섹터라는 개념을 사용한다. 그리고 NGO라는 용어는 전 세계적으로 통용되고, 특히 권위주의정권에 도전하여 민주화운동을 추진한 제3세계에 널리 사용되고 있다.

우리나라의 경우도 NGO를 둘러싼 혼란이 심하다. NGO를 비정부기구 또는 비정부조직으로 번역하고 비영리단체, 시민단체, 사회단체, 민간단체, 시민사회단체, 공익단체, 자원봉사단체 등과 혼용되어 사용되고 있다. 때문에 한국 NGO에 대한 개념정의는 한국의 역사 속에서 경험적으로 어떻게 인식되어 왔는가를 규명해 볼 필요가 있다.

박상필(2005)은 NGO의 개념을 실체적으로 정의할 경우 우리나라의 NGO는 "비정부·비정파·비영리 결사체로서, 시민들의 자발적이고 능동적인 참여로 이

1) NGO는 1950년 UN헌장 제71조의 규정으로 유엔 경제사회이사회에 대해 포괄적 협의자격(general status), 특수협의자격(special status), 명부협의자격(roster status)을 갖는다(박상필, 2005).

루어지고 자원주의에 입각하여 회원의 직접적인 수혜와 관계없이 공익 추구를 목적으로 하는 '시민단체'"와 같은 좁은 개념으로 사용되고 있다고 본다. 또한 시민의 자발적 참여, 회원가입의 비배타성, 자원활동에 의한 사업수행, 공익추구의 네 가지 조건을 충족시킬 때 NGO로 규정할 수 있다고 주장한다.

조희연(2000)은 한국시민사회와 시민운동의 역사적 특수성을 주목한다. 그는 NGO가 한국사회에서 주목받게 된 것은 1987년 6월 민주항쟁으로 시민적 활동 영역이 넓어지고, 권위주의 정권에 대해 비판하고 대응하는 세력이 다양한 요구를 실현하기 위한 주체적 활동에 대거 나타나게 된 것에 기인한다고 본다. 즉, 한국에서의 NGO는 시민운동, 사회운동의 부각과 함께 이루어졌기 때문에 "한국에서 사용하는 NGO라는 용어 속에는 시민·사회운동 단체를 지칭하는 특수한 합의가 있다"고 보고 있다.

이렇듯 한국에서 NGO라는 개념은 일반적으로 1987년 6월 항쟁으로 급속하게 성장한 다양한 '시민단체'들을 NGO와 같은 개념으로 보는 경우가 많다. 학자들의 논의를 바탕으로 NGO의 특성을 살펴보면, NGO는 정부나 시장과의 관계가 어떠한지, NGO가 추구하는 목적이 공익추구에 있는지, 조직의 목표와 운영상 민간부분의 자발성과 정치성의 유무에 따라서 규정됨을 알 수 있다. NGO는 첫째, 공공성을 목적으로 하는 비정부(민간)조직이고, 둘째, 시민들의 자발적 참여에 기초한 조직이며, 셋째, 임시조직이 아니고 지속적이고 공식적인 조직이라는 공통적 특징을 발견할 수 있다(조희연, 2000; 유영달, 2002).

2 시민단체(NGO) 및 시민운동의 발전

1) 시민단체(NGO)의 민중운동과 시민운동

한국 NGO의 발달과정을 살펴보기 위해서는 한국시민사회의 변화 과정을 살펴보는 것이 필요하다. 1987년 6월 항쟁은 한국시민사회의 발전에 커다란 획을 긋는 사건이었지만 그 전에도 NGO는 존재해 왔다. 한국 현대사의 흐름 속에서 NGO가 어떻게 변화되고, 발전되었는지를 파악하는 것은 한국 NGO의 특성파악을 위한 선행 요소이다.

1990년대 이전에는 NGO의 개념이 보편화되지 않았기 때문에 여기서는 NGO의 기반이 되었다고 할 수 있는 한국 민주주의와 사회운동의 흐름 속에서 시민사회단체의 변화와 성장과정을 살펴보면 다음과 같다(박원숙, 2001; 조희연, 2000; 조희연 외, 2001; 유영달, 2002).

첫째 시기는 해방부터 1961년 5·16 군사쿠데타에 이르는 시기로 한국전쟁을 거치면서 극우반공주의적 사회가 고착되어 가는 시기이다. 이 시기 시민사회단체들은 대중조직들이 관변화되고, 정부의 탄압으로 공식적 영역에서 사회운동이 소멸되면서 탈정치적, 비정치적으로 존립하게 된다.

둘째 시기는 1961년부터 1987년으로 개발독재와 권위주의 체제가 작동하는 시기이다. 이 시기는 독재주의에 대한 저항으로 사회운동의 구심력이 높아지고, 시민단체도 권위주의에 종속된 관변단체와 그것과 대립하는 민중운동, 그리고 탈정치화된 시민단체들이 혼재되어 존재하였다. 또한 1980년 전두환 정부 시대를 거치면서는 그동안 배제되었던 제도정치와 급진적 사회운동이 전면적으로 결합하여 국민적인 저항운동으로 발전하면서, 1987년 이후 민주주의 이행을 가능하게 하는 조건이 형성된다.

셋째 시기는 1987년 이후의 민주주의 이행기이다. 이시기는 자율적인 제도정치적 공간과 시민사회적 공간이 확장되면서 사회운동도 제도정치와 재야운동, 민중운동, 시민운동 등 다양하게 분화되었다. 1987년에서 1990년 초가 시민운동이 민중운동과 다른 정체성을 확보하면서 분리되는 시기라면, 1990년대 중반 이후는 시민운동이 더욱 확산되고 내부의 분화가 촉진되는 시기로 시민운동의 다원화 현상이 나타나고, 다양한 사회적 이슈를 가지고 영역이 확장되는 시기라고 볼 수 있다.

2) 1987년 이후 한국 시민단체(NGO)의 발달배경

앞에서 살펴본 정치적인 변화와 더불어 1987년 이후 한국 NGO를 급속하게 성장하게 한 경제·사회적 배경을 여섯 가지로 나누어 살펴볼 수 있다(유영달, 2002; 박상필, 2001, 2002, 2005).

우선 정치적 민주화로 인한 언론·출판의 자유, 집회·결사의 자유로 시민들의 권리의식의 성장을 들 수 있다. 권위주의 정권에 의해 억압 받았던 개인권리에 대한 의식이 높아지고, 국가의 정책과정 참여에 대한 욕구가 높아지면서, 가치를 공유한 시민들이 공동의 목적달성을 위해 각종 단체를 결성하게 되었다. 민주화로 인한 자율공간의 확대는 각종 NGO의 분출을 촉진했고, 권력 견제와 사회개혁에 대한 영향력을 확대해 갈 수 있었던 것이다.

두 번째는 1980년대 수출증대로 경제가 크게 성장하면서 NGO에 참여할 수 있는 중산층이 많이 양산되었다는 것이다. 일정한 교육·소득·시간적 능력과 여유가 있었으나, 독재정권하에서 침묵하고 있던 중산층이 민주화가 진행되면서 각종 NGO에 가입하여 적극적으로 활동하기 시작하였다. 또한 생활의 풍요는 인권·평화·환경·문화 등 탈 물질적인 가치에도 관심을 갖게 하였다.

세 번째는 1970년대와 1980년대 민주화운동 과정에서 많은 시민운동 지도자들이 배출되었다는 것이다. 독재정권하에서 민주화운동을 하던 인력들이 독재정권이 퇴진하자 각종 시민운동에 적극적으로 참여하였고, 그러한 경험을 바탕으로 국가의 억압과 제도를 극복하기 위해 끊임없이 헌신하면서 NGO의 활성화에 기여했다.

네 번째는 사회의 분화와 전문화가 확대되었다는 것이다. 사회적 기능과 가치가 분화되고, 개인의 요구가 다양해지면서 자신이 지향하는 가치를 표방하고 세력화하기 위해 각종 NGO가 결성되었다. 또한 이러한 사회변화로 나타난 계층별 갈등을 조정하고 대안을 제시하기 위해 각종 전문분야에서 NGO가 결성되었다. 따라서 NGO의 분야도 이슈를 중심으로 세분화되기 시작하였다.

다섯 번째는 지구화, 정보화, 지방화의 확대와 연관이 있다. 지구화로 국제교류가 활발해지면서 국제적 이슈에 대한 공동대응이 늘어나고 전화, 팩스, 인터넷의 발달은 NGO활동을 용이하게 했다. 또한 지방자치제의 실현으로 지방의 정체성과 경제, 문화의 중요성이 대두되면서 지역의 권리를 찾고 정체성을 강화하기 위한 소규모의 NGO도 늘어났다.

여섯 번째는 정부와 기업에 대한 불신이 커지면서 정부·정당·기업을 감시하여 사회개혁 추진을 위한 대안세력으로 NGO가 설립되고, 발달하게 되었다는 것이다.

위에서 살펴보듯 한국 NGO의 성장은 민주화로 이루어진 우리사회의 정치적 변화와 경제적 성장, 그리고 풍부한 인적자원 등의 토대를 바탕으로 급속하게 성장할 수 있었던 것이다.

3 자원봉사 주체로서의 시민단체의 의의와 기대효과

1) 자원봉사 주체로서의 시민단체의 의의

현대사회의 구조가 날로 복잡·다양해지는 가운데 개인의 삶의 질을 향상시키는 욕구가 커지면서 비정부기구인 각종 시민단체의 역할이 보다 중요하게 인식되고 있다. 선진국에서는 이미 오래전부터 여러 분야에 걸쳐 사회공동체에 내재된 불만과 갈등을 합리적으로 해소하고 있음은 널리 알려진 일이다.

과거에는 공공의 행정을 담당하는 정부의 역할과 각종 물품을 생산하거나 용역을 공급하는 기업의 역할만이 사회발전의 중요한 요소로 간주되어 왔으나, 현대사회에 접어들면서 정부와 기업, 그리고 제3의 영역으로서 시민사회의 역할이 매우 중요한 위치로 인정되고 있는 실정이다.

그 이유는 사회가 다양해지고 개인의 생활양식이 변함에 따라 정부나 기업의 역할만으로는 감당할 수 없는 분야가 많아지고 있기 때문이다. 이런 분야는 시민사회의 영역에서 경험적 실증으로 민간의 자율적·자발적 활동에 의하여 해결되는 것이 바람직한 것으로 입증되었다. 더구나 산업화 단계를 지나 후기산업사회, 정보화사회로 이행되면서 심화되고 있는 사회구성원들의 다양한 욕구와 갈등은 국가 공권력의 개입보다는 시민사회의 자율적 노력과 활동으로 해결될 때, 사회의 안정과 평화도 보장될 수 있다.

우리 사회는 1960년대 이후 급격한 경제발달에 따른 지역 간, 산업 간, 계층 간의 심각한 불균형과 사회환경에 큰 변화를 초래하였다. 특히 핵가족화의 경향으로 전통적인 가정의 기능 축소와 함께 복잡하고 다양한 사회문제가 사회의 발전이 거듭될수록 심각한 양상으로 나타나고 있다.

이러한 사회문제는 개인능력의 한계를 넘으면서 정부차원의 해결과 접근으로는 그 영역을 감당할 수 없으며 사회문제 발생에 따른 정부의 인식과 즉각적인 대응에는 한계를 드러내고 있다. 따라서 정부의 행정력이 미치지 못하는 부분과 그 부분에서 발생할 수 있는 문제들, 그리고 정부의 행정력으로 감당하기 어려운 부분은 시민들이 스스로 참여하여 해결할 수밖에 없다. 이것은 곧 우리 사회가 시민사회로 성장하기 위하여 꼭 필요한 과제라 할 수 있다. 민주사회의 발전은 사회구성원들의 공동체의식과 지역사회 주민들의 상호협조에 있으므로 시민의 자발적인 자원봉사에의 참여를 통하여 복지공동체가 성숙될 수 있을 것이다.

또한 시민단체의 활동은 다양하고 증대된 국민의 복지욕구를 충족하는 데 있어서 정부에만 의존하지 않고 시민단체의 상호협조 속에서 국민의 복지욕구를 충족시킬 수 있는 중요한 요소라 할 수 있다. 우리 사회의 소위 말하는 약자, 빈민, 장애인, 아동, 노인 등과 소외계층에 대한 보호와 대변·옹호를 위한 시민단체의 활동은 이들의 복지욕구를 충족시켜 계층 간의 위화감을 완화하고 지역사회에의 참여와 사회통합을 위한 중요한 역할을 담당하고 있다.

최근 시민단체 활동은 다양해져 자연, 환경, 공명선거, 교육, 아동, 청소년, 장애인, 여성, 문화, 종교, 부정부패, 인권, 보건, 의료, 방재, 금주, 금연, 에이즈 예방 등 시민생활과 직접 관련 있는 분야뿐만 아니라 의정감시, 사법감시, 행정개혁, 지방자치 등 국가적 과제에 이르기까지 다양한 주제를 다루는 시민단체의 활동이 전개되고 있다. 즉, 인간생활의 모든 영역에서 다양하고 활발한 자원봉사활동이 왕성하게 이루어지고 있으며 장차 이러한 활동은 더욱 증가될 것이다(지충남, 2006; 류기형 외, 2009; 이경훈, 2011).

2) 자원봉사 주체로서의 시민단체의 기대효과

시민단체에 대한 기대가 높아지고 있음에도 불구하고 이 영역의 실체와 특성, 역량이 무엇인가라는 질문에 대한 답은 그리 명확하지 않다. 그 이유는 비영리영역이 오랫동안 존재하여 왔고 그 역할이 중요하였음에도 불구하고 이에 대한 연구가 상대적으로 빈약하였기 때문이다. 또한 오늘날 세계는 전자통신과 교통의 발달로 도저히 감당하기 어려운 지구화시대를 경험하고 있다. 게다가 정부나 비정부 단체 등의 인권의 문제, 평화와 정의의 문제, 평등과 자유의 문제, 생존권과 복지의 문제, 종교와 신앙을 토대로 한 삶의 질 문제, 소수 약자와 난민의 권익 문제, 인구 증가와 환경훼손의 문제, 가난과 질병의 문제, 전쟁과 평화의 문제, 자연자원과 통치권의 문제 등의 여러 가지 긴박한 문제들을 다루고 있다.

UN은 이런 문제들을 상호 조정하고 해결의 실마리를 찾고자 노력을 하고 있으나 결국 각 나라 시민 한 사람 한 사람의 참여 없이 이루어질 수 있는 문제는 하나도 없다는 사실을 인정하고 있으며, 여기에 자원봉사를 통한 시민단체의 역할이 강조되고 있는 것이다.

이러한 의미의 시민단체 자원봉사활동은 그 자체가 사회공동체의 역할을 의미함으로 인해 다음과 같은 차원에서 기대효과를 가진다(윤석인, 2007).

첫째, 사회공동체의 약화를 방지한다. 현대사회는 개인의 생활이 복잡해지고 활발해짐으로써 생기게 되는 다양한 사회현상이 발생하게 된다. 이러한 점에서 사회공동체의 역할이 중요한 자원이 되는 시민단체의 자원봉사는 일차적으로 자원봉사활동을 통해 개인이나 집단을 도울 뿐 아니라, 사회 전체적인 면에서도 비공식적으로 사회공동체가 수행하였던 역할을 대신하여 사회적 통합과 안정을 유지시켜 줌은 물론 사회적 약자들의 사회적응을 돕고 일탈을 막는 데 도움을 제공한다.

둘째, 시민교육, 복지교육의 증진과 사회참여를 확대시킨다. 자원봉사활동은 과거 소수의 사회적 약자들만을 대상으로 실천되었으나 현재는 전 국민 모두의 전 생활과 전 생애를 대상으로 하는 복잡하고 다양한 기능을 하는 제도로 성장·발전하고 있다. 따라서 시민단체의 자원봉사를 통해 사회복지서비스 제공에 참여하고, 나아가 민주주의 실현 및 사회참여 정신을 증진시키는 계기도 되는 것이다.

셋째, 사회변동에 따른 새로운 욕구의 발생에 대처한다. 도시화, 산업화 및 핵가족화 등으로 인해 다양하고 새로운 사회적 욕구를 발생시키고 있다. 새로운 욕구에 대처하기 위해서는 기존의 사회적·제도적 장치로서는 어려움이 있다. 이러한 욕구를 자원봉사자들이 일정한 훈련을 받고 손쉽게 이들 욕구에 도움을 제공할 수 있어, 전문 사회복지 제고의 보완책으로서 중요한 역할을 수행한다고 볼 수 있다.

넷째, 자원봉사활동은 일반 시민들이 사회문제에 대한 새로운 인식과 문제의 발견을 위해 제도적·정책적 노력이 효과적으로 가능하도록 도와준다. 기존의 거대한 관료조직은 때로는 경직되어 신선한 자각과 인식이 결여되기가 쉽지만, 자원봉사활동을 통해서 이를 해결할 수 있다.

시민운동과 자원봉사활동을 비교·분석하면 다음 〈표 8-1〉과 같다.

〈표 8-1〉 **시민운동과 자원봉사활동의 구분**

구 분	시민운동(대변성을 중심으로)	자원봉사활동	비 고
이념성	참여민주주의 ± 진보주의, 신자유주의	자유민주주의 ± 보수주의, 신자유주의 무비판적	
목표	• 정부 및 기업에 대한 비판적 견제의 기능 • 협력과 파트너십 구축을 통한 새로운 사회발전 모색	• 사회의 복지화, 개인의 자아실현 등 • 지역생활 공동체 형성 또는 서비스 네트워크 구축	시민운동 〉 자원봉사활동
특성	공공성, 공익성, 자율성, 독립성, 다양성	공공성, 자발성, 지속성, 무보수성	대동소이
주제	종합성(사회적 이슈, 정치 사회제도적 문제)	종합적(생활단위의 사회문제 해결을 위한 프로그램 운영)	사회제도/생활문제
실천전략	• 로비 및 사회적 여론형성(사회적 아젠다) • 사회제도의 개선 → 서비스 활동(사람)	• 풀뿌리 운동, 국민들의 서비스 활동 확산(개별적 실천) • 서비스 활동(사람) → 사회제도의 개선(인간관계 중요시)	문제해결 접근방식 차이 사회적·구조적 / 서비스제공
활동양식	공청회 집회 및 시위, 캠페인, 로비, 언론활동 등	프로그램 참여, 교육훈련 친목모임 등	사회적/개별적
성과 기준	제도의 개선, 사회구조의 변화 정도	개인의 성장, 서비스 제공의 양과 질, 수혜자의 만족도	-
자원의 동원	민간자원(불특정 다수의 암묵적 지지, 언론, 교육, 홍보)	공공자원 + 민간자원(지역주민 등 표적화)	간접참여/직접참여
활동 주체	지식인, 전문가, 전문 활동가(상근자)	일반국민(시민), 기업, 전문활동가 등	간접참여/직접참여
회원참여 방식	재정후원 위주, 부분적으로 자문, 분과활동 등	재정후원 위주, 부분적으로 자문, 분과활동 등	선도성/대중성
회원참여 자세	전문성에 대한 자부심은 크나 역할에 대한 만족도가 적음	개별적인 헌신과 참여, 작은 일에도 만족도가 큼	질적 결합/양적 결합
자발성의 성격	이념적 의식성, 목적 의식성에 기초한 자발성	휴머니즘, 자아실현에 기초한 자발성	의식성/자연 발생성

구 분	시민운동(대변성을 중심으로)	자원봉사활동	비 고
회원에 대한 태도	소비자, 고객만족도 중요시, 개인 및 사회적 임파워먼트	생산자, 생산성 중요시, 개인 및 조직의 임파워먼트	
회원 간의 태도	이념 및 활동방향의 동질성을 중심으로 신뢰관계 형성	성실한 활동 및 상대에 대한 배려를 중심으로 신뢰관계 증진	이념적 관계/인간적 관계
회원의 역량	이론적 역량이 크나 상대적으로 실천역량이 부족	성실한 활동 및 상대에 대한 배려를 중심으로 신뢰관계 증진	
활동 프로그램	참여의 제한, 소재의 협소성	헌신성에 기초한 액션역량이 크나 상대적으로 이론 취약	
학습의 범주	사회학, 경제학 등 사회과학 위주로 학습	사회복지학, 관리방법론 등 기능적 측면의 학습위주	거시적/미시적
파트너십	이슈중심으로 시민사회단체의 지역 연대 활동, 정체성 강조	자원봉사단체 간 정부 및 기업과 일상적 협력 관계, 실용성	목표 및 당면과제의 차이
지도자의 역할	사회문제의 진단, 추적, 확산, 의식화, 대안제시 등	자원의 발굴 및 관리, 프로그램 개발, 민관 파트너십 형성	실천전략의 차이
재정	어려움/회원회비/후원금	어려움/회원회비/지방자치단체의 보조(센터)	독립성/의존성
상호에 대한 인식태도	• 자원봉사의 필요성 인정의 차원에서 적극적 도입 의지 • 사회구조적 접근을 하지 못하는 접근방식에 비판적	• 시민운동의 필요성은 인정하나 적극적 결합 의지 부족 • 준정당적 활동에 대한 우려 및 편견을 가짐	
성과	• 사회구조를 바꾸는 사회변화의 물꼬를 터줌 • 사회제도의 개선으로 풀뿌리 운동의 활성화에 기여	• 사회제도가 양택시킨 제반 문제점 보완 및 해결 • 주민들의 참여로 참여문화 발전 주민지도력 양성 및 강화	
한계	• 이슈중심의 활동으로 활동의 지속성 부족 및 중 정당화 • 시민의 결합력 부족으로 주민 지도력을 양성시키지 못함	• 사회문제의 본질적 해결보다 현상적 치유에 머무름 • 사회에 대한 총체성 부족으로 사회 정치적 역할이 부족함	

출처: 구자행(2005). 시민운동과 자원봉사활동의 연계·협력. 자원봉사관리자포럼. 한국자원봉사관리협회.

4 자원봉사로서의 시민단체 활동현황과 과제

1) 시민단체의 자원봉사활동 현황

우리나라의 시민단체는 선진국에 비하여 자원봉사자의 활동이 미약한 편이다. 현재 '시민 없는 시민운동'을 한다는 비판을 받고 있는 것과 같이 회원들은 단체 활동에 적극적으로 참여하지 않으며, 회원이 아닌 사람이 자원봉사활동에 참여하는 경우 또한 극히 드물다. 혹시 참여한다고 하더라도 자원봉사자의 대부분이 학생이고 그 중에서 6개월 이내에 그만 둘 확률이 40%로 중도 탈락률이 높다. NGO 내에서 자원봉사자를 전문적으로 관리할 수 있는 운영체계와 전문가도 빈약한 편이다(박상필, 2001). 즉, 여전히 많은 민간단체들이 상근활동가들의 역량에 의존하고 있으며, 비상근 자원봉사자들의 지원은 턱없이 부족한 실정이다(박원숙, 2001).

민간단체에 활동하는 자원봉사자의 규모에 관해서는 정확히 조사된 바는 없지만 볼런티어 21(2005)자료에 의하면 우리나라 만 20세 이상 성인의 20.5%가 지난 1년간 자원봉사활동에 참여한 적이 있다고 응답하였으며, 이들이 참여한 자원봉사활동 기관을 살펴보면 사회복지단체(39.9%), 종교단체(24.5%), 공익민간단체(8.2%), 성인취미단체(3.0%), 문화예술단체(2.7%), 노동조합(3.0%), 청소년단체(1.2%), 국제기구(1.5%) 등으로 나타나 각종 시민단체에서 활동하는 자원봉사자의 비중이 높다. 물론 시민단체의 개념을 광범위하게 적용한다면, 우리나라 자원봉사자 인구의 상당부분이 시민단체에 소속된 활동가로 보인다.

그러나 시민단체를 대상으로 자원봉사활동을 분석한 통계자료나 연구자료가 미약하여 정확한 현황을 분석하기가 어렵지만 기존에 연구(이강현, 1999; 황창순, 2001; 정일선·장덕희, 2010)를 중심으로 살펴보면, 시만단체에서 자원봉사프로그램을 별도로 기획하여 운영하지 못하는 경우가 많고, 자원봉사관리 담당자가 지정은 되어 있으나 다른 주요 업무를 맡고 있어 적극적인 노력을 기울이기 힘들어 실제 자원봉사자 관리와 활용이 원활하게 이루어지지 않는다고 한다.

시민단체의 활동영역 가운데 상대적으로 자원봉사자의 참여가 활발한 부분은 '이사회·위원회 활동'인 반면, '단체의 행정지원', '정기적 프로그램', '이벤트성 프로그램'에의 참여는 저조하였다. 이사회 및 위원회 활동에는 분야별 전문가, 대학교수, 변호사 등이 참여하여 정기적으로 활동에 참여하고 있었다. 행정지원 업무의 내용은 자료번역·신문스크랩·회보편집 및 발송 등이었고, 주로 대학생·주부·청소년들이 참여하여 주 1~2회, 1회 4시간 활동하는 경우가 많고 활동기간은 1달에서 1년까지 다양하다. 단체들마다 행정지원을 위한 자원봉사자를 모집하고 있으나 관리가 되지 않아 중간에 탈락하는 경우가 많다. 모니터링, 상담, 클럽 및 캠프지도자 활동 등의 상설 프로그램의 자원봉사자 역시 대학생과 주부층이다.

이러한 결과로 보아 민간단체 역시 주요한 인적 자원 중의 하나로 여성을 들 수 있다. 경상북도 여성단체에 대해 연구한 정일선·장덕희(2010)의 연구에 따르면 지역의 여성단체의 10개 중 3개 기관은 단체의 사무공간이 없으며, 상근인력은 평균 0.3명이며, 연간 예산규모는 70% 이상의 기관이 1,000만 원 미만인 것으로 나타났다. 여성단체 활동 내용은 단체의 성격과 유형과 관계없이 불우이웃을 돕는 자원봉사활동의 비중이 가장 높고, 다음은 교육문화 활동, 시민운동, 조직관리사업 등으로 유사한 양상을 나타냈다.

자원봉사활동의 경우는 대부분 지역을 거점으로 하는 독거노인이나 소년소녀 가장세대를 중심으로 하는 지역거점 재원서비스 등의 일회성 사업이 대부분을 차지하나 단체에 따라서는 결연사업 등을 통해 사업의 지속성을 보완하려는 움직임도 보였다. 따라서 이러한 민간단체의 사업은 지방정부의 접근성을 보완해 주고, 지역성 특성을 기초해 실시되고 있기 때문에 수혜 대상자의 불안감을 줄일 수도 있고, 그들의 환경을 정확하게 파악할 수 있는 장점이 있어 대상자에게 맞는 맞춤형 서비스도 실시할 수 있다. 따라서 이러한 민간단체의 자원봉사활동은 주요한 사회복지자원이 될 수 있다고 본다.

2) 시민단체 자원봉사의 과제

시민단체 자원봉사의 과제는 사회복지자원과의 연계, 조직의 역량 및 전문성 강화, 시민과의 관계구축을 통한 자발적 참여의 강화, 재정기반 확충, 홍보사업의 강화와 국제화 등을 들 수 있다(금창호·권오철, 2006; 윤석인, 2007; 정일선·장덕희, 2010; 이경훈, 2011).

(1) 사회복지자원과의 연계

사회복지서비스에 있어 다양한 형태의 민간의 참여는 복지대상자들과 그 가족의 삶의 질을 향상시키는 데 중요한 역할을 한다. 사실상 정부나 지방자치단체의 사회복지서비스는 법령과 규정 등에 의거해 집행되기 때문에 상황의 변화에 민감하게 대응하기가 어려우며 복지서비스 대상자의 적격성 여부를 파악하는 데 일정시간이 소요되는 한계가 있다.

반면 시민단체의 서비스는 아동, 청소년, 노인, 장애인, 여성, 저소득가정, 빈곤 등으로 그 대상이 다양하고, 대상선정에 있어 사회적 변화를 반영하는 융통성과 신속함이 있다. 특히 지역에 기반을 둔 시민단체의 활동은 지방정부의 사각을 보완하는 역할을 담당하고 있다. 즉, 시민단체는 사회복지서비스의 사각 및 소외지역을 자원봉사활동을 통해 발굴하여 여론화함으로써 사회문제 해결에 기여할 수 있다. 노숙자, 외국인 노동자, 결혼이주여성, 윤락여성, 아동학대 등 공식적인 정책의 대상이 되기 이전에 민간 사회복지 주체가 이를 대처하여, 공적인 문제로 인식시켜 대응하게 하는 자극제가 될 수 있다.

따라서 시민단체의 자원봉사활동을 사회복지자원으로 연계하기 위해서는 지방정부와 시민단체 간의 특성을 살린 역할분담이 필요하다. 먼저 시민단체의 역할로는 수요처 발굴과, 단체의 목적에 부합되는 서비스 개발, 대정부 압력, 지역

주민들에 대한 사회복지관련 의식교육 등이 요청된다.

다음으로 지방자치단체는 시민단체의 자원봉사활동 인력과 사업 내용을 관리·조정하는 자원봉사조정자의 역할을 한다. 이를 위해 자원봉사자 정보관리시스템을 구축해야 한다. 지역의 자원봉사센터와 연계하여 수요자와 공급자를 연결시켜주는 자원봉사조정자의 역할을 담당하도록 하고, 회원들의 자원봉사활동에 대한 기본적인 교육을 실시하며, 무엇보다 재가복지사업에 필요한 인적자원의 교육, 교통비, 식대 등의 실비에 대한 재정적인 지원방안도 모색한다.

(2) 조직의 역량 및 전문성 강화

시민단체는 우리사회의 강력한 시민사회가 존재하지 못하고 있는 환경을 변화시키고 만연되어 있는 모든 사회 영역에서의 부실화를 감시·감독하는 세력으로서 성장·발전해 나가야 한다. 그러기 위해서는 사회 전반의 경제적 상황을 분석하고 여건 변화에 따른 사업의 방향을 조정하고 프로그램을 개발하여 전개하는 기민성과 조직의 역량을 통해 정부의 경쟁적 행위자로서 활동해 나가야 한다. 또한 자원봉사자를 효율적으로 동원할 수 있고, 장기적인 재원조달 방식안을 기획할 수 있는 인적자원의 확보가 필요하다. 그럼으로써 시민의 욕구를 정확하게 파악하고 적절한 대안을 제시할 수 있으며, 정부의 정책결정 과정에 효과적으로 참여하는 동등한 입장에 설 수 있을 것이다.

(3) 시민과의 관계구축을 통한 자발적 참여의 강화

우리사회에서 시민단체의 역할과 힘이 커지고 있지만 활동의 주체가 되는 일반시민의 참여가 저조하다. 따라서 시민단체의 활동이 적극성을 띠고 활발한 활동을 하는 데 어려움을 겪고 있다. 이는 사회참여에 대한 우리사회의 피해의식이 강하게 작용하고 있는 것으로 보인다. 일반시민들에게 보다 자연스럽고 친근하게 다가설 수 있도록 실생활과 밀접하게 관련되어 있는 보편적이면서 공감대를 형성할 수 있는 활동프로그램을 더욱 강화하여야 한다.

(4) 재정기반 확충

시민단체의 활성화에 큰 애로점으로 작용하는 것 중의 하나는 재정이다. 지방의 경우 시민단체에 대한 지원은 거의 없는 실정이다. 명망성이 있는 중앙단체 같은 곳에서 지역의 시민단체와 네트워크를 구성해서 연대하는 것도 필요하지만 그보다도 더 선행되어야 할 것은 시민단체에 대한 지방자치단체의 지원이다.

이러한 재정적 지원에는 「시민단체지원법」과 같은 관련법의 제정으로 이루어질 수 있는데 반드시 시민단체의 독립성과 자율성을 보장해 주는 범위 내에서 이루어져야 한다. 그리고 재정적 지원의 투명성과 공정성을 확보할 수 있고 단체활동의 공익성을 평가하는 일종의 인증제도 등이 제도적 보완도 뒤따라야 할 것이다. 그리고 이러한 직접적인 재정 지원은 일시적일 수 있고 장기적으로 볼 때는 바람직하지 않을 수도 있다. 따라서 시민단체의 활동을 위해 회비나 후원금을 내는 경우 세금감면과 같은 혜택을 주고 현재의 ARS시스템을 방송국과 정당에만 허용하지 말고 시민단체에도 허용해 줄 필요가 있다.

(5) 홍보사업의 강화와 국제화

시민단체의 활동에 대한 일반인들의 인식과 이해가 매우 부족한데 이는 참여의 저조와 관계가 있다. 따라서 홍보사업을 통한 시민단체활동에 대한 이해를 높이고 일반인의 인식변화를 통한 적극적인 참여를 유도해야 한다. 그러한 방법으로 시민단체에서 하는 활동을 소개해 주는 텔레비전, 라디오, 신문방송 등의 언론을 통한 홍보사업이 강화되어야 한다.

그리고 우리나라 시민단체들의 활동을 세계에 알리려면 각 단체의 국제화도 필요하다. 에이즈문제나 외채문제, 다국적 기업문제 등의 국제적인 이슈들에 대해서도 적극적인 참여와 활동의 전개가 필요하다.

참고문헌

구자행(2005). 시민운동과 자원봉사활동의 연계·협력. 자원봉사관리자포럼. 한국자원봉사관리협회.

금창호·권오철(2006). 지방의회와 시민단체간 발전적 관계정립 방안. 한국지방행정연구원.

류기형 외(2009). 자원봉사론. 경기: 양서원.

박상필(2001). NGO와 현대사회. 서울: 아르케.

박상필(2002). NGO와 정부 그리고 정책. 서울: 아르케.

박상필(2005). NGO학－자율·참여·연대의 동학. 서울: 아르케.

박원숙(2001). 한국시민 발전을 위한 고민과 대안. 포럼시민사회. 시민운동을 위한 대토론회 자료집. 시민운동기금.

유영달(2002). 시민단체(NGO)와 정부 및 시민간의 발전관계에 관한 연구. 대전대학교 박사학위논문.

윤석인(2007). NGO와 자원봉사. 한국자원봉사단체협의회.

이강현(1999). 시민단체의 자원봉사 활용방안. 새천년 한국시민사회의 비전. 한양대학교출판부.

이경훈(2011). 비영리민간단체(NPO) 구성원의 조직시민행동에 관한 연구. 고려대학교 대학원 박사학위논문.

정일선·장덕희(2010). 경상북도 여성단체 활성화 방안. 연구보고서. 경북여성정책개발원.

조희연 외(2001). NGO가이드-시민·사회운동과 엔지오 활동. 한겨레신문사.

조희연(2000). 성공회대 NGO총서. NGO란 무엇인가. 서울: 아르케.

지충남(2006). 지방정치와 엘리트 시민사회단체 주민참여. 경기: 한국학술정보.

황창순(2001). 자선적 기부와 자원봉사. 국제기부문화 심포지움 자료집. 아름다운 재단.

CHAPTER 09

자원봉사교육 및 봉사학습

1 자원봉사교육

자원봉사를 처음 시작하는 봉사자들은 봉사를 하는 데 필요한 준비가 되어있지 않을 수 있다. 그들은 자원봉사활동의 성격이 어떤 것인지, 어떤 의의를 가지고 있는지에 대해 막연한 생각을 갖고 있는 경우가 많고, 서비스 이용자의 필요에 적절하게 대응할 수 있는 기능적 숙련성도 준비되어 있지 않은 경우가 대부분이다. 따라서 자원봉사자에 대한 교육과 훈련은 자원봉사활동에 있어 중요한 과정이 된다.

자원봉사교육을 통해 자원봉사활동에 대한 동기를 강화하고, 자원봉사활동의 사회적 의미를 이해할 수 있도록 도와주며, 자원봉사자가 수행해야 할 업무에 기술적으로나 심리적으로 적합하도록 준비시키는 것은 매우 중요한 일이다(서울시개발연구원, 1995).

1) 자원봉사교육의 개념

효과적인 자원봉사활동을 위해서는 반드시 자원봉사자들의 능력개발과 활동에 대한 사전교육과 준비가 필요하다. 자원봉사교육을 통해 기관과 자신의 역할을 이해하고 전반적인 자원봉사활동에 대한 지식을 습득하여 활동을 준비할 수 있으며, 이와 같은 교육은 계속적인 자원봉사활동의 기초가 된다(조휘일, 1998).

자원봉사교육은 자원봉사자에게 자원봉사활동과 가치에 대한 개념과 자원봉사활동에 필요한 지식과 자원봉사자의 자세나 태도를 습득시키며, 자원봉사활동에 대한 동기를 강화하고 그 활동의 사회적 의미를 이해할 수 있도록 도와주며 자원봉사자가 수행하게 될 업무에 기술적으로나 심리적으로 적합하도록 준비시키는 과정이다(류기형·황인옥, 2000).

자원봉사교육은 일반적으로 기본교육과 실무교육으로 나누어진다. 기본교육은 업무를 시작하기 전에 실시하는 교육으로 자원봉사에 대한 일반적 소개, 시설의 목적·정책 등에 대한 소개, 클라이언트에 대한 이해를 증진하기 위한 오리엔테이션 등으로 이루어진다.

2) 자원봉사교육 내용

자원봉사교육을 실시할 때에는 다양한 자원봉사자의 특성과 학습능력을 고려하고 기관의 교육적 목표가 반영되며 자원봉사자의 자발적인 참여를 유도할 수 있어야 한다. 이와 함께 자원봉사관리자에 대한 정기적인 교육이 이루어져야 한다.

(1) 자원봉사센터에서 이루어지는 자원봉사교육

자원봉사센터는 매월 정기적으로 자원봉사교육을 성인교육과 학생교육으로 나누어 실시하고 있다. 또한 지역사회의 요청에 따라 학교나 공공기관에 나가 찾아가는 자원봉사교육을 실시하기도 한다. 교육하고 있는 주된 내용은 자원봉사의 참여방법, 자원봉사의 어원, 자원봉사자의 정체성, 자원봉사활동의 특성, 자원봉사 참여 동기에 대한 분석, 자원봉사의 필요성 등이다(안양시 자원봉사센터, 2012).

(2) 시설·기관에서 이루어지는 자원봉사교육

면접이나 배치 후 조직과 자원봉사활동에 대한 교육을 실시한다.

① 오리엔테이션(orientation)

자원봉사자들이 특정한 업무를 시작하기에 앞서 기관의 철학과 연혁, 운영목적, 구조, 절차와 기관고유의 문화, 서비스 이용자, 자원봉사활동 프로그램에 대한 이해를 갖도록 하는 기초교육과정이다. 이와 함께 자원봉사자가 실제로 활동해야 할 지역과 장소에 대한 상세한 설명을 통하여 자원봉사활동이 원활하게 이루어지도록 해야 한다. 오리엔테이션에서 실시되어야 할 주요 사항은 다음과 같다.

- 기관의 연혁과 조직, 사명 주요사업에 대한 안내
- 관련 직원 소개와 시설소개
- 봉사활동에 참여할 프로그램과 서비스 이용자들에 대한 설명
- 기관과 지역사회 및 타 기관과의 유대관계
- 자원봉사 업무 역할 분담 및 역할 수행에 따른 지침
- 보고 및 평가 방법
- 자원봉사활동에 따른 혜택(김동배, 2010)

② 직무교육

특정한 자원봉사활동업무에 대해 이해를 도와주고 봉사활동 수행에 필요한 지식과 기술을 익힐 수 있도록 하는 교육이다. 직무교육의 주요내용에는 자원봉사 서비스 이용자에 대한 이해와 프로그램에 따른 지식과 기술이 포함되어 있다. 프로그램을 주관하고 있는 관리자와 경험이 있는 자원봉사자의 실제경험을 바탕으로 한 교육이 중요한 영향을 끼친다.

③ 재교육

현재 활동 중인 자원봉사자들의 기능을 강화하고, 전문성을 높이기 위한 교육으로 자원봉사자들의 정보파악, 자원봉사자들 사이의 유대감 형성, 소속감 강화를 통한 사후관리에 중점을 두고 실시한다. 이러한 교육을 통하여 봉사활동이

지속적으로 진행될 수 있도록 동기를 부여한다(조휘일 외, 2009).

3) 초·중·고등학교에서 이루어지는 자원봉사교육

청소년기는 자아정체성이 정립되는 시기이며 도덕성이 형성되는 시기이다. 자아정체성과 도덕성은 사회문화적 환경 속에서 학교의 교과과정과 다양한 과외 체험활동을 통해서 발달된다. 그러므로 자아정체성과 도덕성을 통합시킬 수 있는 청소년기에 사회접촉의 기회를 가질 수 있는 자원봉사활동은 청소년의 건전한 성장발달을 지지하기 위해 반드시 필요하다. 청소년의 자원봉사활동은 청소년의 인성발달측면에 바람직한 영향을 미친다(김동배, 2010). 탈산업사회에 진입하여 점차 혼란이 가중되고 있는 우리나라의 사회문화, 교육현실 속에서 청소년 교육에 대한 새로운 대안이 제시되었다.

1995년 5월 31일 당시 교육부는 세계화와 정보화 시대를 주도하는 신교육체제 수립을 위한 교육개혁 방안을 발표하였다. 이 방안은 청소년의 비행과 탈선이 증가하고 있는 문제와 입시위주의 암기교육과 획일적인 평가체제로 인하여 개인의 특성과 다양성이 무시된 채 규격화된 인간만이 양성되고 있는 점을 지적하고 있다. 특히, 핵가족화로 인한 가족구조의 변화와 여성의 사회진출 증가로 인해 가정교육 기회가 감소됨에 따라 전통예절과 기초질서 교육, 인간관계 형성기회가 부족하여 청소년 범죄가 증가하고 있다고 보고하였다. 이러한 문제를 해결하기 위하여 인성과 창의성을 기르기 위한 교육이 강화되어야 한다고 주장하였다. 이를 위하여 학교 급별에 따라 체계화된 인성교육이 실시되어야 하고 도덕, 윤리교육을 실천중심의 교육으로 개선하여야 한다고 하였다. 학생의 모든 활동사항을 종합생활기록부에 기재하여 관리하는 것을 의무화하고, 상급학교 진학 시 전형자료로 사용하도록 하는 방안을 제시하였다.

이에 국·공립대학은 입학 전형 시 필수 자료로 종합생활기록부를 사용하여 학생을 선발하고, 사립대학은 초·중등교육의 정상화, 국민의 사교육비 부담 축소 등의 원칙하에 학생선발 기준과 방식을 자율적으로 정하여 학생을 선발하도록 하였다.

종합생활기록부제는 1996학년도부터 초·중등학교의 전 학년에 동시 실시되었고 1998학년도까지는 과도기적으로 기존 생활기록부와 새로운 종합생활기록부를 함께 사용하여 학생선발 전형자료로 사용하였으며, 1999학년도부터는 종합생활기록부만 사용하였다.

우리나라 학생 자원봉사활동은 이와 같은 배경을 바탕으로 1996년도부터 실천위주의 인성교육 방안으로 관심을 받게 되었다. 이후 교육과학기술부는 2011년 1월 5일, '창의·인성 교육기본방안'을 발표하였고 그 실천 방안으로 초·중등교육에서 부터 고등교육까지 모든 교육 단계에서 학생들의 자원봉사활동 참여를 강조하였다.

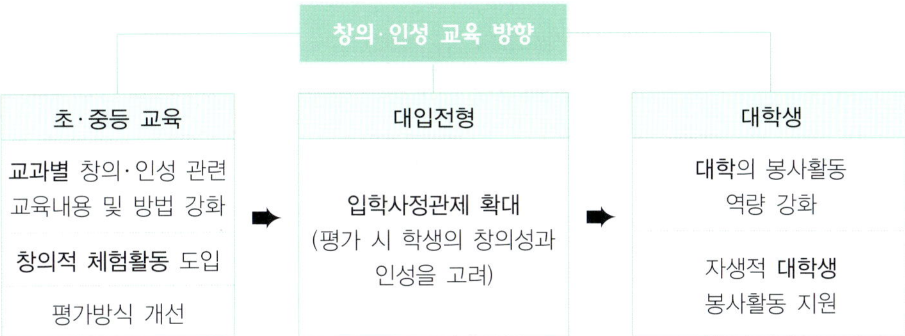

출처: 김병주(2012). 자원봉사활동 진흥을 위한 제2차 국가기본계획의 방향, 재인용.

[그림 9-1] 창의 인성교육 방향

2012년 현재 학생자원봉사활동은 창의적 교육과정[1] 영역에 속해 있으며 각 영역별 구체적인 활동은 학생과 학교 지역사회의 특성에 맞게 학교에서 선택하

1) 교육과학기술부 고시 제2009-41호(2009.12.23)의거 자율활동, 동아리활동, 봉사활동, 진로활동 영역으로 구성.

여 융통성 있게 운영할 수 있다.

(1) 초등학생의 자원 봉사

1997년부터 초·중·고 교과서에 자원 봉사내용이 게재되었고, 초등학생들도 자원봉사활동에 참여하게 되었다.

7차 교육과정이 2002년도부터 실시되었고, 이때부터 초등학교 전 학년에 걸쳐 봉사활동이 지도되었다. 학생 봉사활동 활성화 방안을 수립하고 세부 추진 계획을 세워 민간단체와 합동으로 학생 봉사활동 지원 네트워크 구축을 추진하고 지역교육청에 학생봉사활동 정보 안내 센터 설치·운영을 추진하였다. 이를 통하여 다양한 봉사활동 정보를 지속적으로 탑재하여 봉사활동 희망 학생과 봉사활동 터전을 연결하는 역할을 추진하였다. 또한 지역별 자원봉사센터와 지역교육청·각급 학교 봉사활동 지원 체제를 구축하여 학생봉사활동 프로그램 개발 지원 및 DB화를 진행하였다(경기도교육청, 2002).

교육행정정보시스템(NEIS)의 시행을 대비하여 새롭게 달라진 학교생활기록부에서는 봉사활동 영역을 일손돕기활동, 위문활동, 캠페인활동, 자선구호활동, 환경·시설보전활동 등으로 나누었다(경기도교육청, 2005).

초등학생 봉사활동의 목표는 봉사활동의 의미를 이해하고, 타인을 돕는 일에 적극 참여하여 공동체 의식을 함양하며, 삶의 보람과 자신의 가치를 인식하는 데 있다. 초등학교의 경우에 학생들의 본격적인 봉사활동 실천을 지도하기보다는 봉사정신과 태도를 기르는 데 중점을 두고, 주로 교내 및 학교 주변을 중심으로 봉사활동을 하도록 하고 있다(서울시교육청, 2012).

일부 관심 있는 교사들에 의하여 초등학생의 봉사활동이 추진되고 있으나 이는 봉사정신 함양을 위한 체계적인 학습접근 방식이기보다는 학생들 스스로 실천을 통한 학습을 갖기를 바라는 교육적 바람에 근거하고 있다. 그리고 실천현장에서는 봉사담당기관의 무성의한 푸대접에 의하여 학생들에게 혐오감이나 회

피 등의 부작용을 낳고 있으며 아동에게 자원봉사에 대한 구체적인 내용과 방법들을 설명해 주는 기회가 거의 없고, 체계적이고 구조화된 봉사 프로그램 또한 부족한 것으로 보고되었다(강향미, 2000).

교사들도 초등학생의 자원봉사활동이 필요하다고 동의하고 있으나 봉사활동의 지도방법과 교육에 대한 지식과 기술이 부족함을 인식하고 있었고 가외업무라는 부담을 안고 있었다. 해당 시·도의 교육청과 각 학교의 적극적인 후원하에 자원봉사 담당교사들에 대한 지원이 이루어져야 할 것이다.

어려서부터 경험하는 자원봉사활동은 남을 보살피고 돕는 행동을 자연스럽게 배우게 되므로 아동과 청소년에게 타인의 행복과 평안에 대한 관심을 높여주고, 사회공동체 의식을 일깨워주는 경험을 제공한다는 점에서 '인간다움과 인간 존엄'을 길러주는 유용한 교육방법으로 제시되어 왔다(김중대, 1999).

인간존엄과 관련하여 자원봉사활동을 하고 있는 초등학생의 생명존중의식을 연구한 결과, 학년이 낮을수록 생명존중의식이 높게 나타났으며, 여학생이 남학생보다 더 높은 것으로 나타났다. 그리고 자원봉사활동을 1년 동안 정기적으로 실시한 초등학생집단이 그렇지 않은 집단보다 생명존중의식이 더 높은 것으로 보고되었다. 한편 초등학생들 중 자원봉사활동을 지속적으로 실시하고 있는 아동은 자원봉사참여 내용과 부모님의 자원봉사활동 경험 유무, 자원봉사활동 필요도, 자원봉사활동이 필요한 주된 이유, 자원봉사활동 시 효과적인 조직, 자원봉사활동 시 장애 요인, 자원봉사활동에 계속 참여할 의사 등에 대해 높은 인식을 갖고 있는 것으로 나타났다(한인실, 2005).

초등학생들은 자원봉사활동에 있어 1~4학년의 경우에는 교내 봉사활동, 자연환경보호활동에 대한 강조가 높은 반면, 지역사회봉사활동에 대한 강조는 미흡한 것으로 나타났다. 5~6학년의 경우에도 교내봉사활동, 자연환경보호활동과 마찬가지로 지역사회봉사활동이 보다 강조되어야 한다는 연구가 보고되었다(이광우·이미숙, 2012). 초등학생 자원봉사활동지도 시 이와 같은 아동 자원봉사활동의 특성을 고려하여 충분한 사전교육이 있어야 하고, 그 특성에 적합한 프로그램을 진행하여야 할 것이다.

초등학생의 경우에는 특히 교과학습, 생활지도 등 모든 영역에서 교사의 관심과 지도, 평가가 필요하다. 초등학생의 지속적이고 효과적 자원봉사활동을 위한 학부모와 교사, 학교의 역할은 다음과 같다(이경희·강문희, 2003).

첫째, 학교차원의 봉사활동 계획이 수립되어야 하며 지도교사의 인솔이 필요하다.

둘째, 아동의 봉사활동에 대한 이해를 돕기 위해 아동과 학부모에 대한 사전교육이 실시되어야 한다.

셋째, 아동이 활동할 활동터전과 연계협력 조정작업이 필요하다.

넷째, 봉사활동 현장에 아동인솔 및 현장활동 안내지원이 실시되어야 한다.

다섯째, 평가 및 지속적 관리가 실시되어야 한다.

여섯째, 학내의 특별활동 시 특성별 봉사활동의 장려나 상장수여 등으로 보다 활발한 봉사활동이 되도록 유도해야 한다.

다음 자료를 통해 초등학교 자원봉사활동에 대한 학교와 지도교사의 철저한 계획과 지도가 초등학교 자원봉사활동 현장에서 어떻게 실행되고 있는지 알아보기로 한다.

〈표 9-1〉 **초등학교 자원봉사활동 계획서**

2012. 행복 나눔 효 섬김 동아리 활동 계획

샛별초등학교

1. 목적

학생들에게 지역사회와 연계한 효 봉사활동을 전개하여 자율적 도덕성의 기초를 확립하게 하고 섬김과 사랑의 삶을 체험하게 하여 실천 중심의 인성교육으로 더불어 사는 올바른 인성을 함양하고자 한다.

2. 방침

가. 실천적 효 체험활동을 통해 효율적이며 진정한 봉사활동이 될 수 있도록 사전 교육을 실시한다.
나. 지역사회에 관심을 가지고 참여하여 사회적 책임감을 함양한다.
다. 타인을 배려하고 사랑하는 공동체를 위한 환경을 조성한다.
라. 실천위주의 인성교육을 강화하고 다양한 현장체험학습 경험을 제공한다.
마. 봉사활동의 정착을 위한 학교의 교육적인 지도를 강화한다.

3. 세부추진계획

가. 『행복 나눔 효 섬김 동아리 봉사단』 조직 운영
  1) 운영 기간 : 4월~12월, 매주 금요일 오후 (학급별 방과 후 탄력적 시간 운영)
  2) 운영 대상 : 3~6학년 희망 학생 전원 (희망조사서를 배부하여 추천)
  3) 운영 방법
    가) 방문 장소 : ○○○경로당, △△△경로당, □□□경로당
    나) 운영 내용
      (1) 주 1회 방문하여 봉사활동 및 위문공연을 추진한다.
      (2) 활동 영역 : 장기자랑, 안마해 드리기, 말 벗 되어드리기 등
      (3) 활동 결과 처리 : 사진 및 활동 보고서 작성
나. 활동 시 유의점
  1) 봉사활동 시 지도교사 동행 및 안전지도를 철저히 한다.
  2) 활동 전 사전지도를 철저히 하여 학생들이 봉사의 의미를 잘 파악하도록 지도한다.
  3) 봉사활동 결과를 생활기록부에 입력하여 봉사활동 시수를 확보한다.

4. 기대효과

가. 섬김 실천 중심의 인성 교육으로 사랑, 공경, 우정의 실천 의지를 내면화할 것이다.
나. 타인 배려 및 더불어 사는 공동체 의식과 민주시민의 기본적 자질이 함양될 것이다.
다. 봉사활동의 실천으로 서로 협력하는 태도 및 지역사회 발전에 이바지하는 태도가 배양될 것이다.

출처: 샛별초등학교 창의인성교육부.

〈표 9-2〉 **초등학교 동아리 자원봉사활동 계획서**

학년반	3-O	동아리명	샛별 3-O 효 섬김 동아리
일 시	9월 7일 금요일 2시~3시		
장 소	OOO 경로당		
준비물	리코더, 멜로디언, 플룻, 태권도 도복 등		
참가자	구OO, 김OO, 남OO, 서OO, 손OO, 이OO, 정OO, 채OO, 나OO, 서OO, 조OO, 권OO, 최OO, 김OO, 방OO		
활동 순서	• 첫인사 1. 전체 공연 : 리코더 연주-옥수수 하모니카, 산바람 강바람 2. 조OO, 김OO, 최OO : 태권도 시범 3. 남OO, 구OO : 가을 바람(멜로디언, 리코더) 4. 김OO, 채OO : OO, 리코더 합주-어머님 은혜 5. 김OO : 태권도 6. 서OO : 바둑이 방울(멜로디언) 7. 전체공연 : 아리랑 노래 8. 서OO : 강남스타일(춤) 9. 즐거운 퀴즈 시간 : 나OO, 정OO 10. 안마해 드리기, 이야기 나누기 • 끝인사		
활동 방법	1. 경로당에 가서 학급의 섬김 동아리를 소개한다. 2. 학급에서 준비한 미니공연을 한다. 3. 미니공연이 끝나면 안마도 하고 이야기도 나눈다. 4. 끝인사를 하고 주변 정리를 깔끔하게 한 후 귀가한다.		
유의 사항	1. 규칙과 질서를 지켜 안전하게 이동한다. 2. 어른들께 예의를 갖춰 인사하고 행동한다. 3. 공연 시 시끄럽게 하지 않으며 주변 정리를 깔끔하게 한다. 4. 활동이 끝난 후 교통규칙을 지켜 안전하게 귀가하도록 지도한다.		

출처: 샛별초등학교.

〈표 9-3〉 **초등학교 자원봉사활동 보고서**

효 섬김 동아리 활동 보고서

학년 반	3학년 ○반
이 름	○○○
일 시	9월 14일
장 소	○○○ 경로당, ○○○ 경로당
활동 내용	우리반과 3학년 ○반이 함께 섬김 동아리 활동을 했다. 섬김동아리 활동은 할아버지, 할머니께 조금이라도 웃음을 드리고 효를 실천하는 활동이다. 우리 반은 ○○이의 요요쇼, ○○이, ○○, 내가 준비한 마술쇼, 바이올린 연주, 리코더 합주 등을 준비 했는데 ○반은 우리반보다 조금 더 많이 준비해서 난 깜짝 놀랐다! 언제 그렇게 많이 연습했는지. 하지만! 우리 3학년 ○반도 열심히 준비했기 때문에 난 우리반이 자랑스럽다. 과연 할아버지, 할머니들께서도 즐거우셨을까? 섬김동아리.. 4학년 때도 해야지!
활동을 마치며	열심히 노력해서 좋은 성과를 냈으니까 내 자신이 자랑스럽고 뿌듯했다. 또 멋지게 공연을 마친 친구들에게 고맙게 느껴진다.
내가 생각하는 효는	마음으로만 실천하지 말고 행동으로 실천하자.

출처: 샛별초등학교.

이 초등학교 사례를 살펴보면 학교차원에서 '더불어 사는 인성교육 함양'이라는 교육목적을 가지고 학생들의 자원봉사활동을 계획하고 사전 교육을 실시한 것을 알 수 있다. 그리고 담당교사의 지도와 인솔하에 지역사회에서 지속적으로 효 섬김 봉사를 실시하고 있다.

자원봉사활동에 참여했던 어린이는 활동보고서를 쓰면서 먼저 자원봉사활동 서비스를 받은 '할머니, 할아버지들께서 즐거우셨는지?'를 궁금해 하고 있다. 그리고 '내 자신과 우리 반이 자랑스럽고 친구들이 고맙다'라는 느낌을 기록하였으며 앞으로도 봉사활동을 할 것을 자신에게 약속하고 있다. 자원봉사활동을 통하여 어린이에게 타인을 배려하는 마음과 자아존중감, 공동체의식이 더욱 함양된 것을 알 수 있다. 그리고 이 어린이는 앞으로도 자원봉사활동을 할 것을 계획하고 있어, 한층 성장된 모습으로 자원봉사활동에 임할 것이라는 기대감을 갖게 한다.

학교차원의 철저한 봉사활동 계획 수립과 담당교사의 지도가 초등학교 어린이들이 지역사회에서 지속적으로 자원봉사활동을 할 수 있게 하였고 '더불어 사는 올바른 인성'을 길러주는 교육목적이 달성되게 한 것을 알 수 있다.

(2) 중학생의 자원봉사교육

1997년부터 중학교 교과서에도 자원봉사내용이 게재되었고, 각 시·도 교육청별로 봉사활동 연구·시범학교를 지정·운영하여 학교에서의 봉사활동이 정착되도록 노력하여 왔다. 또한 '체험중심 인성교육 선도학교'를 지정하고 '1교사 1봉사그룹활동' 등을 전개하여 학교 봉사활동 제도화를 위해 노력하였다.

중학교에서는 학생 봉사활동이 완전히 자발적으로 이루어지기는 힘들지만 어느 정도의 봉사활동 실천은 가능하다. 따라서 봉사학습의 개념에 입각하여 학교에서 안내, 지도된 활동을 중심으로 실천하도록 하고, 학교 내외뿐만 아니라 지역사회의 공공기관에까지 활동 영역을 확대하는 것으로 되어 있다.

중학생들의 자원봉사활동 시간은 고입 내신 성적에 필수적으로 반영되고 있는데, 봉사활동 시간은 15시간 내외를 실시하도록 권장하고 있다(경기도교육청, 2009, 2012; 서울특별시교육청, 2012).

〈표 9-4〉 **고입 봉사활동 내신 성적 반영 점수**

고입 봉사활동 내신 성적 반영	
봉사활동 시간	점수
연간 15시간 이상	8점
연간 12시간 이상~15시간 미만	7점
연간 10시간 미만	6점

출처: 서울특별시 교육청(2012). 자원봉사활동 매뉴얼.

중학생들의 자원봉사활동 시간은 고입 내신 성적에 필수적으로 15~20점[2)]이 반영되고 있는데 봉사활동이 상급학교진학 시 성적에 반영되면서부터 중학생의 봉사활동 참여가 급격히 증가하였다. 그러나 대다수의 학생들이 사전에 충분한 배경이나 이해 없이 자원봉사활동에 나서기 시작했다. 특히 중학생들은 내신 성적 획득을 위해 주말이나, 방학기간 동안에 각 지역의 사회복지기관·시설, 관공서, 파출소, 심지어 군부대까지 자원봉사활동을 하기 위하여 돌아다니게 되었다. 봉사활동에 참여한 학생들의 60% 이상이 학교성적에 반영되기 때문에 봉사활동에 참여한다고 대답하였다(유옥자, 2004; 최봉현, 2005; 경기도교육청; 2012; 서울특별시교육청, 2012).

"봉사활동에 앞서 사전교육이 있었는가?"에 대한 질문에 중학생들은 "학교에서 봉사활동에 대해 잘 알려주지 않는 편이다"에 약 85%가 응답하였다. 이와 같은 결과를 통해 학교교육 현장에서 사전교육이 이루어지고 있지 않거나 학생들에게 교육내용이 의미 있게 전달되지 못했다는 것을 알 수 있다. 중학생 봉사활

2) 서울 15점, 경기도 20점.

동에서 개선되어야 할 사항으로 기관의 배려 42%, 사전·사후교육 41%, 안내업무의 체계화 11%, 봉사분야의 다양화 6%를 꼽았다(이혜영, 1997; 최봉현, 2005).

비록 중학생들이 적극적으로 자원봉사활동에 참여하기에는 열악한 환경이나, 한국 청소년 패널 조사(KYPS: 2003년~2008년)에서 얻은 중학교 2학년 때부터 대학교 1학년 때까지의 종단연구를 분석한 결과 우리나라 청소년들은 중학생 때 가장 많은 자원봉사활동을 하는 것으로 나타났다. 이들은 자원봉사활동을 통하여 부모애착과 친구애착, 그리고 자아관과 관련된 자기 신뢰 면에서 긍정적으로 변화된 것으로 보고되었다(허성호·정태연, 2010).

중학생들이 느낀 자원봉사의 긍정적인 측면은 학교생활 중의 보람 있는 경험, 봉사정신의 함양, 단체생활의 경험, 건전한 인격 형성에 도움, 지역 및 사회발전에 기여 등으로 응답하여 자원봉사활동의 필요성과 중요성을 인정하였다(최봉연, 2005). 이와 같은 연구결과를 통하여 중학생 시기의 자원봉사활동은 자신을 신뢰하고 건전한 인격형성에 도움을 줌으로 매우 중요한 활동임을 알 수 있다.

자원봉사가 중학생에게 미치는 긍정적인 영향을 높이기 위한 개선방안은 첫째, 학교차원에서 지역사회의 시설·기관 등과 연계하여 원활한 자원봉사활동처를 제공하여야 하고, 둘째, 철저한 사전교육과 준비가 선행되어야 하고 사후관리가 진행되어야 한다. 셋째, 교사의 지도와 다양한 형태의 프로그램개발이 실시되어야 한다.

다음 사례를 통하여 충실한 사전교육과 사후관리가 중학생들의 자원봉사활동에 어떠한 영향을 미치는지 알아보도록 한다.

〈표 9-5〉 **충실한 사전교육으로 원활한 봉사활동이 실시된 사례**

'날개 없는 천사팀' 과 '햇살나눔봉사반' 이 프로그램 실시 전 받은 교육 내용

1. 학교 자체 교육 실시: 전체학생을 대상으로 학기 초에 1회 외부복지관 담당자 연계 실시(학교와 가까운 복지관)
2. 교육복지실 봉사반 자체 실시: 담당교사가 준비한 자료와 월드비전 협조 동영상 자료로 실시
3. 프로그램이 연계된 OO노인복지관 실시: 발마사지 실시 전 자원봉사 기초교육 실시

출처: 양동중학교 교육복지상담부.

〈표 9-6〉 **동아리 등록 신청서**

2013학년도 동아리 등록 신청서

- 동아리명 : 햇살나눔봉사반
- 목　　적 : 청소년들이 할 수 있는 봉사활동 영역을 찾아 실천하며 이웃에 대한 나눔 및 봉사활동을 생활화함으로써 자신의 인격적 성장과 발달뿐 아니라 지역사회 내 청소년 봉사단체로 자리매김한다.
- 지도교사 :

상기 동아리를 등록하고자 소정의 서류를 갖추어 신청하오니 승인하여 주시기 바랍니다.

OOO년 O월 O일

동아리 대표 3학년 O반 O번 이름 : OOO (인)

첨 부 : 1. 지도교사 승낙서 1부
2. 회원 명부 1부
3. 활동계획서 1부
4. 예산계획서 1부
5. 활동실적서 1부

출처: 양동중학교 교육복지상담부.

〈표 9-7〉 햇살나눔봉사반 활동 실적

활동일정	활동내용	연계기관	운영 및 평가
2007. 3~ 2013 현재	어르신 안마, 메뉴큐어 칠해드리기, 마사지(팩)	○○○○	어르신들을 위해 학생들이 할 수 있는 일이 청소 외에는 없을 줄 알았는데 어르신들은 아이들을 너무나 기다리셨고, 정기적인 방문만으로도 어르신들에게는 기쁨이 되는 것 같다. 집에서 안 쓰는 메뉴큐어나 팩을 챙겨가서 해드릴 때는 생각 외로 너무나 좋아하셨고 그 과정에서 학생들이 느낀 뿌듯함은 더 컸던 것 같다.
중략			
2008. 3~ 2013 현재	교내, 지역공원 쓰레기 줍기 ○○○○정기 방문, 설거지 봉사(1회 이후 중단)	○○ 노인복지관	한 학기 동안 봉사단원들과 청소년 봉사활동 영역을 넓히기 위해 다양한 활동을 수행하였다. 노인복지관의 설거지 봉사활동은 지속적으로 하고 싶었으나 중학생으로서의 한계를 느낀 활동이었다. 어르신 자리 안내, 바닥청소, 설거지까지 업무를 나눠 학생들 나름대로 열심히 노력은 하였으나 체계가 잡혀있는 복지관의 운영에는 학생들의 투입이 운영에 차질을 가져왔나 보다. 1회 활동 이후 기관에서 난색을 표시해 중단된 활동이었다. 힘든 활동이었고 열심히 했다며 이후에도 지속적으로 임할 마음을 가지고 있었던 아이들에게 봉사활동이 봉사자의 마음만 가지고 진행되는 게 아니라 상호간에 도움이 되어야 한다는 전달을 하며 마무리한 경우였다. 청소년의 특성을 이해하고 청소년이 가진 강점을 살려서 활동할 수 있도록 교육적 차원에서 함께 고민해 보는 게 필요하다. 아쉬움이 남는 활동이었다.
2008. 7~ 2013 현재	독거어르신 사랑의 케이크 배달, 롤케이크 배달	○○ 자원봉사 센터	방학 동안 진행할 활동을 학생들 스스로 찾아보고 동아리원들끼리 상의해서 결정하도록 요청했다. 정보를 찾으면서 지역사회 내 복지기관들에 대해 알게 되었다고 하며, 본인들이 할 수 있는 봉사활동을 스스로 정하고 계획했다. 지역사회 독거어르신들을 위한 생일케이크 배달이었는데 어르신들을

활동일정	활동내용	연계기관	운영 및 평가
			위한 노래와 춤도 함께 준비했다. 더운 여름에 케이크를 배달하는 것이 상당히 힘들었다고 하며 그 과정에서 잘 따라주지 않는 동아리 구성원들도 활동을 마치고 나니 혼자서 하기는 힘들었던 활동이었다는 것 등의 사후 평가가 있었다. 추운 겨울 도시락 배달 봉사보다 더운 여름이 더 힘들었다고 한다.
중략			
2009. 2~ 2013 현재	연탄배달 (ㅇㅇ동)	연탄배달 은행	학생들의 겨울방학 활동의 일환으로 ㅇㅇ동으로 연탄배달을 가게 되었다. 중학생들이 하기에는 너무나 버거운 활동이었지만 성인들과 함께 어울리면서 과분한 격려를 받았으며 배려를 배우는 뜻깊은 자리였다. 성인봉사자들이 중학생들이 활동을 나온 것에 대해 놀라움을 많이 표현해줘서 학생들이 상당히 고무된 듯하며 자신들의 활동과 동아리에 대한 자부심을 가지게 된 것 같다. 활동이후 학생들은 일회적이 아닌 정기적인 활동을 했으면 좋을 것 같다고 했으며 연탄 하나의 가격이 저렴한 것에 또한 그 한 장으로 겨울을 나는 가정이 있다는 것과 연탄 한 장의 소중함을 알게 된 좋은 활동이었다고 했다. 앞으로 겨울 정기 활동과 함께 연탄모금 활동을 하면 좋을 것 같다는 의견도 나온 활동이었다.

〈표 9-8〉 지도교사 일기

봉사반을 꾸리면서 힘든 활동 하나 하나를 헤쳐 나가면서 조금씩 성장해가는 우리 햇살지기들을 볼 때 가장 뿌듯함을 느낍니다. 처음에는 햇병아리들처럼 아무것도 모르고 힘들다고, 배고프다고 응석부리던 친구들이 어느새 활동을 스스로 계획하고 동아리원들을 서로 챙기고 하는 모습에 이제는 좀 더 큰 그림을 그릴 수 있겠구나 하는 생각이 듭니다.

지역사회에서 책임감과 성실성이 약한 중학생 봉사자들을 환영하지 않는 분위기 속에서 활동을 할 수 있도록 설득하고, 활동을 개척해 나가는 것은 참 어려운 일이었습니다.

아직 본교의 햇살나눔봉사반의 활동이 미약하고 앞으로 만들어 나갈 일들이 많지만 현재의 활동을 할 수 있게 된 것은 봉사반을 담당하고 지원하며 지역사회와 소통을 쉽게 하는 사회복지사가 학교 내에 상주하고 있기 때문이 아닐까 생각해 봅니다. 또한 교육복지 사업을 통한 활동예산 확보도 아이들이 봉사활동을 원활하게 할 수 있는 매개가 되었다고 하겠습니다. ○○○○어르신들의 유람선 타기 소원을 중학생들의 입장에서는 들어주기 어려운 게 사실입니다. 하지만 아이들의 마음과 학교의 지원이 어느 정도 된다면 학생들의 활동을 통한 교육적 효과는 작은 예산의 몇 배의 효과가 있을 것입니다.

실질적으로 지역 복지관에서 학생들의 봉사를 탐탁지 않게 여기는 이유 중에 하나도 지역 내 모든 중학교 학생들이 봉사시간 이수라는 것 때문에 많은 학생들이 한꺼번에 몰려오는 것이 있기 때문입니다. 이러한 현실 속에서 학생들이 정기적으로, 기본적인 교육과 지역사회의 체계적 봉사시스템을 함께 공유하면서 배워 갈 수 있는 봉사의 기틀을 제공하는 것은 중학생 청소년들의 바람직한 자원봉사를 만들어가는 과정이라고 생각합니다.

출처: 양동중학교 교육복지상담부.

이 중학교의 사례를 보면 학생들은 자원봉사활동을 시작하기에 앞서 세 번에 걸쳐 사전교육을 받은 것을 알 수 있다. 이후 학생들은 동아리를 결성하여 등록하고 자원봉사활동을 시작하였다. 지역사회기관에서 중학생 자원봉사를 달가워하지 않는 상황에서도 5년여의 기간 동안 지속적으로 자원봉사를 할 수 있는 것은 학생자원봉사활동에 대한 학교 측의 적극적인 지지 가운데, 교육복지상담부를 중심으로 한 지도교사와 지역사회전문사회복지사의 지도가 있었기에 가능한 것이다. 학생들의 자원봉사활동에 대해 교육복지상담부 주임지도교사는 "학생들이 행복한 활동"이 되기 위해 노력한다고 이야기하였다. 이러한 지원과 격려가 어려운 환경 속에서도 중학생 자원봉사활동이 깊이 뿌리를 내리게 하는 원동력이 된 것을 알 수 있다.

(3) 고등학생의 자원봉사활동

고등학생의 자원봉사활동은 고등학생이 자신의 정신적, 육체적 자원을 활용하여 고등학교 교육과정에 의한 봉사학습을 수행하며, 자발적인 의도로 타인이나 사회를 위하여 계획을 가지고 무보수로 일정한 기간 동안 지속적으로 봉사활동을 수행하는 것을 의미한다. 자원봉사자는 이를 통하여 보람과 재미를 느끼고, 자신이 가진 재능이나 소질을 발견하며 자신이 살아갈 공동체적 삶의 영역을 체험함으로써 자아존중감과 인성을 형성해 가는 일련의 활동이라고 할 수 있다(박성복·김규희, 2008).

김동배·조학래(1997)는 봉사활동이 청소년의 자아정체성 및 도덕성 등의 인성적 측면의 발달에 매우 긍정적 영향을 주었으며 이러한 효과는 6개월 이후에도 계속 지속되는 것으로 보고하였다. 이와 더불어 건전한 여가활동으로 활용, 의미 있는 삶의 계기, 새로운 경험과 기술습득의 기회, 대인관계의 중요성 인식, 사회구성원으로서의 책임감과 자각 등의 도움을 주는 것으로 나타났다.

서울시교육청(2009)이 제시한 청소년자원봉사활동의 목적은 '봉사활동의 의미를 이해하고, 타인을 돕는 일에 적극 참여하여 공동체 의식을 함양하고 삶의 보람과 자신의 가치를 느끼는 데 있다'이다. 고등학교에서의 자원봉사 지도 방안은 자발적인 봉사활동을 권장하고, 지역사회의 다양한 부문으로 활동 영역을 확대하고 특히, 학생들에게 자신이 장차 선택하려는 진로 영역과 관련하여 봉사활동을 실천하도록 지도함으로써, 진로 선택에 도움을 얻을 수 있도록 한다고 되어 있다.

교육과학기술부(2011)는 창의적 체험활동 교육과정은 교과 이외의 활동으로서 교과와 상호보완적 관계에 있으며, 앎을 적극적으로 실천하고 나눔과 배려를 할 줄 아는 창의성과 인성을 겸비한 미래지향적 인재양성을 목적으로 하고 있다고 하였다. 고등학교의 창의적 체험활동에서는 학습자의 다양한 욕구를 건전한 방법으로 유도하고, 원만한 대인관계를 형성하며 진로를 선택하여 자아실현에 힘쓰도록 하는 데 중점을 두고 있다.

한편 이성철(2004)은 청소년 자원봉사교육의 목적이 사회성 증진, 지도성 개발, 헌신적 실천에 있다고 하였다. 사회성 증진과 지도성 개발이 중·고등학생 모두에게 요구되는 덕목이나 특히 지도성 개발은 고등학생들에게 더 요구 된다고 하였다. 고등학교 시절에 학습된 지도성 개발은 대학에 들어와서 더욱 깊이를 더하여 사회적 지도력을 형성시키는 데 기본이 된다는 것이다. 그래서 대학

입시에서는 사회성의 정도와 함께 지도성의 정도를 대학입시에 반영시킬 필요가 있다고 주장하였다.

고등학생들을 대상으로 한 청소년의 자원봉사활동과 리더십생활기술과의 관계를 연구한 결과 고등학생들이 자원봉사를 함으로써 인간관계기술과 자기이해기술 등이 이루어지는 것으로 나타났다(조혜연, 2005). 청소년자원봉사가 리더십생활기술에 영향을 미치는 것으로 보고된 점은 매우 의미 있는 결과로 자원봉사활동이 실제 청소년의 진로에 긍정적인 영향을 주고 있음을 알 수 있다.

자원봉사의 만족도 면에서는 자원봉사활동 참여형태 중 동아리 형태의 참여자들이 만족도가 높은 것으로 나타났고, 업무인식도가 유의미한 영향을 주는 것으로 나타났다(조혜연, 2005; 김영옥, 2007). 이는 자원봉사활동에 배치되기 전 자원봉사자들이 자신이 해야 할 일에 대해 인식하는 것이 만족도를 높일 수 있다는 것으로 자원봉사자들이 수행해야 할 구체적인 내용을 중심으로 이루어진 사전교육이 필요하며 개인보다 집단형태의 자원봉사가 이루어져야 한다는 것을 의미한다.

박성복·김규희(2008)는 자원봉사활동의 활성화와 자아존중감을 증진시키기 위하여 첫째, 봉사활동 전담사무실을 교내에 설치하여 학부모, 학교, 지역사회 봉사수요처, 지역사회봉사센터와 연계하여 자원봉사활동을 체계적으로 지도하고, 둘째, 자원봉사프로그램이 자원봉사자들의 능력과 발달과업에 적절하게 개발되어야 하고, 봉사자의 참여와 의사결정을 거쳐 자발적으로 참여되어야 한다고 제언하였다.

고등학생 자원봉사활동을 연구한 결과들을 종합해 보면 이들의 자원봉사활동이 비록 입시를 준비하는 과정의 하나로 타의에 의해 시작되었다고 볼 수 있으나, 이 봉사활동이 고등학생의 인격형성에 매우 바람직한 영향을 주고 있는 것을 알 수 있다. 그리고 고등학생들이 자원봉사활동을 통하여 교육과정 속에서 제시되고 있는 교육목표에 근접하였다고 평가할 수 있다.

다음 고등학생자원봉사의 예를 통하여 담임교사의 관심과 지도가 고등학교 자원봉사활동에 얼마나 큰 영향을 미치는 가를 알아보기로 한다.

〈표 9-9〉 교사의 관심과 지도로 30년 이상 맥을 이어 오고 있는 자원봉사활동

홀트 구두닦이 안내

안녕하세요.
홀트반을 맡은 1학년 11반 담임 ○○○입니다.
올해도 변함없이 덕원의 전통을 1학년 11반이 이어가겠습니다. 아시는 바와 같이 홀트반은 선생님들의 구두를 닦아서 번 수익금을 불행하게 태어난 아이들을 위한 사회복지법인 홀트아동복지회에 기부하는 봉사활동을 하고 있습니다. 부족하지만 저희 11반 학생들이 정성껏 닦고 광내겠습니다. 많이 성원해 주시길 바랍니다.
그리고 저희 반 학생들이 찾아뵙고 성원을 부탁드린다는 말씀 올리겠습니다. 따뜻하게 맞아 주셔서 용기를 북돋아 주셨으면 합니다. 혹, 학생들이 찾아오지 않더라도 서운하게 생각 마시고 참여 희망을 저에게 콜로 알려주시면 고맙겠습니다.

안녕하세요.
홀트반 담임 ○○○입니다.
1년 동안 선생님들께서 적극적으로 협조해 주셔서 아이들이 봉사의 어려움과 기쁨을 동시에 얻을 수 있지 않았나 싶습니다. 부족한 점이 많은 아이들에게 바쁘신 중에도 지도와 후원해 주신 점 감사드립니다.

- 구두닦이와 세차 비 : 512,000원
- ○○○선생님 후원 비 : 26,000원
- 총 : 578,000원

홀트복지재단에 잘 전해 드리겠습니다.^^
....

☞ 1학년 11반 홀트 후원 활동

11반이 홀트 재단과 인연을 맺기 시작한 때는 1980년부터이다.
당시 담임선생님이셨던 ○○○선생님이 용돈을 줄여 홀트 아동 복지재단의 아이 한 명씩을 후원하자고 제안하셨고 학생들이 흔쾌히 응하면서 시작되었는데 처음에는 교실 뒤에 후원함을 마련해 놓고 등교시간에 돈을 내는 식이었다. 모인 돈을 들고 주말에 직접 장애아동보호소로 가서 기부를 했고 이들의 안타까운 처지를 보고 난 학생 중에는 회수권을 후원금으로 내고 집까지 걸어가는 친구도 있었다고 한다.
1년이 지나고 후원이 끝나가자 안타까운 마음에 고민하던 학생들은 후배에게 대물림하자고 의견을 모았고 후배들의 동의를 얻어 계속 이어지다가 2~3년 뒤 한 선생님이 차라리 선생님 구두를 닦아서 후원금을 직접 벌어보자고 제안을 해서 그때부터 구두닦이의 전통이 이어지고 있다고 한다.
11반은 현재 32년째 홀트 재단을 후원하고 있고 여름에는 고국을 방문하는 입양인들의 방문 프로그램 중 홈스테이(한국가정 민박)를 담당하여 지원하고 있다.

출처: 덕원여자고등학교.

〈표 9-10〉 **학생들이 구두닦은 값 확인표**

상 하단 생략

번	이름	담당선생님	요일					계
14	서○○	이○○	화금	6(5/30)	6(7/18)	6(10/31)	6(12/22)	24
15	선○○	허○○	월목	6(6/9)	6(7/18)	6(11/6)		18
32	최○○	지○○	화금	6(6/3)	6(6/18)	6(9/25)	6(11/25)	24
33	최○○	지○○	화금	6(6/11)	6(11/21)	6(11/21)	6(11/21)	24
34	편○○	최○○	화금	6(5/20)	6(11/20)	6(11/25)		18
35	피○○	추○○	화금	6(7/18)	6(7/18)	6(9/30)	6(11/14)	24

계: 12월 22일 512,000.
출처: 덕원여자고등학교.

〈표 9-11〉 **단체봉사활동 확인서**

<table>
<tr><td>학년/반</td><td colspan="7">1학년 11반</td></tr>
<tr><td>시작일자</td><td colspan="3">2008년 4월 1일</td><td>종료일자</td><td colspan="3">2008년 12월 22일</td></tr>
<tr><td rowspan="4">참가자
명 단</td><td>번호</td><td>이 름</td><td>봉사시간</td><td></td><td>번호</td><td>이 름</td><td>봉사시간</td></tr>
<tr><td>1</td><td>고○○</td><td>8</td><td></td><td>39</td><td>이○○</td><td>8</td></tr>
<tr><td>2</td><td>김○○</td><td>16</td><td></td><td>40</td><td>이○○</td><td>24</td></tr>
<tr><td colspan="7">중략</td></tr>
<tr><td>활동영역</td><td colspan="7">일손돕기, 위문활동, 지도활동, 캠페인활동, 자선구호활동,
환경시설 보전활동, 지역사회개발활동, 환경정화활동, 기타 중 택일</td></tr>
<tr><td>활동내용</td><td colspan="7">구두닦이 및 세차하기</td></tr>
<tr><td>장소 또는
주관기관명</td><td colspan="7">덕원여자고등학교</td></tr>
<tr><td>시간</td><td colspan="7">총 ( ) 시간</td></tr>
<tr><td>확인</td><td colspan="7">지도교사 : (인) 덕 원 여 자 고 등 학 교 장</td></tr>
</table>

이 고등학생 자원봉사에 관련된 기록들을 살펴보면 30여 년 전 용돈을 모아 불우이웃을 돕자는 담임교사의 제안에 학생들이 동의하면서 자원봉사활동이 시작된 것을 알 수 있다. 해를 거듭하면서 꾸준히 진행된 자원봉사활동은 전통으로 이어져 내려갔고, 학생들은 자신들이 교내에서 할 수 있는 수익사업을 펼쳐 모은 기금을 기부하는 방식으로 자원봉사활동을 전환하였다. 이와 같은 자원봉사활동이 해당 학급에 30년 이상의 전통으로 뿌리 깊게 살아있는 것은 매우 의미 있는 일이다. 학생들의 자원봉사에 대한 담당교사의 관심과 사후관리를 통한 지도, 학교 측의 배려가 얼마나 큰 결실을 맺을 수 있는가를 알게 해주는 좋은 예이다.

2 봉사학습으로서의 대학사회봉사

인문사회과학과 자연과학에 관한 미지의 영역을 탐구하여 진리를 발견하고 이를 활용하여 인류사회의 발전과 사회구성원들의 인간다운 삶을 실현하는 데 기여해 온 대학이 사회를 위해 봉사하는 것은 대학의 소명 중에 하나가 되었다.

대학의 이러한 봉사는 대학이 가지고 있는 능력과 자원을 대학 외부세계로 투입하는 과정이라고 설명할 수 있다. 따라서 대학봉사활동을 '자원봉사'보다는 사회성과 공익성이 강조되는 '사회봉사'로 불리는 것은 이러한 활동이 시민사회를 이끌어 나가야 하는 대학의 의무이자 공동체 건설의 핵심이기 때문이다(김통원, 2004).

1) 우리나라 대학사회봉사가 활성화된 환경적 요인

(1) 지역사회문제 접근에 대한 인식의 일치

우리나라 대학사회봉사는 1990년대 고도경제시대를 맞이하여 사회문제가 급증하면서 대학의 사회봉사가 필요하다는 인식과 이에 동참하려는 관계자들의 의식변화가 일어나면서 발전하기 시작하였다. 또한 삼성사회봉사단의 후원으로 1996년 5월에 이루어진 대학 총·학장과 관계자들의 미국 사회봉사연수가 대학 사회봉사의 기틀을 마련하는 계기가 되었다고 할 수 있다.

(2) 한국대학사회봉사협의회의 조직

한국대학사회봉사협의회가 1996년 7월에 창립되어 각 대학별로 산발적으로 운영해 오던 자원봉사프로그램이 상호 연계되고 정보교환을 할 수 있도록 조직화되었다. 대학사회봉사협의회의 조직화를 통하여 그동안 대학이 소홀히 여겨 오던 사회봉사활동에 관심을 갖게 되었다.

(3) 5·31 교육개혁 조치와 사회봉사

중앙일보에서 1994년에 시작한 자원봉사캠페인은 자원봉사활동을 우리나라 일반 국민들에게 높게 인식시키는 데 기여한 사업이라고 할 수 있다. 이 캠페인은 교육부에서 실시한 5·31 교육개혁 조치와 함께 중·고교생들을 자원봉사활동에 의무적으로 참여시킴에 따라 자원봉사라고 하는 씨앗을 청소년들에게 심는 계기가 되었다. 이후 각 시·도에 청소년자원봉사센터와 시·군·구의 종합자원봉사센터가 설립되면서 자원봉사활동을 통하여 민·관이 상호 파트너십을 유지하는 관계를 갖게 되었다. 이러한 중·고생들의 의무적인 자원봉사는 사회봉사에 관심이 있는 대학의 의식변화에 자극이 되었으리라고 보여 진다(김범수, 2000).

대학에서는 한양대학교 등 일부대학이 1995년 1학기에 사회봉사 학점제를 도입하여 시행하였고(장현, 1997), 현재는 전국 220여 개 이상의 대학이 사회봉사 교과과정을 운영하고 있다(한국대학사회봉사협의회, 2012).

(4) NGO의 부상과 사회봉사

NGO(Non-Governmental Organization)란 공식적, 비공식적으로 조직된 국제 또는 국내에서 활동하는 민간의 비정부조직으로 주로 국경을 초월하여 활동하는 단체를 말한다. NGO는 정부라고 하는 거대조직에서 접근하기 어려운 각종 사회문제에 대하여 적극적으로 접근하고 해결하는 제3섹터(민간의 자발적인 영역)라는 점과 앞으로 많은 인력들이 진출할 수 있는 시장으로서도 가치가 있기 때문에 대학의 관심이 높아졌다고 할 수 있다.

(5) 대학종합평가

우리나라 대학의 사회봉사가 활성화된 주요한 요인은 제1주기[3] 대학종합평가와 관련이 있다고 할 수 있다. 제1주기종합평가는 교육, 연구, 사회봉사, 교수, 시설·설비, 재정·경영의 6개 영역으로 구분되어 있고, 사회봉사 영역에 35점, 교수의 사회봉사가 4점, 학생의 사회봉사 2점, 사회봉사활동을 지원하기 위한 행정체계 2점으로 구성되어 있다. 이에 대한 점수를 달성하기 위하여 대학 내에 여러 형태의 사회봉사 관련 기구들이 조직되었다. 타의적이기는 하지만 대학에 사회봉사 관련 기구가 설치되는데 대학종합평가가 차지한 비중은 매우 높다고 할 수 있다(김범수, 2000).

2011년 정부는 대학 기관평가와 정보공시 영역에 사회봉사를 포함시켰다. 이는 대학이 대학생 봉사활동의 중요성을 인식하는 계기가 되었을 뿐만 아니라 우리나라 대학과 대학생들의 사회봉사활동 현황을 거시적인 관점에서 살펴볼 수 있는 계기를 마련하였다.

2010년 대학 정보공시(대학 알리미)에 등록된 자료를 분석한 결과 사회봉사영역 공시에 참여한 대학은 79%였으며, 사회봉사 주무부서는 학생과, 교무처, 취업복지과 등 다양하게 나타났다. 이들 대학 중 28.1%의 대학이 사회봉사단 또는

3) 김범수는 1996년 9월 17일 ~ 2001년 9월 16일을 1주기로 봄.

사회봉사센터를 운영하였다. 사회봉사교과목을 개설한 대학은 59%였으며, 교과목 외 프로그램을 진행하는 대학은 54.2%에 이르렀다. 교과목 외 프로그램은 헌혈, 연탄 나르기, 해외봉사 등 매우 다양하며, 최근 대학들이 가장 관심을 갖는 프로그램은 해외봉사로 나타났다(이수진, 2010).

3 봉사학습

대학사회봉사활동은 중·고등학교의 봉사활동이나 일반 사회봉사와는 달리 학문연마라는 대학의 특성과 연계되어 전개된다는 점에서 구별된다. 대학의 봉사활동은 체험학습이며 현장학습이고, 대학의 연구활동과 연계되어 전개된다는 것이 특색이다. 어느 특정 분야뿐만 아니라 사회과학, 자연과학, 공학, 의학 등 각 분야에서 자신의 전공과 연계하는 것이 가능하다(백선희, 2004).

1) 봉사학습의 정의

봉사학습은 1980년대 이후 미국에서 교육개혁의 일환으로 도입되어 급속한 증가를 보이고 있다. 지역사회 봉사활동을 통해 가치를 배우고 시민참여라는 기술을 습득하는 것을 미국대학교육의 새로운 목표로 정하고, 1985년에는 전국 규모의 대학 총장 모임인 Campus Compact가 결성되어 봉사학습을 지원하고 있다. Campus Compact 회원으로 1998년 575개 대학이 참여했고, 2004년에는 미국 내 950개 이상의 대학이 참여하고 있다. 이 중 410개 대학 중 98%의 대학이 봉사학습과정을 운영하고 있으며 대학 내 봉사에 참여하는 학생비율은 2001년의 33%에서 2004년에는 40%로 증가하였다. 봉사를 포함한 교과목을 개설 운영하는 전임교수의 비율도 2000년의 14%에서 2004년에는 40%로 급증하였다. 또한 교원의 임용과 업적 심사에 봉사학습과 지역사회 대상 연구를 포함하는 학교가 2000년의 12%에서 2004년에는 32%로 증가하였다.

아시아에서는 UBCHE(United Board for Christian Higher Education)에 참여하는 기독교 대학을 중심으로 일본과 홍콩 등 여러 나라에서 봉사학습을 적용하고 있다. 또한 SLAN(Service Learning Asia Network)이라는 아시아 지역 네트워크를 구성하여 협력을 도모하고 있다(이윤로·김나영, 2006, 재인용).

우리나라 대학은 1995년도 1학기부터 일부대학을 중심으로 사회봉사를 정식과목으로 채택하여 실천과 교육을 중심으로 한 봉사학습이 시작되었다. 대학 사회봉사 기능을 활성화하는 데 있어서 봉사학습 교과목의 운영과 관련된 문제는 대학 사회봉사의 질에 직접적인 영향을 미칠 수 있는 매우 중요한 과제이다. 사회봉사를 정규과목과 결합하는 것이 교육적 효과를 높일 수 있다는 사실이 기존의 연구 결과를 통해 입증된 바 있어 봉사학습의 중요성이 더욱 강조되고 있다(원미순, 2005).

봉사와 전공을 연계하는 봉사학습은 사회복지학, 경영학, 정치학, 교육학, 간호학, 심리학 등의 다양한 분야에서 사용되고 있는데 '행동에 의한 학습(learning by doing)', 또는 '경험에 의한 학습(learning through experience)'이라는 경험적 가치를 중요하게 여기는 '경험교육'철학에서 유래된 개념이다(백선희, 2004).

자코비(Jacoby)는 봉사학습은 학생들이 학습과 자기개발을 증진시킬 수 있도록 의도적으로 준비되고 체계화된 기회를 통해 인간과 지역사회의 욕구를 해결하고자 하는 활동에 학생들을 참여시키는 경험적 교육의 한 형태를 말하였으며 이 중에서 '반성적 고찰과 상호성이 핵심적인 개념이다'라고 하였다. 이에 따르면 봉사학습은 봉사, 학습, 반성적 고찰, 상호성의 네 가지 요소로 구성되어 있는 것을 알 수 있다.

다시 말하여 봉사학습(SERVICE-LEARNING)은 교수기법의 하나로서 자원봉사를 교과과정에 통합하여 수업을 통해 학생들의 자원봉사활동에 조직적·체계적으로 개입하는 방법으로 철저하게 계획된 학생들의 참여와 반성(reflection)의 기회로부터 얻어진 활동이며, 봉사를 지역사회에 연결시키는 적극적인 학습의 한 형태이다(Jacoby, 1996; 원미순, 2003, 재인용).

(1) 봉사학습의 유형화

시그먼(Sigmon)은 교실에서의 학습과 현장에서의 봉사 중 어디에 중점을 두는 지에 따라 네 가지 유형으로 구별하였다. 대학에서의 봉사학습은 다음 유형 중 SERVICE-LEARNING으로 봉사활동과 학습목표를 똑같은 비중으로 보고 진행하는 학습형태이다.

〈표 9-12〉 **봉사학습의 유형**

service-LEARNING	학습목표 강조: 봉사활동은 부수적으로 봄
SERVICE-learning	봉사활동이 중심: 학습 목표는 부수적으로 봄
service learning	봉사활동과 학습 목표가 별도임
SERVICE-LEARNING	봉사활동과 학습 목표를 똑같은 비중으로 봄

(2) 봉사와 관련된 개념들의 비교

① 자원봉사(Volunteer)

사회적 책임감을 가지고 자발적이며 무보수성의 원칙하에 시간, 물품, 금전, 기술 등의 사회적 자원을 제공하는 활동이다. 학습과 반성적 고찰에는 초점을 두지 않는다.

② 사회봉사(Community Service)

학교와 관련된 동아리활동, 학생활동 등을 말한다. 사회봉사는 교육과정과의 통합이 없으므로 학습과정에 초점을 두지 않고 학점이 부여되지 않는다. 이 과정을 통해 학생들의 시민의식이 향상된다. 반성적 고찰과정을 중요하게 여기기는 하나 필수적이지 않다. 이 용어는 사회봉사명령제도에서 쓰이기도 하는데 사법형벌체계에서 형벌의 한 방법으로 사용되고 있다.

③ 봉사학습(SERVICE LEARNING)

학교의 정규과정에 통합되어 학점이 부영된다는 특징을 가지고 있고 사회정의의 차원에서 지역사회를 위한 다양한 활동에 참여해야 하는 점을 강조하는 면이 다른 봉사활동들과 현저히 다른 점이다(Sigmon, 1994; 원미순, 2003, 재인용).

(3) 봉사학습의 운영원칙

봉사학습은 학생이 의도된 교육적 목표를 가지고 주의 깊게 모니터된 봉사활동에 임하는 것이며, 경험을 통해 배운 것을 적극적으로 반성하는 것으로 봉사학습의 운영원칙은 다음과 같다(Furo, 1996; 박형원, 2005, 재인용).

첫째, 봉사학습은 학습과 자기개발을 위해 정교하게 계획된 교육적 원칙에 기초한다. 그 내용이 교과과정의 학습목적과 목표에 관련되어야 하는 것으로 지역사회를 위해 봉사하는 것이 하나의 경험학습으로 교과교육목표를 가지고 있다.

둘째, 봉사학습은 준비-실행-반성의 순환과정으로 이루어진다. 학습에 대한 일지 작성 소그룹 토의, 수업에서의 발표 등의 반성활동을 통해 봉사활동과 수업내용이 연결될 때 최상의 효과를 얻을 수 있다.

셋째, 봉사학습은 봉사를 하는 사람과 봉사를 받는 개인이나 집단 사이의 상호작용이다. 이를 통하여 봉사자와 수혜자는 상호책임감과 존중하는 방법을 배우게 된다.

(4) 봉사학습의 효과

워터맨(Waterman)은 봉사학습 경험을 통해 얻는 이득을 4가지로 범주화하였다. 봉사학습에 참여함으로써 첫째, 전통적인 교과과정의 학습을 강화하고, 둘째, 개인적인 성장을 경험한다. 셋째, 시민적 책임감을 발전시키고, 넷째, 지역사회에 기여하는 것이다(Waterman, 1997; 원미순, 2003, 재인용).

미국 11개 대학에서 16개 형태의 봉사학습을 운영하는 48명의 교수들을 대상으로 한 연구에서 봉사학습이 학생들의 학습능력, 문제해결기술, 봉사에 대한 헌신을 향상시킨다고 하였고, 봉사학습이 전통적인 교과과정에 비해 학습의 질을 강화한다고 보고하였다(Hesser, 1995; 박형원, 2005, 재인용).

2) 봉사학습지원을 위한 교육과정과 체계

(1) 사회봉사 교과목 현황

봉사학습과 관련하여 사회봉사와 관련한 교과목명은 거의 모든 대학이 '사회봉사'로 하고 있고 대부분 이론과 실습으로 이루어져 있다. 사회봉사와 관련한 교과목은 P/F로 운영되기도 하고, 각 대학마다 다양한 학점체계로 운영되고 있다. 일반적으로 2~4시간 정도의 사전 교육이 실시되며 평균 34시간 정도의 봉사활동으로 이루어지고 있다.

〈표 9-13〉 대학 사회봉사 교과목 운영의 예

대학	소속	주요특징
경기 대학교	사회봉사센터	소양교육 3시간, 봉사활동 61시간, 소감문제출의무, 4학년 1학기까지 이수완료, 봉사기관 학생 개인 자율선정 또는 학교주관봉사/진성애봉사, 김장담그기, 사랑의 연탄나누기, 국제교육원 한국어 도우미 등 참가 가능, 해외봉사활동(대사협 등)참가신청 시 가점부여(서류전형 시 반영), 졸업 시 '봉사상' 수여, 봉사 인증제(100시간이상) 도입, 봉사장학금 도입
남서울 대학교	사회봉사지원 센터	사회봉사인성인증제 2000년 이후 입학생 졸업요건인 인성인증 취득, 사회봉사활동 이수, 2000년 이후 입학생 총 65시간 이수, 사회봉

대학	소속	주요특징
		사활동 프로그램: 불우장애학우봉사, 대학인근 농촌봉사, 경로잔치 도우미, 소년소녀가장 돕기, 독거노인 봉사, 사랑의 집짓기, 위문공연, 해외봉사, 후원봉사, 사랑의 장기 기증, 골수 이식 등(장기 기증 시 65시간 인정), 1일 최대 봉사인정 시간: 8시간
삼육 대학교	사회봉사단	기본교육 4시간, 봉사활동 30시간, 총 34시간 이상 이수 시 성적 부여, 자율선택 프로그램 : 개인 혹은 동아리에서 별도로 활동하는 봉사프로그램이 있을 경우 사회봉사단 승인 후 활동, 사회봉사 확인서 발급, 재학생 코디네이터 제도, 사회봉사 4학점(4번) 이수자에게 기념품 증정, 해외봉사자 선발 시 가산점 부여, 사회봉사 우수 프로그램에 대한 행정 지원 및 재정지원, 우수 자원봉사자와 동아리, 학생에게는 포상과 포상금 지원
한양 대학교	사회봉사단	1994년 사회봉사학점제 발표, 1995년 사회봉사 교과담당 지도교수 57명 위촉, 사회봉사 과목 졸업 시까지 4차례 4학점까지 이수가능, 한 학기 수강 시간/기본교육 2시간, 현장 봉사활동 30시간 이상, 활동태도, 출석상태, 활동보고서 등으로 해당 지도교수가 pass, fail 처리. 1995년 볼런티어 창간호 발간이후 매년 발간

출처: 각 대학 사회봉사 관련 기구(2013). HP 자료 재구성.

(2) 지원체계

① 대학 사회봉사 전담기구

대학 사회봉사 전담기구는 사회봉사를 관리하고 배치하며, 교육, 인정과 보상, 프로그램 개발, 연구 등 대학의 사회봉사를 원활하게 하는 핵심역할을 하기 때문에 매우 중요하다. 다음은 국내외에서 활발한 사회봉사활동을 펼치고 있는 한 대학의 전담기구 조직표이다.

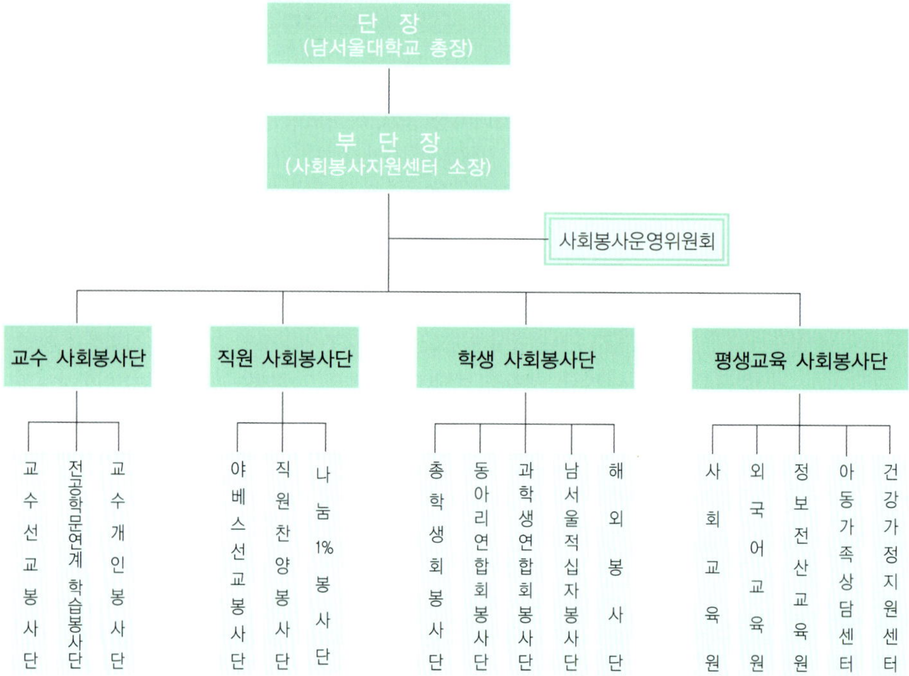

출처: 남서울대학교(2013). HP자료.

[그림 9-2] 사회봉사센터 조직표

② 사회봉사활동의 전산화

많은 대학들이 봉사활동을 전산화하고 대학 구성원(학생, 교수, 직원)의 봉사활동을 개인·단체별로 관리하며, 봉사활동의 장소·시간·봉사 횟수 등을 누적화하고 있다. 이를 통하여 누락되는 봉사활동을 막고 봉사활동 확인서와 증명서를 발급하여 개인 이력으로 활용하도록 하고 후원금 관리를 하고 있다.

〈표 9-14〉 **선문대학교 봉사활동의 전산화 구조의 예**

1. 자원봉사활동	2. 사회봉사 교과목	3. 봉사활동관리(관리자 모드)
• 교내봉사단체 등록 • 봉사활동 등록 • 봉사활동기관 등록 • 자원봉사활동확인서 발급 • 외부자원봉사자 등록	• 사회봉사요청기관 등록 • 사회봉사활동내역 등록 • 활동증서 발급 • 학생별 기관/활동내역 리스트	• 자원봉사활동 승인 • 사회봉사 교과목 • 수강신청 승인
4. 후원금 관리	**5. 증명서 발급**	**6. 통계 현황**
• 급여이체 후원금 현황 • 후원처 정보입력 • 후원입력 • 후원신청 • 후원금증서 발급 • 연말정산영수증 출력 • 납부내역 조회	• 증명서 발급대장	• 사회봉사활동 현황 • 사회봉사교과목 현황

출처: 오효근(2007). 우리나라 자원봉사활동의 운영현황과 과제, 재인용.

③ 전공별, 동아리별 사회봉사프로그램 지원

대학자체에서 사회봉사프로그램을 공모하여 지원하고 지도하며 대학사회봉사협의회에서도 일반 프로그램 공모지원, 전공별 프로그램 지원 등의 다양한 봉사활동 프로그램을 지원하고 있다. 이를 통하여 대학생들의 체계적이고 지속적인 봉사활동 계기를 제공하며 동아리차원 혹은 학과차원의 봉사활동을 할 수 있는 기회를 제공하고 있다.

④ 사회봉사활동의 보상과 인정

사회봉사활동을 지속하고 질을 높이기 위해서는 자원봉사자를 잘 관리하고 유지하는 것이 매우 중요하다. 자원봉사자 지속의 문제는 자원봉사의 동기와 많은 관계가 있으며 보상과 인정은 자원봉사의 동기를 유지하도록 하는 효과가 있다. 봉사활동의 예산지원, 장학금 지원, 우수 봉사단체 및 개인에게 봉사상 수여, 자원봉사활동 확인서 발급 등을 통하여 이들의 활동을 지원하고 있다.

(3) 대학사회봉사활동 현황

① 지역사회봉사활동

지역사회는 대학교육의 장이며 사회봉사활동을 펼칠 자원역할을 하고 있다. 따라서 지역의 기업과 관공서, 사회복지단체, NGO 단체 등과 연계하여 봉사활동을 펼치고 있다(오효근, 2007).

한국대학사회봉사협의회(2012)자료에 따르면 동협회의 지원을 받아 대학생 전공과 연계하여 실시된 프로그램이 1,220여 개에 이르고 총 73,000여 명의 대학생이 봉사학습에 참여한 것을 알 수 있다.

② 대학생 해외봉사활동

1997년부터 한국대학사회봉사협의회를 중심으로 해외봉사단원을 파견하고 있는데 매년 각 방학 기간 동안 500여 명의 학생들이 파견되어 총 6,000명에 이르는 대학생과 의료팀이 중국, 필리핀, 러시아, 베트남, 방글라데시, 몽고 등 20여 개국에 파견되었다.

또한 각 대학별로 자체 프로그램을 개발하고 해외봉사단을 파견하고 있는데 한국대학사회봉사협의회에서는 이와 같은 프로그램을 지원하여 20여 개국에 11,000명을 파견하였다(한국대학사회봉사협의회. 2012).

〈표 9-15〉 2011년 한국대학생 해외봉사단 파견 현황

대사협 국내외 봉사활동 추진실적 (1997~2011)

❑ 해외봉사	❑ 국내봉사
– 봉사단 파견: 20여 개국에 약 6,000여 명 파견 – 대학 프로그램 지원: 20여 개국에 11,000여 명 파견 지원	– 동아리 활동 지원: 2,600여 개 프로그램, 약 10,700명 참가 – 전공학문연계활동 지원: 1,000여 개 프로그램, 7,000여 명 참가

	해외봉사										국내봉사							
	봉사단 파견				대학자체 프로그램 지원					국고 지원금 (천 원)	국내봉사							
	단기		중기								동아리활동 지원				전공학문연계활동 지원			
	국가 수	파견 인원	국가 수	파견 인원	프로그램 수	대학 수	국가 수	파견 인원	지원금 (천 원)	국고 지원금 (천 원)	프로그램 수	대학 수	참여 인원	지원금 (천 원)	그로그램 수	대학 수	참여 인원	사업비 (천 원)
1997	4	131								35,000	149	70	4,500	142,500				
1998	2	76								115,000	111	70	3,666	70,000				
1999	4	150								240,000	122	78	4,500	100,000				
2000	5	182								220,000	140	76	12,785	104,000	48	36	5,837	55,000
2001	5	173								220,000	186	86	8,600	110,000	66	43	5,057	55,000
2002	8	235								200,000	192	98	8,183	108,600	114	40	6,724	100,880
2003	7	308			20	16	12	516	**	280,000	140	99	6,057	123,450	107	62	5,465	101,390
2004	10	392			28	28	14	805	37,000	325,000	167	108	7,082	133,700	106	77	5,801	83,700
2005	10	393			45	45	15	1,102	48,300	390,000	173	97	6,797	130,500	258	97	15,164	343,300
2006	12	436			48	48	13	1,297	49,600	390,000	177	97	7,679	179,000	170	92	10,314	374,100
2007	9	375			39	39	12	1,097	55,000	390,000	169	108	6,859	138,473	174	88	8,058	392,100
2008	13	604	2	5	60	51	14	2,000	97,227	750,000	182	118	6,984	174,950	48	48	3,937	49,930
2009	16	910	9	101	57	45	12	1,952	97,982	1,927,000	130	97	8,595	82,002	73	63	3,579	50,841
2010	14	954	-	-	45	44	14	1,306	114,000	1,115,000	239	111	6,178	185,921	56	56	2,846	85,115
2011	10	719	-	-	48	47	12	1,724	171,500	1,100,000	366	140	8,676	622,960				
총계		6,038		106	390	363		11,799	670,609	7,697,000	2,643		107,141	1,783,096	1,220		72,782	1,688,356

* 해외봉사 예산은 국고지원금을 기준으로, 국내봉사 예산은 대학에 지원한 금액을 기준으로 작성됨.
* 단기 봉사단 파견 총사업비는 국고 50%, 대학부담금 25%, 개인부담금 25%로 구성됨.
* 2010년 단기 봉사단 파견 사업에는 글로벌리더십 프로그램(파견국: 미국) 파견인원 22명 포함됨.
* 중기 봉사단 파견 사업비는 대부분 국고로 운영됨(학생이 소정의 참가비 부담).
* 해외봉사 대학자체 프로그램 지원비는 seed money개념으로 소액(팀별 100~300만 원) 지원.
* 2003년 대학자체 프로그램의 예산은 별도로 구분되지 않았으며, 단기 봉사단 파견 예산과 함께 운영됨.
* 국내봉사활동 지원금 재원: 교육과학기술부(교육인적자원부), 여성가족부, 삼성사회봉사단, 삼성생명, 생명보험사회공헌위원회, 포스코, 기아자동차, 전경련.

출처: 한국대학사회봉사협의회(2012). 대학사회봉사정책토론회 자료집.

3) 대학사회봉사교육의 과제

봉사학습을 통한 대학 사회봉사 활성화를 위하여 사회봉사교과목을 교양과목이나 교양필수과목으로 개설해야 한다는 주장이 지속되어 왔다(백선희, 2004; 오효근, 2007). 최근 정부가 발표한 대학기관 평가와 정보공시를 위하여 각 대학은 사회봉사활동을 필수 과목, 졸업인증 요건으로 지정하고 봉사실적 관리에 치중하는 등의 조치를 신속히 마련할 것으로 보인다. 그러나 대학은 이와 같은 제반여건 조성에 앞서 대학생 봉사자가 평생 봉사자로 성장할 수 있는 교육 여건을 마련하는 데 우선순위를 두어야 할 것이다(이수진, 2012).

청소년의 발달시기별 자원봉사활동 추세에 대한 종단연구 결과 청소년들은 중학교 때 가장 봉사활동을 많이 하며 대학생이 되어서는 봉사활동 빈도수가 오히려 감소하는 것으로 나타났다(허성호 외, 2010). 이와 같은 결과는 왜 대학이 물리적여건 개선에 앞서 교육여건 개선에 중점을 두어야 하는지를 반증하고 있다.

봉사학습을 통한 대학 사회봉사 활성화를 위하여 다음과 같은 발전 방안을 제안한다.

첫째, 봉사학습의 효과를 높이기 위해 전공과 연계한 사회봉사활동의 개발과 운영이 필요하다.

둘째, 봉사학습 지도를 위해 전공과 연계한 지도교수제의 도입이 필요하다.

셋째, 우수 사회봉사 단체나 개인에게 인센티브를 부여하여 사회봉사를 활성화 시킨다(백선희, 2004; 오효근, 2007).

넷째, 우수봉사자의 인센티브가 사회진출에 도움이 될 수 있도록 사회전반에 사회봉사에 대한 인식을 고취시킨다.

참고문헌

강향미(2000). 초등학생 봉사활동의 활성화를 위한 지도방안 연구. 제주대학교 석사학위 논문.

경기도교육청(2002). 학생생활지도 기본계획, 『사랑·꿈·대화』, 『가정처럼 좋은 학교』, 장학자료 2002-3호.

경기도교육청(2005). 학교생활기록부 이렇게 달라집니다 : 학교생활기록 관련 법령해설 및 작성 매뉴얼.

경기도교육청(2009). '09봉사활동 운영 매뉴얼.

교육과학기술부(2011). 창의적 체험활동 교육과정 별책 26.

김동배(2010). 시민사회와 자원봉사. 서울: 학지사.

김동배·조학래(1997). 청소년 자원봉사 활동의 효과성에 관한 연구. 한국사회복지학, 31, 147-170.

김범수(2000). 대학사회봉사 활성화를 위한 제도적 방안. 대학생 자원봉사지도교수 및 직원 세미나 자료. 한국대학사회봉사협의회, 5-16.

김병주(2012). 자원봉사활동 진흥을 위한 제2차 국가기본계획의 방향. 한국대학사회봉사협의회, 47-58.

김영옥(2007). 청소년 자원봉사활동 만족 요인에 관한 연구, 상지대학교 석사학위논문.

김중대(1999). 청소년 자원봉사활동의 현황과 과제. 사회과학연구집, 6, 19-46.

김통원(2004). 전국대학교 사회봉사활동 실태에 관한 조사연구. 자원봉사, 3(2), 80-101.

덕원여자고등학교(2009-2013). 자원봉사활동 지도 자료.

류기형·황인옥(2000). 가정봉사원 교육훈련의 모형에 관한 연구. 부산대사회과학 논총, 19, 133-157.

박성복·김규희(2008). 고등학생의 자원봉사활동과 자아존중감. 복지행정논총, 18(2), 91-113.

박형원(2005). 전공교육과 연계한 봉사학습(SERVICE-LEARNING)의 성과연구. 한국자원봉사학회 창립 춘계학술대회 자료집, 97-116.

백선희(2004). 봉사학습으로서의 대학사회봉사활동 현황과 과제. 신학과 선교, 30, 191-215.

샛별초등학교(2012). 창의인성 교육부자료.

서울시개발연구원(1995). 서울시 자원봉사증진 방안에 관한 연구.

서울특별시교육청(2009). 학교생활 기록부 길라잡이.

서울특별시교육청(2012). 자원봉사활동 매뉴얼.

양동중학교(2009-2013). 교육복지상담부 자료.

오효근(2007). 우리나라 대학사회봉사활동의 운영현황과 과제. 학생생활연구, 11, 71-86.

원미순(2003). 대학생의 봉사학습성과에 영향을 미치는 요인들에 관한 연구. 서울여자대학교 박사학위 논문.

원미순(2005). 대학의 봉사학습 성과에 영향을 미치는 요인들에 관한 연구. 자원봉사연구의 세계적 동향. 창립기념 춘계학술대회 자료집.

유옥자(2004). 중학생 자원봉사활동의 개선방안. 동국대학교 석사학위 논문.

이경희·강문희(2003). 초등학생 자원봉사활동 실태 및 체험식 사전교육 프로그램의 효과 분석, 아동학회지, 24(1), 77-91.

이광우·이미숙(2012). 초등학교 창의적 체험활동 교육과정 편성·운영에 대한 인식 조사. 초등교육연구, 25, 187-211.

이성철(2004). 대학입시에서 봉사활동의 반영현황과 과제. The Journal of Namseoul Univ, 10.

이수진(2012). 2010년 대학사회봉사 현황 점검 및 진단. 한국대학사회봉사협의회.

이윤로·김나영(2006). 사회복지 교과목 봉사학습모듈 개발에 관한 연구. 임상사회사업연구, 3(1), 173-200.

이혜영(1997). 중학생 자원봉사활동 실태분석. 가톨릭대학교 석사학위논문.

장 현(1997). 대학특성을 살린 사회봉사 활성화 방안에 관한 연구. 한국사회복지학회 추계학술대회 자료집.

조혜연(2005). 청소년의 자원봉사활동 참여수준과 리더십생활기술과의 관계 연구. 경기대학교 석사학위 논문.

조휘일(1998). 현대사회와 자원봉사. 서울: 홍익재.

조휘일·정재훈·원미순·박윤숙(2009). 자원봉사론. 경기: 공동체.

최봉현(2005). 청소년 자원봉사실태와 활성화 방안. 경희대학교 석사학위논문.

한국대학사회봉사협의회(2012). 대학사회봉사 정책 토론회 자료집.

한인실(2005). 초등학생의 자원봉사활동과 생명존중의식에 관한 연구 : 인천광역시 초등학생을 중심으로. 성산효도 대학교 석사학위 논문.

허성호·정태연(2010). 자원봉사활동이 청소년기 발달에 미치는 영향. 한국청소년연구, 21(3).

〈HP자료〉

경기대학교. http://volunteer.kgu.ac.kr/(사회봉사센터)

경기도교육청. http://www.goe.go.kr/

남서울대학교. http://bongsa.nsu.ac.kr/(사회봉사센터)

삼육대학교. http://www.syu.ac.kr/web/service(사회봉사단)
서울특별시교육청. http://sen.go.kr/(학생봉사활동)
안양시 자원봉사센터. http://anyang1365.or.kr/(교육자료)
한국대학사회봉사협의회. http://kucss.or.kr/
한양대학교. http://hvc.hanyang.ac.kr/(사회봉사단)

CHAPTER 10

활동주제별 자원봉사

1 청소년 자원봉사

1) 청소년의 일반적인 특성

청소년은 소년기에서 청년기로 접어드는 미성년의 젊은이로 흔히 10대 후반의 젊은이들이다. 일반적으로 청소년기를 "질풍노도의 시기"라고 한다. 가치관의 미완성과 자아정체감이 확립되지 않아 불안정한 시기이다. 청소년을 올바르게 이해하기 위해서는 먼저 청소년기의 특성을 이해하여야 하는데 그 특성을 보면 다음과 같다.

첫째, 청소년기는 가정과 학교 및 사회를 중심으로 한 환경에서 자신의 참모습을 찾으려는 갈등과 위기를 겪게 되고, 이러한 과정을 경험하면서 자아정체성을 확립해 나가는 시기이다.

둘째, 자신의 모습을 찾고 자아를 확립하기 위해 가정·학교·사회의 이해와 사랑, 그리고 지원을 필요로 한다. 특히 이 시기에 가정은 가장 중요한 지지체계이다. 가정은 자녀들의 정서발달에 매우 중요하고, 가족 간의 상호작용은 자녀의 인격형성에 많은 영향을 준다. 또한 학교는 올바른 가치관을 형성하게 하고 바람직한 행동과 적응력을 길러주어 사회구성원으로서 필요한 인력을 배출하는 곳이다. 그러나 현행 교육제도는 입시위주의 교육으로 인해 지나친 경쟁의식과 일관성 없는 교육정책으로 청소년들에게 가치관의 혼란을 겪게 하고 있다.

2) 청소년 자원봉사의 의의

청소년기는 성인이 되기 위한 학습시기로서 사회적 기능을 획득하며 육체적·정신적으로 중요한 변화와 성장과정을 겪게 되고 한 인간으로서의 행동기준과 가치관을 정립하는 시기이다.

신체적·정신적으로 성장과정에 있는 청소년들에게 봉사활동이란 완전한 의미의 자원봉사활동이라기 보다는 봉사활동을 통한 학습 곧 '봉사학습'의 개념에 더 가깝다. 따라서 학생들이 하는 봉사활동은 그 활동이 가져오는 결과보다는 활동의 과정에서 학생들이 배우게 되는 인성 특성들이 더 큰 의미를 갖는다. 그러므로 청소년 자원봉사는 봉사학습의 개념으로 접근하는 것이 바람직하다.

이러한 의미의 청소년 자원봉사활동의 특성은 다음과 같다.

첫째, 청소년 자원봉사활동은 완전히 자발적인 활동이라기보다는 교육적인 지도활동이다. 학교를 통해 지도되고 평가되는 봉사활동은 개개인의 완전한 자유의지에 따른 자발적 활동이라기보다는 교육적으로 지도·안내되고 평가되는 활동이다. 따라서 봉사활동이 본래 추구하는 자발성과 교육적 지도의 측면이 갈등을 일으킬 수 있다.

둘째, 청소년 자원봉사활동은 학교계획 또는 학교장의 승인을 받은 개인계획에 따라 이루어져야 한다. 학생들이 참여하는 봉사활동은 학생들의 성장을 돕고 사회에 기여할 수 있어야 하며 교육적으로 의미 있는 활동이어야 한다.

셋째, 학생의 발달단계를 감안하여 각 학년별로 적절한 활동이 이루어지도록 해야 한다. 중·고교 학생들은 신체적·지적·사회적·도덕적 측면 등에서 현저하게 다른 발달 상태를 보인다. 따라서 학년별 봉사활동 지도의 초점과 활동 영역, 내용 등을 달리하여 지도하는 것이 좋다. 중학교에서는 완전한 자발적인 봉사활동을 하기는 힘들지만 어느 정도 실천활동은 가능하다. 따라서 봉사학습의 개념에 입각하여 학교에서 안내, 지도된 활동을 중심으로 실천하도록 하고, 학교 내외뿐만 아니라 지역사회의 공공기관에까지 활동 영역을 확대시키도록 한다. 고등학교에서는 학생들에 의한 자발적인 봉사활동을 권장하고 지역사회의 다양한 부문으로 활동 영역을 확대시키도록 한다.

3) 청소년 자원봉사의 영역

교육과학기술부에서는 학생들이 행복한 학교를 만들기 위해 학생 봉사활동을 체계적으로 정립·발전시켜 나가면서 다양한 교육적 접근을 통해 교육경쟁력을 제고하고 자율적·창의적인 인간으로 성장하기 위한 학생봉사활동, 현장 체험학습 등 체험중심의 인성교육이 실천과제로 적극 추진하고 있다. 청소년 자원봉사활동은 봉사 대상자들의 권익과 복리증진에 도움을 주어야 하며 청소년 자원봉사자들의 인성개발과 덕성함양에 관심과 배려가 있어야 한다. 미국에서는 거의 모든 주에서 청소년 자원봉사활동을 봉사학습이라고 한다. 그만큼 청소년들이 봉사활동에서 얻게 되는 배움의 결과를 중요시 하는 것이다. 우리나라에서도 학생들의 인성교육을 위해 여러 가지 청소년 활동을 권장하고 있고 그 중에서 특히 청소년 자원봉사활동을 강조하고 있는 것은 봉사활동이 청소년들의 인성개발에 많은 도움이 되기 때문에 더욱 강조하고 있다. 제7차 특별활동 교육과정에서 제시한 청소년의 자원봉사활동 영역 분류는 〈표 10-1〉과 같이 초·중·고등학교 모두 동일하게 적용되지만 영역별 활동 세부내용이나 그와 관련하여 지도할 내용들은 학생의 흥미와 수준, 지역사회 여건, 발달단계, 학교의 특성을 고려하여 활동 내용을 발달단계에 따라 지도해야 한다.

〈표 10-1〉 **학생 봉사활동의 종류와 내용**

목적에 따른 구분	활동내용
일손돕기 활동	• 복지시설 일손돕기 • 공공기관 일손돕기 • 병원 일손돕기 • 농어촌 일손돕기 • 학교내 일손돕기
위문활동	• 고아원 위문 • 양로원 위문 • 장애인 위문 • 병약자 위문 • 자매부대 위문
지도활동	• 동급생 지도 • 하급생 지도 • 사회교육 지도 • 교통, 안전 지도
캠페인활동	• 공공질서 확립 캠페인 • 교통, 안전 캠페인 • 학교 주변 정화캠페인 • 환경보전 캠페인
자선, 구호활동	• 재해구호 활동 • 불우이웃 돕기 • 헌혈 및 골수기증 • 국제협력과 난민 구호
환경, 시설 보전활동	• 깨끗한 환경 만들기 • 자연보호 • 나무심기 및 가꾸기 • 문화재 보호
지역사회활동	• 지역실태 조사활동 • 지역사회 가꾸기 • 지역 홍보활동 • 지역행사 지원활동
기타	위의 7가지 큰 영역으로 분류하기 어려운 봉사활동이 개발되면 그 활동내용을 구체적으로 명시

출처: 부산광역시교육청(2001). 학부모를 위한 학생봉사활동 길잡이.

4) 청소년 자원봉사의 문제점

우리나라의 청소년 자원봉사는 학교교육 제도 속에서 출발하여 양적인 측면에서는 봉사활동이 많이 증가하였으나 학교현장의 교육현실을 제대로 반영하지 못한 채 도입이 되었기 때문에 의무사항처럼 되어버린 상황에서 순수한 의미의 자원봉사활동이 이루어지지 않고 있다.

(1) 참여의 문제

청소년 자원봉사의 장애요소는 입시위주의 학교교육 제도에 의해 활동시간이 부족한 것으로 나타났다. '주5일제 근무제도' 등과 같은 자원봉사활동 시간확보를 위한 제도적 지원이 미흡하고, 자원봉사활동의 분위기 형성과 동기부여를 위한 신분과 경력인정, 안전의 문제, 봉사단체에 대한 행정적·재정적 지원 등이 전반적으로 미흡하다. 또한 자원봉사에 대한 정확한 이론접근과 현실적인 요구 파악 없이 자원봉사활동 결과를 입시에 반영한다는 점수화 방안이 제시되면서 자원봉사활동을 통해 공동체의식과 사회성 함양 등 인성을 강조하려는 중요한 목적은 외면된 채 점수를 받기 위한 형식적인 활동으로 자원봉사활동의 참뜻인 자발성과 자주성이 왜곡되고 있다.

또한 객관적인 평가기준의 부재로 인해 참여 시간만으로 자원봉사활동을 평가하는 방식에 대한 객관적인 평가가 부족하고 자원봉사에 대한 인식부족으로 일회적이고 형식적으로 이루어지게 되어 중도 탈락자가 많다.

(2) 활동 프로그램 부족

청소년 자원봉사자를 활용하고 있는 관련 기관 및 시설에서 원하는 활동 내용은 일손 돕기 활동 37.7%, 지역사회 개발활동 21.7%, 환경·시설보전활동 15.7%, 캠페인 활동 10.8%, 기타 14.5%로 나타났다(현외성 외, 1998). 결론적으로 활용기관의 활동내용이 협소하고 단순한 내용을 중심으로 농촌 일손 돕기나 시설 위문 정도의 수준에 머물러 있어 청소년의 다양한 흥미와 욕구를 반영할 수 있는 자원봉사프로그램이 부족하다.

(3) 활용기관의 문제

자원봉사의 제도화 이후 자원봉사를 원하는 청소년들이 급증한 데 비해 활동을 뒷받침해 줄 자원봉사기관이 부족하고 반대로 자원봉사기관의 입장에서는 요구되는 훈련수준에 도달한 청소년이 부족하여 어려움을 겪고 있다. 일부 공공기관 및 단체에서는 학생 자원봉사가 업무에 방해된다는 이유로 청소년 자원봉사활동을 사절하기도 하며, 단순히 일손만 얻고자 단순노동만을 요구하거나 자원봉사 점수를 따기 위한 일시적 활동으로 이해하고 형식적으로 처리하기도 한다. 또한 담당자 배치, 프로그램 개발, 사전 교육 등의 봉사여건 조성을 외면하거나 활용자체를 기피하는 경향도 나타나고 있다.

따라서 봉사자와 기관의 연계체계 미흡, 활동 프로그램 부족, 자원봉사자 관리자의 부재, 사전 교육 담당능력 미흡 등으로 지원학교, 봉사지도자, 자원봉사기관 등이 자원봉사활동을 적극적으로 활용하지 못하고 있다.

(4) 청소년 자원봉사관리자의 문제

학생 자원봉사의 제도화 이후 급증한 자원봉사 희망 청소년들의 욕구와 능력에 맞는 다양한 활동을 뒷받침해 줄 전문적인 담당자, 즉 소정의 교육을 이수한 유급 및 무급 관리자가 부족한 것이 현실이다. 또한 각 역할에 따른 청소년 자원봉사관리자의 연수과정 개발 및 연수과목이 선정되어 있지 않아 체계적인 교육을 받지 못하는 것도 커다란 문제 중의 하나이다.

자원봉사관리자 활동을 통해 내적 보람과 의의를 찾는 것과 함께 외적 보상을 받게 하여 우수한 인력을 확보할 수 있기 위한 자원봉사관리자에 대한 제도적, 정책적 지원이 필요하다.

5) 청소년 자원봉사의 활성방안

어느 시대와 국가를 막론하고 청소년은 미래의 관점에서 중요시되어 왔으며 청소년을 건전하게 육성하는 문제는 국가 시책의 중요한 과제로 대두되어 왔다. 최근 우리사회에서도 청소년의 자원봉사활동이 제도적으로 도입되어 실시되고 있어 매우 바람직한 현상이다. 청소년의 자원봉사활동은 단순한 여가선용 차원에서의 일시적 즉흥적인 활동이 아니라 청소년의 마음속에서 우러나는 참다운 봉사가 되어야 한다. 이러한 봉사는 강제적, 하향적, 획일적인 것이 아니라 최대한의 자발성, 자율성이 존중되고 실천되어야 하며 이를 위해서는 합리적이고 과학적인 대책이 뒷받침되어야 한다. 청소년 자원봉사활동의 활성화를 위해서 대처방안을 간략히 요약하면 다음과 같다.

첫째, 자원봉사활동에 대한 일반 국민의 의식의 문제를 해결해야 한다.

우리나라는 자원봉사의 전통이 확립되지 못하고 있기 때문에 자원봉사에 시간을 할애하는 것에 대한 인식이 부족이다. 따라서 이러한 의식상의 문제를 해결하기 위해서는 정부차원에서 청소년 정책의 최우선 과제로서 자원봉사활동을 교과과정에서 실천에 옮길 수 있는 정책을 마련하고 대대적인 홍보활동을 전개함으로서 국민인식의 변화를 가져와야 할 것이다.

둘째, 학교교육이 청소년의 여가선용 내지는 사회봉사활동의 중요성은 인식하고 있지만 실제적인 배려는 부족한 실정이다. 봉사학습 차원에서 학교교육에 활용하는 방안과 적극적인 관심이 부족하다. 따라서 보다 구체적인 봉사학습의 제도화된 노력이 필요하다.

셋째, 청소년 자원봉사자를 활용하고 봉사의 기회를 제공하는 지역사회의 기관 및 조직이 보다 적극적이고, 과학적인 자원봉사활동 관리 체계와 전략을 개발하여야 할 것이며, 학교와 지역사회 기관과의 유기적 협력관계가 구축되어야 할 것이다.

2 대학생 자원봉사

1) 대학의 기능과 자원봉사

대학이 수행하는 중요한 기능을 살펴보면, 첫째, 학문을 전수하고 배우는 교수의 기능, 둘째, 개방성·자율성·비판성·사회성 등 학문의 자유에 요구되는 덕목을 준수하면서 진리 탐구의 대열을 형성하고 탐구에 종사하는 기능, 다시 말해 학문을 창조하는 연구의 기능, 셋째, 연구의 기능과 학문 교수의 기능에 의한 결과를 직접 사회에 적용 및 응용하여 사회에 환원하는 사회봉사 기능 등이다(조휘일, 1998).

대학의 사회봉사기능은 크게 3가지 형태로 구분된다.

첫째, 학문적 연구 결과를 활용함으로써 이루어지는 봉사이다. 대학에서 수행되는 연구의 대부분은 기초연구 분야의 지식을 축적하는 데 도움을 주지만 때로는 사회문제를 해결하는 데 직접 활용될 수 있는 연구들을 수행하기도 한다.

둘째, 대학의 문화나 교육시설 및 인적 자원을 개방, 활용하는 방식의 사회봉사이다. 대학은 그 존재 자체가 지역사회에 영향을 미치지만 운동장이나 도서관, 박물관 등 자체의 시설을 지역사회 주민에게 개방함으로써 문화·오락 등의 활동을 제공할 수 있다. 나아가서는 보유하고 있는 인적·물적 자원을 활용하여 주민들이 원하는 교육 프로그램을 제공할 수 있다. 구미의 여러 대학에서는 학교의 성인교육(extramural service), 또는 대학확장교육(university extention) 등을 실시하고 있으며, 우리나라에서도 점차 많은 대학이 이런 활동에 참가하고 있다.

셋째, 대학인이 직접사회에 참여하는 것이다. 대학인이라 함은 교수와 학생을 의미한다. 현대사회는 대학인의 역할에 대한 사회적인 기대나 요구가 다양하여 상아탑 속에만 두지 않고 정보나 자문을 구한다. 뿐만 아니라 실제 프로그램의 집행이나 행정을 수행하도록 하는 등 공공활동의 참여를 요구한다. 또한 지역사회의 문제해결을 위하여 대학인 스스로가 봉사활동을 전개하기도 한다. 학생들 중심의 농어촌 봉사 및 야학 등의 지역사회 봉사활동은 대학교육을 통하여 받은 지식과 기술을 사회에 환원하는 뜻에서 뿐만 아니라 현장 경험을 통하여 자기 완성적인 학습의 기회를 갖는다는 점에서 의미 있는 일이다(조휘일, 1998). 또한 대학교육의 이념과 기능을 수행 실현하기 위해서는 단순한 강의와 실험실습의 지도 방법, 다시 말해 교과 또는 학문적인 활동만으로는 대학교육의 목적을 충분히 실현할 수 없는 것이 사실이다. 특히 강의를 통한 교육과 함께 실천현장의 봉사활동을 통하여 생생한 경험, 자율적 판단, 집단의 의사결정, 실천력, 협동, 봉사 등의 시민적 자질을 기르는 것이다. 이와 같은 교육적 문제에 대처하기 위해서 보다 효과적으로 수행해 나갈 수 있는 활동이 자원봉사활동이라 할 수 있다. 따라서 대학의 사회봉사 기능은 학생 개개인의 실제적인 교육 효과를 위해서, 또한 사회와 국가의 발전을 위해 더욱 강조되고 활성화되어야 할 것이다(조휘일, 1998).

2) 대학생 자원봉사의 의의와 효과

(1) 대학생 자원봉사의 의의

자원봉사활동은 우리 사회의 문제를 해결하고 공동체의식을 고양함으로써 봉사자의 자기실현 및 사회의 공익증진에 기여할 수 있다. 이러한 자원봉사활동은 우리의 전통적인 공동체의식 및 생활방식과 긴밀한 연관성을 가지며 오랜 역사를 지녀왔다. 예컨대, 정부는 '자원봉사진흥법'을 입법 시행할 것으로 보여, 자원봉사 활성화에 커다란 전기를 마련할 것이다. 또한 일부 대학에서는 자원봉사 학점제를 채택하고 있을 뿐 아니라, 기업에서도 신입사원 채용 시 자원봉사 경력자를 우대하거나 승진 시에 자원봉사자 인사우대제를 실시하고 있으며, 시민단체들도 '봉사단체협의회'를 결성하여 자원봉사의 생활화에 힘쓰고 있다. 그리고 대학생의 자발적인 활동은 대학생 개개인의 생활에 관계되는 지식이나 기술을 습득하고 시민으로서 보다 적극적으로 민주사회건설에 참가하는 태도를 형성함으로서 한 인간으로서 자아를 확립한다는 것을 목표로 하고 있다. 이와 같이 대학생의 자발적인 참여에 의해 이루어지는 제반 체험중심의 활동 중에서 가장 큰 비중을 차지하고 있는 것은 자원봉사활동이라고 볼 수 있으며 이러한 의미에서 대학생 자원봉사활동이 갖는 의의는 크다고 할 수 있다.

자원봉사활동의 교육적 효과를 보면 다음과 같다.

첫째, 현장 교육적 측면에서 볼 때 외국에서는 자원봉사활동이 갖는 교육적 역할과 효과에 크게 주목하고 있다. 특히 전반적 학교활동에서 자원봉사활동에 비중을 크게 두고 학생회 활동, 클럽활동, 특별활동을 운영하며 사회, 과학, 미술, 체육 교과과정들이 자원봉사활동과 직접 관련된다. 자원봉사활동의 내용도 폭넓게 복지, 환경, 공해, 자연보호, 보건위생, 식생활, 주택, 인구, 전통문화, 국제활동 등의 참여를 통해서 학습하게 된다.

둘째, 대학생 자원봉사활동이 자아실현의 측면에서 볼 때 그들이 봉사활동에서 얻은 체험적 학습이 인격형성에 도움이 된다. 대학생은 자원봉사활동을 통해서 자기가 속해 있는 사회에 대한 공동체 의식과 지성인이 가져야 할 사회적 책임의식 등을 인식하고 그것을 평소에 익힘으로써 거시적인 자아의식을 함양하게 된다.

셋째, 대학생의 자원봉사활동은 지역사회 발전에 큰 공헌을 하게 된다. 즉, 대학생이 적극적으로 참여하는 자원봉사활동의 영역들은 실질적인 발전을 이룩할 수 있다. 또한 모든 사회의 가장 심각한 문제인 지역사회의 붕괴위기와 관련하여 새로운 지역사회 형성과 참신한 운영은 대학생의 주도하에 이루어져야 한다.

이와 같이 자원봉사활동은 대학생들에게 지역사회의 다른 사람들에 대한 책임감과 연대감을 고취하는 데 있다. 그리고 자신의 삶 속에 있는 문제들을 실감있게 느끼게 함으로서 대처할 수 있는 능력을 배양하는 데 있다.

(2) 대학생 자원봉사의 효과

대학생들은 다른 사람에게는 물론 자신에게도 기여할 기회를 찾고 있으며, 자신들이 하고 있는 일이 가치 있고 중요하다고 느낄 수 있는 환경에서 일할 때 더 보람을 얻을 수 있다.

대학생들은 자원봉사활동에서 두 가지 목적, 첫째, 권위적이거나 비판적이지 않은 분위기에서 일하는 즐거움을 맛보고, 둘째, 성취감을 얻고자 한다. 이를 통해 의식의 발달은 물론 자율성 및 자긍심의 발달을 얻을 수 있다. 그리고 대학생 자원봉사자가 얻을 수 있는 효과를 보면 다음과 같다.

① 개념적 지식을 확대할 수 있다.

교실에서 얻는 지식은 학생들이 배운 이론과 기술을 활용하여 현장에서 지식을 습득할 수 있다.

② 경험적 학습의 기회가 된다.

자원봉사활동은 그들 자신이 직접적인 경험을 통해 배우고 남에게 도움을 주는 것이 즐겁다는 것을 배우게 한다.

③ 기술 및 능력의 개발을 할 수 있다.

자원봉사활동을 통해 자신이 가지고 있는 능력과 기술을 실제 활용해 볼 수 있는 기회를 가질 수 있다. 이러한 기회는 정보나 자료를 수집하고 분석하는 것, 판단하는 것, 타인을 위한 배려심을 개발하는 것, 도구사용법 익히기, 대화기술의 습득 등을 포함한다.

④ 지역사회에 관한 지식의 습득을 하게 된다.

자원봉사활동을 통해 사회문제 및 현실에 대해 광범위한 이해를 할 수 있다.

어떻게 사회문제가 발생하고 이를 개선하고 변화시키기 위해 어떠한 조치가 현실적으로 취해질 수 있는가 하는 것 등에 대해 이해할 수 있다.

⑤ 사회적 통합의 효과를 얻을 수 있다.

여러 가지 연령층, 다른 가치관 및 배경을 가진 사람들과 자원봉사활동을 통하여 관계를 맺고 협동하는 것을 배운다.

⑥ 일하는 경험을 얻는 기회가 된다.

자원봉사활동을 통해 다양한 사회분야를 경험해 봄으로써 직업의 선택에 영향을 줄 수 있는 통찰력을 얻게 되고 미래 직업을 탐색하는 데 있어 도움이 될 경험을 얻을 수 있다.

⑦ 여가시간을 건설적으로 활용할 수 있다.

여가시간을 창의적이고 건설적으로 활용하는 데 도움이 된다. 자원봉사활동은 민감성, 자원성, 자긍심 및 좋은 판단력을 기를 수 있도록 한다.

⑧ 의사결정 및 책임감을 키울 수 있다.

자원봉사활동을 통하여 주도권을 가지고 일을 추진하다 보면 책임을 감당해야하는 상황에 놓일 수 있다. 이를 해결하는 과정에서 의사결정 및 책임감을 키울 수 있다.

3) 대학생 자원봉사의 현황

대학에서 사회봉사는 우리 사회 미래의 주역이자 세계화 시대에 국가성장 동력의 중추적 역할을 담당할 대학생들의 올바른 자아 발견, 바람직한 인격 형성, 그리고 창조적인 사회공헌을 위한 참여형 체험학습이다.

국내 대학의 사회봉사활동에 대한 관심과 참여가 급속도로 증가되기 시작한 것은 대체로 1990년대 중반부터라고 볼 수 있다. 이렇게 대학의 사회봉사활동이 본격화될 수 있었던 배경은 1995년 5월 31일 교육개혁 조치와 사회봉사 학점제 도입으로 학생들의 봉사활동 실적을 학생부에 기록하고 이를 입시전형에 반영했기 때문이다. 이러한 교육개혁 조치는 학교와 사회 전반에 걸친 봉사활동에 대한 관심을 불러 일으켰으며 중·고등학교의 자원봉사활동과 함께 대학에서의 사회봉사활동도 교육개혁의 한 방안으로 자리 잡기 시작하였다.

이와 같이 대학생 사회봉사의 중요성을 인식하여 1996년 대학교사회봉사협의회가 발족되고, 1990년 중반부터 일부 대학들이 사회봉사 학점제를 도입·시행하여, 점차 많은 대학들이 교육과정 속에 사회봉사 교과목을 개설·운영하면서 대학생들의 사회봉사활동을 적극 장려·지원하게 되었다.

이러한 상황에서 10여 년이 지난 지금 대학사회봉사에 관한 사회봉사 교과목 강좌 개설 현황과 이수구분을 알아보고자 한다.

대학생 사회봉사 교과목 개설 강좌는 사회봉사 교과목 개설 강좌 수를 살펴보면 1~2개 강좌를 개설한 대학은 4년제 대학교가 39.8%, 전문대학은 56.7%로 나타났으며, 전문대학의 경우 과반수가 1~2개 강좌를 개설한 것으로 나타났다. 4년제 대학교의 경우 5개 이상의 강좌를 개설한 대학이 28개나 됐다.

또한 사회봉사 교과목 강좌의 이수 구분을 살펴보면 4년제 대학교는 전공과목으로 분류된 강좌가 20.1%, 전문대학은 28.7%를 나타내고 있다. 전반적으로 전공과목보다 교양과목으로 강좌가 개설되어 있으며, 필수보다는 선택과정으로 개설되어 일부 학과 학생들이 주로 듣게 되는 전공과목보다 교양과목으로 강좌를 개설하여 많은 학생들이 수강할 수 있도록 하는 것은 바람직한 현상이다. 특히 4년제 대학교의 경우 전체 사회봉사 교과목 강좌의 16.8%를 교양필수과목으로 개설하고 있다(한국대학사회봉사협의회, 2007).

대학생의 자원봉사 참여율은 1997년 43%, 1998년 61% 등 급속하게 증가하는 추세를 보이고 있다. 이렇게 대학생들의 자원봉사활동이 크게 증가한 이유는

IMF 이후 엄청난 실업률로 인하여 취업난 속에 자원봉사활동 내용이 기업으로 하여금 많은 부분이 반영되었기 때문이다(통계청, 2008).

최근 자원봉사활동의 범위가 넓어지고 다양해지면서 사회복지관이나 시설 등에서 청소와 같은 단순 노력봉사 차원을 넘어, 지역사회 참여 활동과 국제적인 봉사활동까지 다양하고 광범위한 영역으로 자원봉사활동이 이루어지는 추세에 있다. 그러나 대학생들이 현재 자원봉사활동에 참여하고 있는 영역이 복지시설·공공기관·농어촌의 일손 돕기 활동이 가장 많이 나타나고 있고, 쓰레기 줍기·자연보호·문화재 보호 등의 환경시설, 보호활동·고아원·양로원·장애인 위문활동·재해구호·헌혈·난민구호 등의 자선, 구호활동·지역실태조사·지역사회 개발운동 등의 순으로 나타나고 있다.

▌대학생 자원봉사 단체

- KT & G 복지재단 협력 동아리, 대학생 해외봉사단(캄보디아)
- 전경련 대학생 봉사단
- 국제청소년연합-굿뉴스코 해외봉사단(무료교육, 문화교류, 선교활동)
- SK텔레콤 BeSunny 대학생 자원봉사단
- 서울특별시-서울동행(동행행복)프로젝트: 방과 후 학습, 예체능 분야 활동지원
- 광주 & 전남-햇살나무(Sunny Tree)
- 삼성증권 대학생자원봉사단
- 현대차 대학생자원봉사단 HUB
- 국민은행 KB스타킹
- 가온누리(세상의 중심) 봉사단 부산지역 대학생들의 연합봉사단체
- 해외자원봉사 '코피온'(http://www.copion.or.kr/)
- 국제사랑의 봉사단(http://www.lci.or.kr/)
- 지구촌 나눔운동
- 한국 해비타트
- 태평양 아시아협회(http://www.pas.or.kr/)
- 굿네이버스
- 한국기아대책기구

- 팀앤팀
- 글로벌케어
- 국제사랑의 봉사단
- 써빙프렌즈
- 한국국제협력단(KOICA)
- 한국대학사회봉사협의회(http://kucss.kcue.or.kr/)
- 보해 젊은 잎새 대학생 봉사단
- 아름다운 가게
- 월드풋 프린터

4) 대학생 자원봉사의 문제점

자원봉사활동의 문제점을 몇 가지 살펴보면, 우선 자원봉사에 대한 인식 부족, 자원봉사 유관기관과의 협력관계 부족, 봉사기관 부족 및 프로그램 부족, 자원봉사 전담인력의 부족, 자원봉사자 교육의 전문성 결여 등이 주요 문제점으로 나타나고 있다.

이러한 문제점에 대해 구체적으로 살펴보면 다음과 같다.

(1) 자원봉사에 대한 인식 부족이다.

학생들은 자신이 단순히 취업 때문에 시간 채우기식, 점수 따기 식 등 형식적으로 봉사활동에 임하는 자세를 갖고 있다. 이러한 자원봉사에 대한 인식 부족을 해결하기 위해서는 부모나 기관의 실무자들을 대상으로 먼저 봉사활동의 의미, 가치 등에 대한 자원봉사활동 기본 교육이 이루어져야 한다. 또한 학생들에 대한 기본 소양교육이 봉사활동의 귀중한 가치를 인식할 수 있도록 충실히 이루어져, 봉사활동이 살아 있는 체험교육의 한 부분으로 자리 잡을 수 있도록 해야 한다.

(2) 학교의 자원봉사 유관기관과의 협력 부족이다.

학생 봉사활동이 원활하기 위해서는 우선 지역사회 내에 자원봉사업무를 수행하는 단체나 기관들과의 유기적인 협력체제를 통하여 기관의 실정과 이용자들의 요구사항 등을 사전에 파악하여 배치하는 과정에서 발생하는 시간과 자원을 낭비하지 않도록 한다.

(3) 지역사회기관과의 연계 및 프로그램 부족이다.

봉사활동 장소로는 사회복지시설 및 기관, 관공서, 청소년 시설, 사회단체, 지역사회 등 다양하게 존재하고 있으나, 학교와 봉사활동기관과의 연계협조가 잘 이루어지지 않고 있다. 아직도 대학생들의 봉사활동 장소는 대부분 사회복지 관련 기관, 마을이나 학교 정도이며 봉사활동 내용도 단순한 일손 돕기, 주변청소나 환경정화 정도에 머무르는 경우가 많은 것으로 나타나고 있다. 따라서 학생들의 특성을 살리고 흥미를 느낄 수 있는 다양한 프로그램 개발이 이루어져야 한다.

(4) 자원봉사활동 전담인력의 부족이다.

자원봉사는 활동 그 자체가 학습적 측면에서 이루어져야 하기 때문에 기관에서 정규직원이 전담 관리자가 되어 봉사활동에 대한 체계적인 관리가 이루어져야 한다.

(5) 동기부여 및 인센티브 부족이다.

대학의 교육 과정 속에 자원봉사활동 정규 교과목을 개설하고 강의실에서 배운 이론을 현장실습을 통하여 자발적인 자원봉사활동을 참여할 수 있도록 동기부여하고 우수 자원봉사자에 대한 홍보 및 보상을 통하여 자원봉사활동에 대한 사명감과 신념을 가질 수 있도록 동기부여 하여야 한다.

5) 대학생 자원봉사의 활성화 방안

이러한 문제점들의 해결방안으로는 자원봉사교육 및 연수를 강화해야 한다. 자원봉사활동은 성인들의 봉사활동과 같이 봉사활동 그 자체에도 의미가 있지만 봉사학습이란 큰 특성을 갖고 있다. 봉사학습이란 봉사활동 결과보다는 활동과정에서 배우게 되는 교육적 결과에 큰 의미를 갖는다는 뜻이다. 때문에 학생들의 자원봉사활동은 학습적 측면에서 접근하도록 하는 것이 매우 중요하며, 교육적으로 지도되고 평가되어야 한다. 이러한 봉사활동이 잘 이루어지기 위해서는 첫째, 학생 자신뿐만 아니라 대상기관 담당자, 관련 공무원 등 모든 봉사활동 담당자에게 충분한 교육이 이루어져야 한다.

둘째, 지역사회와의 연계활동 구축이다. 학생들의 봉사활동이 잘 이루어지기 위해서는 지역사회 내의 단체, 기관, 지역사회 관계자 등과의 연계 및 협조가 매우 필요하다. 단체 등과 협조하여 다양한 자원봉사활동 기관 및 프로그램 등에 대한 정보교류는 물론 자원봉사 관련 교육과 자원봉사 모집과 배치, 공동 프로그램 운영, 행사개최 등 다양한 연계활동을 수행할 수 있다.

셋째, 다양한 활동기관과 프로그램 개발이다. 현재 봉사활동 기관과 프로그램이 부족하여 학생들의 봉사활동이 매우 제한적이고, 활동내용도 단순한 노력봉사 정도에 머물고 있는 경우가 많다. 학생 자원봉사활동의 활성화를 위해서는 무엇보다 학생이 원하는 다양하고 새로운 봉사활동 프로그램이 개발되어야 하며, 대학생들이 가지고 있는 재능을 발휘하고 능력을 향상시킬 수 있도록 하여야 한다.

넷째, 교과목과의 연계 운영을 들 수 있다. 학생봉사활동이 활성화되기 위해서는 교과목과 연계하여 운영하는 것이 필요하다. 이러한 방법으로는 우선 큰 원칙으로 지역별, 계절별, 과목별 등 다양한 프로그램이 선행적으로 개발이 되어야 한다.

다섯째, 학교에서의 봉사활동 계획 수립이다. 학생들의 봉사활동 계획을 학교에서 구체적으로 세워, 학생들이 자기의 적성과 능력 그리고 소질에 따라 자원봉사활동기관을 선택할 수 있도록 한다.

봉사활동 계획에는 봉사활동을 하는 단체나 기관, 소요인원, 활동기간, 활동시간 등 세부적으로 수립하고 이에 대한 내용을 학교 게시판 및 방송 등을 통하여 홍보하여 학생들의 봉사활동 기회를 놓치는 일이 없도록 한다.

학생들의 참여를 적극적으로 유도하기 위해서는 각종 인센티브를 제공하여야 한다. 장학생 선발 시 자원봉사 경력을 가산하는 것, 봉사활동 경력을 학적부에 기재하는 것, 우수 자원봉사자를 선정하여 표창 등 지속적인 실천이 가능하도록 적극적인 지도와 지원이 필요하다.

3 노인 자원봉사

1) 노인 자원봉사의 의의

노년기는 신체적·경제적으로 커다란 상실감을 겪는 시기이기도 하지만 동시에 새로운 것에 대한 창조의 시기이기도 하다. 과거에 노인은 서비스를 주는 자보다는 일방적으로 서비스를 받거나 도움을 받는 자로 인식되어 왔다. 그러나 오늘날 대부분의 노인들은 건강하고 활발하게 활동할 수 있으며 평생 동안 축적한 지식과 기술을 활용하여 서비스를 제공하는 훌륭한 봉사자가 될 수 있다.

은퇴 후 자신의 능력과 신념을 다른 사람을 위한 자원봉사에 활용하는 것은 이 세상에서 가장 고귀한 일이다. 길어진 노년기의 여가시간을 자원봉사활동을 하면서 보내는 것은 노인 개인뿐 아니라 사회적으로도 매우 의미 있는 일이다. 그러나 노인 자원봉사에 대해서는 아직까지 대다수의 사람들이 노인을 위한 봉사활동으로만 인식하고 있을 정도로 그 활동이 매우 미약한 실정이다.

앞으로 고령화 현상의 노인문제에 대한 사회적 전망이 확대될 것이며 노인인력의 사회적 활용과 노인의 권리와 책임도 커져 노인 자원봉사 비율도 점차 증가하리라 기대된다.

노년기 자원봉사활동은 퇴직생활에 대한 적응력을 높이고 상실되었던 사회적 지위와 역할을 보충해 주는 중요한 대체 역할이 될 수 있다. 즉, 자신들이 유용하다는 느낌을 갖게 함으로써 고독감을 감소시키고 지역사회와의 연대감을 제고시킴으로써 세대 간 사회통합과 인적 자원을 활용하는 점에서 사회적 의의가 크다.

2) 노인 자원봉사의 현황

노인들이 일생 동안 축적해 온 경험과 기술을 충분히 발휘할 수 있고 역할상실에 대체할 수 있는 봉사프로그램이 개발되어야 한다.

우리나라 노인이 참여할 수 있는 자원봉사활동의 영역은 상담 및 교육, 행정, 정치, 법, 경영, 보건 및 의료, 예술, 문화, 레크리에이션, 대인서비스, 환경보호, 교통지도, 청소년 선도 등이 있다.

서울시에서는 사회역할로부터 소외되어 가고 있는 노인들에게 지역사회에 봉사할 수 있는 기회를 제공하여 노인들의 풍부한 지식과 경험을 활용하고 유휴 노인들에게 소득의 기회를 부여함으로써 노인복지 증진에 기여하고자 하는 목적으로 1991년부터 ① 교통할아버지 봉사활동 ② 골목할아버지 봉사활동 ③ 공원관리 봉사활동 ④ 할머니 사회봉사활동 ⑤ 할아버지 선생님 봉사활동 등 다섯 개 부문에 걸쳐 11만 명 이상의 노인에게 일당을 주고 봉사활동에 참여하게 하고 있다. 1995년부터는 환경감시 할아버지 봉사대와 자율방범 할아버지 봉사대를 운영하고 있으며 이에 수백 명의 노인이 참여하고 일당을 받고 있다. 사실 이러한 형태의 사회활동은 자원봉사의 측면보다는 소득보장의 측면이 강하며, 자원봉사는 창의성이 있는 활동이라는 측면에서 본다면 더욱 거리가 멀어진다 하겠다(김동배 외, 2000).

130만 회원을 보유하고 있는 대한노인회에서도 전국 각 지회 또는 노인정 단위로 폐품수집, 청소년 선도사업, 도덕윤리 교육 등을 전개하면서 많은 회원들이 자원봉사활동에 참여하고 있는 것으로 보고하고 있다(김동배 외, 2000).

그러나 대한 노인회의 자원봉사활동은 중앙회 및 정부의 지침을 수용하는 차원에서 수동적으로 또는 선전이나 홍보용으로 실시되고 있는 면이 강하며 지역사회의 특수성이나 욕구를 반영한 독창적인 프로그램이 미흡하다는 점과 지회 또는 노인정 회장의 지도와 능력에 따라 노인 봉사활동이 큰 차이를 보인다는 점 등이 문제점으로 지적되고 있으며(이가옥, 1996), 대부분 이러한 활동들은 체계적으로 이루어지지 않고 일회성으로 끝난다는 점에서 자원봉사활동에 포함시키기가 곤란하다(고양곤, 1999).

3) 노인 자원봉사 영역

노인이 참여할 수 있는 자원봉사 영역은 노인들이 가지고 있는 지식이나 경험, 기술, 지혜 등을 충분히 활용하고 즐거움과 보람을 느낄 수 있는 영역이 바람직하다.

봉사활동은 먼저 활동하는 장소에 따른 구분으로는 가정에서 할 수 있는 자원봉사, 지역사회에서 할 수 있는 자원봉사, 복지·문화·레크리에이션 등의 시설에서 할 수 있는 자원봉사, 조사·모금 등의 자원봉사 등이 있다.

높은 식견과 경륜을 가진 지역사회 노인들은 청소년 선도활동의 일환으로 여름, 겨울방학을 이용하여 청소년들에게 한문교육과 예절교육을 실시함으로써 충효사상과 도덕성 회복에 많은 기여를 하고 있다.

대체적으로 노인은 체력과 순발력이 다른 연령층에 비해 다소 떨어지지만 노인들이 일생을 통해 축적하여 온 경험과 기술을 충분히 발휘할 수 있고 흥미를 느낄 수 있는 봉사활동이 필요하며 도시와 농촌의 지역적 특성을 감안한다면 지역사회의 독창성을 살린 노인 자원봉사활동이어야 한다.

4) 노인 자원봉사의 문제점

노인 자원봉사의 문제점으로는 노인의 자원봉사에 대한 인식부족, 자원봉사활동을 위한 프로그램의 미비, 자원봉사활동의 체계적인 관리 및 전문 담당기관의 부재, 법적, 제도적 지원체계 및 재원 확보의 미흡 등을 들 수 있다(이금룡, 1999).

가장 두드러지는 문제로는 노인들이 할 수 있는 봉사 프로그램이 다양하지 않다는 것이다. 노인 자원봉사프로그램을 개발하는 과정에서 노인의 욕구를 충분히 반영하여 전문직 퇴직자나 개인 역량을 충분히 발휘할 수 있는 경험과 기술을 지역사회에 환원할 수 있는 프로그램을 개발하는 것이 중요하다.

지역사회에는 어떠한 노인들이 거주하고 있는지에 대한 정보와 체계적인 관리가 필요하다. 그리고 이들 집단을 특성별로 세분화하여 그들의 능력과 경험, 욕구 등에 관한 사항들을 파악하여 지역사회 자원봉사활동에 중요한 인적 자원으로 활용될 수 있다.

5) 노인 자원봉사의 활성화 방안

노인의 자원봉사 참여를 활성화하기 위해서는 첫째로 노인들 스스로가 자신들의 참여 가능성을 인지하고 적극적인 대응을 할 수 있도록 동기 부여해야 한다. 또한 휴헤스(Hughes, 1992)에 의하면, 노인들의 자원봉사 동기에는 아노미아(anomia), 이타주의(altruistic), 사회성(social) 등 세 가지로 나눌 수 있다(조휘일, 1998). 특히 노인들은 이타주의와 사회성 이외에 '보상'이라는 것이 중요한 동기 중의 하나인데 이 '보상'이란 아노미아의 한 형태로서 동기부여를 위해 활용할 수 있도록 관심을 가져야 할 것이다. 다른 세대와의 팀 구성을 통한 활동을 계획하는 것은 노인들의 사회관계 확충이라는 욕구를 충족시킴으로서 활동에 대한 충분한 보상을 할 수 있을 것이다.

둘째, 노인들의 참여방법을 홍보하는 방안이다. 건전하고 보람 있는 여가시간의 활용을 위해서 자원봉사활동에 참여를 독려하고 노인들에게 자원봉사활동의 참여방법과 효과를 홍보한다.

셋째, 노인들이 보람을 느끼고 즐겁게 참여할 수 있는 프로그램을 개발한다. 자원봉사활동을 통해 개인적인 성장은 물론 삶의 보람을 만끽할 수 있도록 하는 잘 조직된 프로그램의 개발이 중요하다.

넷째, 노인들에게 자원봉사활동에 참여하는 데 필요한 경비나 이동수단을 제공한다. 봉사활동에 드는 경비를 지원하거나 차량지원을 함으로써 이동에 불편함이 없도록 하여 참여를 증대시킬 수 있다.

4 기업의 자원봉사

1) 기업 자원봉사의 의의

기업의 자원봉사는 지역사회의 일원으로 소속된 몫을 담당하고자 하는 의미로서 기업의 종사자들이 시민으로서 마땅한 사명을 다하는 일이다. 이처럼 각계각층의 조직적인 참여로 이루어지는 자원봉사활동이 선진 사회복지를 만드는 데 밑거름이 될 수 있다.

기업의 자원봉사활동은 '사회적 책임의 수행'이라는 새로운 경영이념에 의한 것으로 기업도 다른 구성원들과 더불어 잘 살 수 있는 길을 모색해야 하며 여러 가지 문제해결과 윤리준수의 주체로서 적극적으로 참여해야 한다.

2) 기업 자원봉사의 중요성

기업 자원봉사활동은 다음의 세 가지 중요성을 가지고 있다.

첫째, 자원봉사활동은 기업 자체가 추구하는 전반적인 기업의 문화와 경제적, 사회적 목적을 달성하고 지역사회와 더불어 공동체 의식을 추구하는 데 효과가 크다.

둘째, 기업의 구성원들은 기술과 전문성을 갖춘 인적자원이다. 따라서 지역사회의 각종 문제를 해결하는 데 기술과 에너지를 공급받을 수 있는 근원이 된다.

셋째, 자원봉사에 참여함으로서 기업의 긍정적 이미지 제고와 경쟁력에 기여한다.

넷째, 조직의 팀워크를 통해 직원들의 사기와 자부심을 증진하고 장기적으로 이윤창출에 기여한다.

3) 기업 자원봉사의 원리

기업들은 임직원들의 자원봉사프로그램이 다음의 상황들에 대응하는 효과적 도구라는 사실을 발견했다(조휘일, 1998).

① 기업들은 당연히 지역사회 문제에 참여해야 한다는 일반 대중, 정부, 그리고 기업 자체 종업원들의 기대에 부응하는 도구들이다.
② 기업들 다수의 이해 당사자들의 관심과 욕구에 답하는 도구이다.
③ 충성스럽고 생산적이며 능력 있고 참여하는 노동력을 형성하는 도구이다.
④ 살 가치가 있고 사업할 수 있는 건강한 지역사회를 창조하게 되는 도구이다.
⑤ 기업들이 도덕적인 용기와 지도력을 나타낼 수 있는 도구이다.

이상과 같은 발견들에서 임직원 자원봉사자의 원리들이 진화해 왔으며 이 원리들은 4가지 요소들로 구성된다.

① 자원봉사프로그램은 기업들의 종업원들이 가지고 있는 그들의 근로환경과

생활환경에서의 삶의 질에 대한 관심에 반응하는 한 방법이다.

② 자원봉사프로그램은 임직원 근로자들의 기술들 특히 지도력과 참여적 의사결정에 있어서의 기술들을 증진하고 강화할 수 있는 한 방법이다.

③ 자원봉사프로그램은 기업이 지역사회 문제해결에 있어 기업참여라는 일반대중의 기대에 확고하게 반응할 수 있는 한 방법이다.

④ 자원봉사프로그램은 기업들이 결과적으로는 기업의 최종이익이 되어 도덕적 지도력을 발휘하는 한 방법이다.

4) 기업의 자원봉사 현황

(1) 삼성의 사회공헌활동

1994년 창단한 삼성사회봉사단은 현재까지 자원봉사활동을 지속해 오고 있다. 2003년 삼성사회공헌백서에 의하면 1994년 676억 원을 시작으로 2003년에는 총 3,554억 원을 사회공헌활동비로 집행하였다. 이를 방법별로 보면 공익사업에 2,200억 원(62%), 기부협찬에 1,300억 원(36.5%), 봉사활동 지원에 54억 원(1.5%)이었고, 분야별로는 학술교육 1,387억 원(39%), 문화예술 1,010억 원(28.4%), 사회복지 970억 원(27.3%), 체육진흥 155억 원(4.4%), 환경보전 23억 원(0.6%), 국제교류 9억 원(0.3%)으로 각각 지원하였다.

자원봉사에 참여한 인원은 총 1,702팀에 총 88,000여 명이었으며 연 인원으로는 435,000여 명이다(삼성사회봉사단, 2004).

삼성의 자원봉사활동을 분야별로 보면 사회복지 분야에는 삼성복지재단이 사회복지 프로그램을 지원하는 '작은나눔 큰사랑 프로그램'과 어린이집 운영, 저소득 아동을 돕기 위한 교구기증사업, 소년소녀가장 지원, 그리고 삼성효행상 수여 등을 실시하고 있다. 삼성생명공익재단은 삼성어린이집의 운영비를 지원하고 보육프로그램의 보급 및 시설지원, 유료양로시설인 노블카운티 운영 등을 실시하고 있다. 개별사 활동으로는 장애인, 아동, 노인, 여성, 저소득 계층 등 취약

계층을 위한 각종 사회복지사업을 활발히 전개하고 있다. 특히 삼성 SDI의 시각장애인 수술지원이나 시각장애인 안내견 사업은 삼성의 대표적인 기업 사회복지활동이라고 할 수 있다.

문화예술 분야에서는 삼성문화재단은 호암미술관, 삼성어린이박물관 등을 운영하고 있다. 창작 국악동요사업을 통해 어린이들이 민족정서를 기르고 고유문화의 가치를 바로 알게 하는 일을 전개하는 등 각종 문화예술 사업을 후원하거나 직접 실시하고 있다. 삼성미술관은 호암갤러리를 운영함으로써 각종 미술행사를 기획하고 주최하고 있다. 개별사 활동으로는 동요보급 활동이나 자원봉사 음악회 등을 각 사별로 전개하고 있다.

학술교육 분야에서는 성균관대학교 운영을 통하여 학문발전에 기여하고 교수, 학생, 직원들이 참여하는 각종 봉사활동을 활발하게 전개하고 있다. 삼성복지재단은 보육관련 연구개발을 지원하고 보육에 관련된 교구를 공모, 전시하는 사업을 실시하고 있다. 삼성언론재단은 언론인 해외연수 및 국내연수 지원을 실시하고 있으며 삼성언론상을 수여하고 있다. 삼성 이건희 장학재단은 인재경쟁의 시대, 두뇌경쟁의 시대에 한국의 새로운 도약을 위해 해외 우수대학 진학예정자들에게 학비와 생활비를 지원하고 있다.

(2) CJ의 사회공헌활동

CJ그룹은 최근 사회공헌활동을 활발히 진행하면서 이를 기업의 이미지와 성공적으로 연계시키고 있는 대표적 기업이다. 1998년도에 10억 원 정도이던 사회공헌활동 비용은 2002년도에 70억 원 규모로 7배나 증가하였다. 이는 2002년도 CJ그룹 매출액의 0.3%에 해당하며, 경상이익의 4.6%에 해당한다.

봉사활동을 살펴보면 인간사랑 부문에서 CJ그룹의 임직원 자원봉사는 모든 봉사활동을 업무시간 중에 진행하는 유급 자원봉사 개념을 도입했고 노력봉사, 학습지도, 정서지도 등 봉사 대상자에게 꼭 필요한 1:1 서비스를 제공하며 봉사활동을 위해 복지기관의 프로그램을 개발·지원하는 등 전문적인 개입을 통해 활동을 조정하고 있다. 2000년 2월부터 푸드 뱅크 사업을 적극적으로 실시하여, 그룹 내 재활용이 가능한 현물, 제품 등을 발굴·활용하여 기부함으로써 경제적 어려움을 겪고 있는 사회구성원들에게 도움을 주고 기업문화 발전에도 이바지하고 있다. 2001년 기준으로 전국 푸드 뱅크 전체 접수가액 중 47%의 비중을 차지하고 있다. 그 밖에 사랑 나눔 기획사업, 긴급재난 구호사업을 펼치고 있다.

자연사랑 부문(환경보전)에서는 '1사 1산하 가꾸기' 운동을 통하여 환경보존활동을 전개하고 있으며 이 밖에도 안양천, 한강 가양동지구, 인천의 월미도, 대구의 두류산 등의 지역에서 지속적으로 환경보존활동을 전개하고 있다.

문화사랑 부문에서는 화음쳄버 오케스트라 지원 사업, 유라시안필하모닉 오케스트라 지원 사업, 객석 10% 나눔 운동 지원 사업, 중국 조선족 문학상 지원 사업을 하고 있다(사회복지공동모금회, 2003).

(3) 포스코의 사회공헌활동

1990년 284억 원을 시작으로 2002년 692억 원을 포함해 누계 1조 6,342억 원을 지출하였으며 분야별로는 인재양성을 위한 포스코 교육재단 운영분야에 1조 2,023억 원(73.6%), 학술교육 분야에 918억 원(5.6%), 체육문화의 체육진흥 분야에 1,169억 원(7.2%), 문화예술 분야에 158억 원(0.9%), 사회복지 향상을 위한 사회복지 분야에 1,924억 원(11.8%), 환경·기타분야에 82억 원(0.5%), 자원봉사 분야에 68억 원(0.4%)을 집행한 것으로 집계되었다. 또한 금전적인 지원 외에 포스코의 시설이용, 철강재, 현물, 인력 등 다양한 형태의 방법으로 사회공헌활동을 펼치고 있으며, 특히 2000년부터는 임직원의 자발적인 봉사활동이 크게 늘어나 자원봉사 본래의 의미를 살린 다양한 활동을 펼치고 있다.

임직원들이 자발적으로 결성한 봉사 팀은 2002년 말 현재 168개(포항지역 79개, 광양지역 89개) 그룹이며 소년소녀가장 지원, 장애인 돕기 등 지역사회의 소외되고 어려운 이웃을 돕기 위해 다양한 활동을 펼치고 있다. 그동안 포스코 임직원의 자원봉사활동 내용을 살펴보면 1990년부터 2002년까지 4만 3,000여 회에 68만 명이 참가하여 임직원 1인당 평균 2.7회의 봉사활동에 참여하였다. 2002년도의 경우 총 2,403개 참가그룹이 4,444회의 활동을 하였으며 연인원 15만여 명의 임직원이 봉사활동에 참가했다.

1991년부터 시작된 자매결연은 지역사회와 포스코를 연결해 주고 지역사회와 함께 발전하기 위한 대표적인 사회공헌활동으로 활발히 추진되어 2002년 말 현재 192개 마을·학교·단체와 결연을 맺고 있다. 포항지역 92개 마을 및 광양지역 100개 마을과 자매결연한 포스코의 각 부서 임직원들은 일손돕기, 환경정화활동, 의료봉사 등 지역사회와 밀착된 다양한 활동을 펼치고 있다.

포스코 임직원들은 그동안의 노하우와 경험을 바탕으로 2003년에 '포스코봉사단'을 창단하였으며, 자원봉사가 포스코의 새로운 기업문화로 자리잡아 가는 새로운 원년으로 출발하고 있다(포스코, 2002).

(4) 유한킴벌리

자원봉사활동을 보면, 첫째, 1984년부터 시작된 "우리강산 푸르게 푸르게" 프로그램을 숲의 환경적·경제적·문화적 가치를 향상시킴으로써 국민들의 삶의 질 향상에 기여함을 목적으로 하고 있다. 주요 활동으로는 시범림 조성, 환경교육, 숲 보호 캠페인, 숲 관련 책자의 제작 및 보급, 숲 관련 연구 및 조사의 지원, 동북아 사막화 방지활동, 북한의 산림 황폐지 복구 활동, 숲이 있는 학교 만들기, 공익 숲 포탈사이트(www.forestkorea.org) 운영 등이 있다.

둘째, 사회복지를 위한 네 가지 프로그램으로 1972년부터 시작된 모자보건, 국민위생, 노인복지 프로그램 개발 운영으로 국민의 삶의 질 향상을 목적으로 하고 있다. 주요 활동으로는 보건과 성에 관한 현장교육, 노인복지활동, 사회복지활동, 화장실 문화 개선을 위한 국민 캠페인 참여 등이 있다.

셋째, 자율적인 임직원 봉사활동은 1980년부터 시작되었다. 이 프로그램은 직장 내 동아리, 사업장, 팀별로 임직원들이 자율적으로 구성하여 활동하고 있다.

주요 활동으로는 복지시설 및 소년소녀가장과의 자매결연·후원활동, 방문 봉사활동으로는 노력봉사, 김장 담그기, 세탁봉사 등이 있다(유한킴벌리, 2004).

5) 기업 자원봉사활동의 활성화 방안

기업의 사회공헌은 지역사회의 문제를 해결함과 동시에 사회의 기대에 부응할 수 있는 '좋은 기업'으로 각인되어 결국은 소비자가 선택하는 기업 간의 경쟁 속에서 성공할 수 있는 기업이 된다. 현대사회에서 기업의 영향력이 증대하면서 그에 따라 기업에 대한 책임과 공헌에 대한 기대도 함께 높아지고 있다.

이와 같이 기업의 자원봉사활동은 사회적 공헌의 대표적 활동으로 꾸준히 증가하여야 할 것이다.

기업 자원봉사 활성화 방안을 살펴보면 다음과 같다.

(1) 기업 최고경영자의 자원봉사에 대한 이해와 의지가 필요하다.

기업의 총수, 최고경영자가 자원봉사에 대해 이해하고 그 필요성을 인정하여 사원들의 자원봉사를 지원해야 하며 스스로 봉사하는 지도자(servant leader)로서 개척자적인 모습을 보일 때 사원들은 지도자를 모방하고자 하는 동기가 우러나게 된다. 또한 사원들은 위로부터 지시가 나오기 전에 자발적으로 자원봉사에 참여하고 최고경영자는 사원들과 자유롭게 의견을 교환하며 결정된 사항은 일관성 있게 수행하여야 한다.

(2) 직원들에게 자원봉사를 의무화하여 누구든지 참여하도록 격려하고 지원해야 한다.

자원봉사는 남을 도울 뿐만 아니라 자신을 돕는다는 사실을 깨닫게 되면 자원봉사를 계속하도록 하는 속성이 있으므로 기업 내의 자원봉사관리자는 전 직원들이 참여하는 자원봉사의 확실한 목표, 수행절차, 평가 등에 관한 프로그램을 개발하되 여기서 재미있는 행사성인 집단 프로그램들을 통해 직원들로 하여금 부담 없이 자원봉사에 참여할 기회를 제공하면 더욱 바람직하다. 그리고 기업 측에서는 자원봉사를 잘 한 직원들에게 포상 제도를 마련하여 격려해 주어야 한다.

(3) 기업 내에 자원봉사전담직원을 따로 두어 전문적으로 수행하도록 해야 한다.

전담직원은 지역사회와 좋은 관계를 맺을 수 있는 능력을 가진 사람이 적합하다. 또한 자원봉사프로그램을 개발할 때 봉사를 받을 대상자가 필요로 하는 도움이 무엇인지를 파악하여 봉사자들이 봉사를 함에 있어서 항상 사전협의를 통해 봉사 대상자들의 요구가 존중되고 지지되는가를 확인, 지도할 필요가 있다. 기업의 경영형편상 전담직원 가운데 사회복지를 전공한 사람들을 포함시킬 수 있다면 대단히 바람직하나 그렇지 못한 경우에는 외부로부터 전문적 지식을 가진 사람들을 자문 자원봉사자로 활용하여 도움을 받을 수도 있다.

(4) 자원봉사활동에 대한 지속적인 직원 교육이 필요하다.

자원봉사를 시작하기 전에 사전교육은 필수적일 뿐만 아니라 자원봉사가 진행되는 과정에서도 지속적인 교육이 필요하며 이를 위해 외부의 전문 강사를 초빙하거나, 자원봉사 직원들을 외부의 교육기관, 사회단체 등의 교육 프로그램에 참여하도록 기회를 제공해야 한다.

(5) 기업의 자원봉사프로그램의 개발이 필요하다.

기업의 특성을 살릴 수 있는 대표적인 자원봉사프로그램을 선정하고 아울러 기업과 가정 사이의 벽을 허물고 직원들의 직무 만족을 높이기 위해 가족들을 참여시키는 자원봉사프로그램을 개발한다.

(6) 자원봉사활동의 계속적인 평가제도가 필요하다.

기업은 자원봉사를 처음 기획할 때 사원들의 자원봉사 동기뿐만 아니라 그 과정, 그리고 자원봉사를 통해 달성하고자 하는 목표에 대한 평가까지 염두에 두고 어떤 목표를 달성하며 그 목표달성을 무엇으로 확인할 수 있는지에 관한 평가계획을 함께 수립해야 한다. 그리고 자원봉사를 평가하는 계획을 수립하고자 할 때 봉사기관의 의견도 반영한다.

(7) 기업의 자원봉사는 물질적 도움뿐만 아니라 노력봉사의 의미를 깨닫게 한다.

(8) 파트너십 의식을 갖고 지역사회와 연계함이 중요하다.

기업은 단독으로 일할 때보다 지역사회의 공공기관, 민간단체, 타 기업 등과 파트너십을 가지고 같이 일할 때 효과를 극대화할 수 있다. 지역사회에서 신뢰를 받을 수 있는 기업이 되기 위해서는 지역사회문제 해결 과정에 협력자가 되어 다른 기관들이나 단체의 사람들과 조화롭게 일하면서도 창의성과 지도성을 발휘할 수 있어야 한다.

참고문헌

강성도 외(1999). 자원봉사의 이론과 실제. 서울: 동남기획.

고양곤(1999). 노인자원봉사 활동의 활성화 방안. 노인복지연구, 제6호, 한국노인복지학회.

권순종 외(2010). 자원봉사론. 경기: 양서원.

김근조(2000). 사회봉사 이론과 사례연구. 서울: 광은기획.

김동배(2000). 노인과 자원봉사. 서울: 대영문화사.

김범수 외 (2009). 자원봉사론. 서울: 학지사.

김영호 외(2007). 자원봉사의 이론과 실제. 서울: 창지사.

류기형 외(2009). 자원봉사론. 경기: 양서원.

박용순(2002). 사회복지개론. 서울: 학지사.

박태영 외(2004). 자원봉사론. 서울: 백산.

배기호 외(2008). 자원봉사론. 경기: 공동체.

사회복지공동모금회(2003). CJ 봉사활동 현황.

삼성사회봉사단(2004). 봉사활동프로그램. 삼성사회봉사단.

우재현(2001). 산업복지원론. 대구: 정암서원.

유한킴벌리(2004). 봉사활동프로그램. 유한킴벌리사회봉사단.

이가옥(1996). 한국노인자원봉사의 현황과 과제. 제2회 세계노인의 날 기념세미나.

이금룡(1999). 노인자원봉사 활성화에 관한 담론. 노인과 자원봉사활동. 한국노인의 전화. 밝은 노후를 만들어가는 사람들의 모임.

이필환 외(2007). 자원봉사론. 형설.

정하성(2004). 신자원봉사론. 서울: 백산.

조휘일(1998). 현대사회와 자원봉사. 서울: 홍익제

최덕경 외(2008). 자원봉사론. 경기: 공동체.

통계청(2008). 경제활동인구연보.

포스코(2002). 봉사활동프로그램. 포스코사회봉사단.

한국대학사회봉사협의회(2007). 대학생 사회봉사교과목 개설현황.

한양대학교 사회봉사단(1995). 대학의 사회봉사. 한양대학교 출판사.

현외성(1998). 대학사회봉사론. 서울: 유풍출판사.

CHAPTER 11

활동분야별 자원봉사

1 아동대상 자원봉사활동

1) 아동의 정의

아동에 대한 정의는 관점에 따라 조금씩 차이를 보인다. 유엔의 아동권리협약(제1조)과 우리나라의 아동복지법(제2조 제1항)에서는 아동을 18세 미만에 해당되는 영·유아부터 청소년까지로 정의하고 있다. 반면 발달론적 관점에서는 태아(수정~출생), 영아(출생~2세), 유아(2~6세), 학령기 아동(6~12세), 청소년기에 해당되는 연령(12~18세)을 아동으로 정의한다. 한편 일상생활에서 아동이라 함은 흔히 초등학생 이하를 말한다. 본 장에서는 대상별 자원봉사활동에 대한 이해를 돕는 차원에서 아동을 영·유아와 초등학생까지로 한정하고자 한다. 이때 아동의 개념은 수적 연령개념만을 말하는 것이 아니라 해당연령에 속한 아동들이 갖는 신체적·인지적·사회적·정서적·도덕적 성장과 발달 측면을 모두 아우르는 전체성에 기반한 것을 말한다.

2) 아동대상 자원봉사활동의 필요성

유엔은 세계인권선언과 국제인권규약을 통해 어떠한 여건 속에서도 인간은 모든 권리와 자유를 누릴 수 있어야 하며, 아동은 어른과 동등한 자유와 권리를 갖는다고 천명하였다. 또한 유엔 아동권리협약전문을 통해 아동의 조화로운 인격 발달을 위해서는 가족적인 환경과 행복, 사랑과 이해 속에서 성장되어야 하며,

사회인으로서 삶을 살아가기 위해서는 충분한 준비가 이루어져야 한다고 하였다. 즉, 미성숙한 아동이 건강한 성인으로 성장되기 위해서는 가정과 사회의 돌봄이 필수적이며, 돌봄의 책임이 가정과 사회에 있다는 것이다. 이에 가정이 해체되거나, 해체가정은 아니더라도 부모가 실직하여 경제적 빈곤으로 아동을 적절하게 양육할 수 없으며, 학대와 방임·유기하는 등 양육기능을 상실한 가정에 대해서는 사회의 적극적인 개입이 요구된다. 아동은 미성숙하여 보호자에게 의존하여 생존할 수밖에 없기 때문에 부모가 갖는 문제와 고통이 고스란히 아동의 삶에 직·간접적인 영향을 주게 된다. 결과적으로 부모의 문제와 고통이 자녀에게로 대물림됨으로서 사회적 개입이 이루어지지 않는 한 문제는 순환성을 보일 것이며 전체 사회체계에도 부정적인 영향을 미칠 것이다. 따라서 위기에 처한 아동을 대상으로 하는 자원봉사활동이 갖는 사회적 의미는 매우 크다고 볼 수 있다.

3) 개입대상 아동

아동이 지닌 특수한 욕구와 문제의 특성(시급성과 대표성) 등에 따라 개입대상 아동을 크게 3개 집단으로 나누어 살펴볼 수 있다.

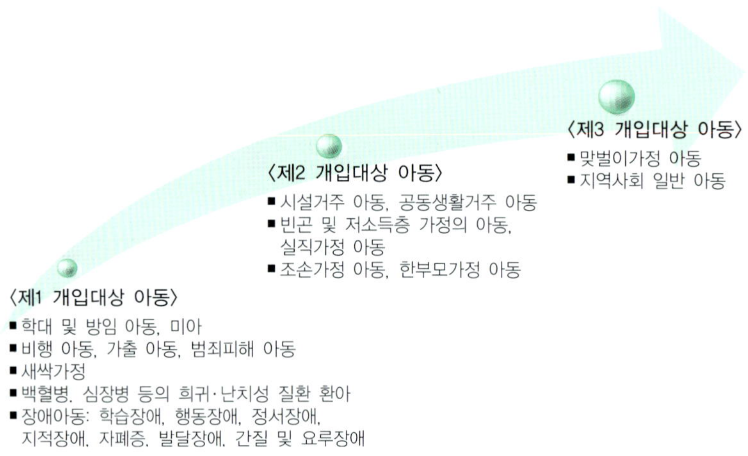

[그림 11-1] 개입 시급성과 대표성에 따른 분류

(1) 제1 개입대상

제1 개입대상으로는 부모학대 및 방임 아동, 미아, 비행 아동, 가출 아동, 범죄 피해 아동, 새싹가정, 백혈병, 심장병 등의 희귀·난치성 질환을 앓고 있는 아동, 장애 아동(학습장애, 행동장애, 정서장애, 지적장애, 자폐증, 발달장애) 등이 있으며, 이들 아동들의 경우 개입시기가 지체될수록 아동의 건강이 해칠 수 있다는 점에서 우선적 개입이 요구된다. 희귀·난치성 질환 아동과 장애아동의 경우 장기적인 의료 및 재활서비스로 인해 돌보는 가족 역시 상당한 정신적·신체적 고통을 경험하게 되며, 심각한 경제적 어려움에 처할 수 있어 아동과 더불어 가족에 대한 개입도 병행되어야 한다. 학대·방임 아동의 경우 자원봉사활동에 있어서 가장 중요한 것은 발견과 신고(전화 129, 1577-1391)와 같은 위기 개입이다. 즉, 신체적 학대, 정서적 학대, 그리고 성적 학대가 의심되거나 발견한 경우, 부모나 친척으로부터 버림받거나 방임되는 아동을 발견한 경우, 그리고 유해한 환경에서 비도덕적인 노동에 이용당하는 아동을 발견하였을 때 신고자의 인적사항, 피해아동과 학대행위자의 인적사항 파악, 학대의 정확한 내용을 파악(학대의 심각성, 발생빈도, 지속성, 방법, 학대 유형 등)하여 신고[1]하는 등 신속한 위기개입 노력이 우선되어야 한다. 가출아동의 경우도 발견하면 신고와 더불어 적절한 조치가 요구되는 위기개입 대상이다. 가출한 아동을 발견하여 귀가조치를 돕는 것이 끝이 아니라 가출한 이유에 대해 정확히 파악하고 후속개입도 할 수 있어야 한다. 아동의 건강한 성장을 위해서는 가족의 건강성도 중요하기 때문에 건강하지 않은 가족의 경우 단순하게 귀가조치만이 해답이 될 수는 없다. 새싹가정 아동의 경우는 유해환경에 노출될 가능성이 높으며, 기본적인 생리적 욕구 충족과 건전한 생활습관형성에 필요한 적절한 양육과 지도를 받기 어렵다. 가정에서 학교생활에 필요한 준비물을 챙기고, 과제물 완수를 점검해 주고, 등·하교 시간관리 등이 이루어지기 어렵기 때문에 근면성의 획득에 실패가 따를 수 있

1) 초록우산 홈페이지(http://1391.org). 아동학대신고(신고요령).

다. 에릭슨은 근면성 획득은 아동기의 주요 발달과업이며, 이에 실패할 경우는 열등감을 갖게 된다고 했다. 학교생활에서 근면성 획득에 실패할 경우 특히 또래관계에서도 열등한 위치에 놓이기 쉬워 또래와의 관계형성에 부정적인 영향을 미칠 수 있다. 이처럼 아동을 대상으로 하는 자원봉사활동은 가정생활과 학교생활 등 전반적인 영역에서 이루어져야 한다. 일회성에 그치는 자원봉사활동보다는 지속적인 관계를 통해 부모의 역할, 후견인의 역할, 그리고 멘토역할을 수행해 줄 수 있는 자원봉사활동이 더 효과적이라고 볼 수 있다.

(2) 제2 개입대상

제2 개입대상으로는 시설거주 아동, 공동생활거주 아동, 빈곤 및 저소득층 가정의 아동, 실직가정 아동, 조손가정 아동, 한부모가정의 아동 등을 들 수 있다. 요보호아동의 보호유형에서 여전히 시설보호(아동양육시설, 일시보호시설, 장애아동시설, 공동생활가정시설)가 가장 큰 비중을 차지할 만큼 시설거주 아동에 대한 복지적 개입은 중요한 의미를 갖는다.

첫째, 시설거주(공동생활거주 포함) 아동의 경우 제1 개입대상 아동들에 비해 시설보호를 받고 있다는 점에서는 일차적인 욕구 및 문제해결에 대해서 시급성은 덜 할 수도 있지만 일반가정의 아동과 달리 시설거주 아동만이 갖는 독특한 경험을 갖는다. 이 부분에 대해서 자원봉사자들은 주의를 가질 필요가 있다. 왜냐하면 시설이라는 특수한 환경이 아동에게 미치는 영향과 더불어 시설입소 이전에의 경험(부모의 죽음, 부모의 이혼과 별거, 부모로부터의 학대 및 유기 등)으로 인한 심리적 외상은 이후 성장에도 부정적인 영향을 미칠 수 있기 때문이다. 또한 입소 이후에 시설아동으로서 학교에서 일반가정의 아동과 다르다는 점 때문에 또래집단으로부터의 배제경험은 고립감과 소외감, 대인불안, 우울 등 심리적 안녕감을 저해할 수 있는 다양한 갈등상황에 노출되기 쉽기 때문이다. 따라서 시설아동을 대상으로 하는 자원봉사활동은 물질적 지원을 넘어 심리·정서적 지원에도 각별히 관심을 가질 필요가 있다.

둘째, 실직가정 아동, 저소득층 아동, 한부모가정 아동, 조손가정의 아동 등은 보호자의 경제적 곤란과 가족이 보유한 다양한 문제로 인해 적절한 양육보호가 어려울 수 있다. 이들 가정 아동들은 환경의 부정적인 요인들로 인해 정서적 불안과 학습장애, 학교생활부적응 등의 문제가 발생될 가능성이 높다. 따라서 자원봉사자는 아동의 욕구충족이 시의적절하게 이루어지고, 원만한 사회적 관계 형성을 할 수 있도록 도와주어야 하며, 더 나아가 가족 내 존재하는 다양한 문제들에 대해 전문적이고 체계적인 접근을 통해 문제해결을 도울 수 있어야 한다.

(3) 제3 개입대상

제3 개입대상은 지역사회거주의 일반가정 아동과 맞벌이가정 아동이다. 제1 개입대상 아동과 제2 개입대상 아동에 비해 이들이 갖는 문제의 시급성과 심각성은 상대적으로 낮게 인식될 수 있다. 그러나 지속적으로 여성의 사회진출이 확대되고 있고 생계형 맞벌이가정도 증가하고 있어 아동의 안전과 건강한 성장을 위한 사회적 지원 욕구도 높아지고 있다. 특히 아래 〈표 11-1〉과 같이 최근 학교폭력피해가 과거에 비해 저연령화되는 특성을 보이고 있어 아동들의 안전한 학교생활과 건강한 성장을 위한 개입의 필요성이 요구됨을 볼 수 있다.

〈표 11-1〉 **최초 학교폭력피해 시기**

항목	2010		2011	
	빈도(명)	비율(%)	빈도(명)	비율(%)
초등 1–3학년	174	17.5	750	26.5
초등 4–6학년	356	35.9	1,311	46.2
중 1학년	186	18.8	355	12.5
중 2학년	124	12.5	253	8.9
중 3학년	98	9.9	75	2.6

항목	2010		2011	
	빈도(명)	비율(%)	빈도(명)	비율(%)
고 1학년	53	5.4	60	2.3
고 2학년	-	-	30	1.0
전체	991	100.0	2,834	100.0

출처: 청예단(청소년폭력예방재단) 홈페이지(www.jikim.net).

4) 아동 대상 자원봉사자의 역할

아동의 건강한 성장을 위해서는 부모 혹은 보호자로부터의 보호가 필수적이며, 이를 통해 개인적 수준·능력과 관심에 따라 신체적, 지적, 사회적 발달을 이루게 된다. 자원봉사자는 아동의 건강한 성장을 위해서 이들의 인간화, 사회화를 도울 수 있어야 한다. 때로 아동과 그 가족이 받는 고통이 심각할 경우에는 치료자로서의 역할을 수행할 수 있어야 하고, 더 나아가 클라이언트의 문제해결을 돕는 적극적인 동참자로서의 역할도 할 수 있어야 한다.

(1) 인간화(건전한 인격체로서의 성장을 돕는 일)

아동은 부모 혹은 보호자로부터의 사랑과 애정에 민감하여 생리적 욕구, 소속욕구와 사랑욕구 등 인격적 욕구(personality needs)의 즉각적인 충족을 원한다. 아동이 독립적 객체로서 온전하게 성장하기 위해서는 인격적 욕구가 잘 충족되어야 하는데, 이러한 욕구충족에 실패할 경우 아동은 정체성과 생존의 위협감을 느끼게 된다.

(2) 사회화(사회적 관계 형성을 위한 지원)

아동의 건전한 인격체로서 성장을 위해서는 부모 혹은 보호자와의 신뢰관계 및 애착관계 형성이 매우 중요하며 이것은 아동의 사회화에 중요한 영향을 미치게 된다. 부모로부터 학대, 방임 및 유기를 경험한 아동들은 타인과의 관계형성에 대해 불안과 두려움을 갖는다. 자신을 짐이 되는 존재로 여기기 쉬우며, 또한 버림받을 수 있다는 두려움 때문에 타인과의 친밀한 관계형성에 어려움을 겪는다. 자원봉사자는 이들이 경험한 아픔에 대한 공감적 이해와 수용을 바탕으로 타인과 건강한 관계형성의 성공적 경험을 제공함으로써 이들의 사회화를 도울 수 있다.

(3) 치료자 및 동참자(아동의 문제 해결을 돕는 자의 역할)

최근 범죄피해 연령이 낮아지는 추세이다. 특히 부모 및 보호자로부터 적절한 돌봄을 받지 못하고 방치된 아이들이 범죄에 노출된 사례가 늘고 있다. 자원봉사자는 치료적 성격의 문제를 갖는 클라이언트에 대해서는 치료자로서의 역할을 수행할 수는 있다. 그러나 자신의 역량 이상의 활동을 시도하여 돕기보다는 문제해결을 효과적으로 도울 수 있는 전문인에게 의뢰하는 것이 바람직하다. 자원봉사자는 이러한 과정에서 클라이언트가 용기를 잃지 않고 문제해결을 향해 최선을 다할 수 있도록 지지자로서의 역할을 수행할 수 있으며, 또한 클라이언트를 위한 옹호활동과 피해대책마련을 위한 캠페인 등과 같이 적극적인 동참자로서의 역할도 행할 수 있어야 한다.

5) 아동대상 자원봉사활동 내용

- 정서·심리지원 : 아동상담, 또래상담, 집단상담, 가출아동 상담, 가정폭력 및 성폭력 피해 아동상담
- 케어 : 영아시설에서 기저귀 정리, 아이돌보기, 베이비시터

출처: 노컷뉴스 홈페이지(http://www.nocutnews.co.kr).

[그림 11-2] 아이돌보기 자원봉사활동

- 부모역할 대행 : 일일부모, 주말부모
- 일상생활 지도 : 청소, 취사, 세탁, 수선, 가계관리, 위생지도
- 특수지원 : 교정치료, 특수교육
- 보건지원 : 의료봉사, 보건진료활동
- 생활안정 및 경제생활지원 : 결연과 후원을 통한 보호활동, 자매결연, 경제적 지원(생활용품, 학습용품 지원), 후원 및 모금활동
- 보호육성 : 학교주변 유해환경 모니터 및 치안관리, 등·하굣길 교통안전지도, 비행 및 범죄 예방 캠페인, BBS활동[2], 건전한 여가선용지도, 사회성 향상을 위한 사회활동지원, 각종 캠페인(유해물질 및 흡연사용금지, 학교폭력예방, 비행 및 범죄예방, 학교체벌금지, 촌지 및 불법찬조금 근절, 아동학대·방임·성폭력 등으로부터의 아동인권보호활동, 소년·소녀가정 돕기, 심장병어린이 수술비모금, 편지쓰기 등)

2) 1904년 뉴욕에서 시작되어 현재 전 세계적으로 확산된 활동으로서 소외된 아동 및 청소년과 새싹가정의 가장 등을 1:1로 결연시켜 이들에게 형제·자매, 부모 등의 역할수행을 통해 건강한 성장을 지원해 주는 운동임.

- 가족지원 : 부모역할코칭, 가족관계개선, 의사소통훈련, 가족구성원 개별상담
- 교육지원 : 문화 및 역사교육, 방문학습지도(저소득층, 시설), 컴퓨터지도, 예체능지도, 성교육, 도서관 책대여 및 반납관리, 도서정리, 학습자료 제작 지원, 책읽기 지도, 방과 후 지도, 미술관 및 동물원 자원봉사
- 여가지도 : 문화예술공연, 놀이지도, 특기교육, 야영활동, 자원봉사활동 지도, 장난감 대여, 장난감 위생 관리 및 수리, 체육활동지도(인라인스케이트, 축구, 야구 등), 여행 및 체험학습활동 지원
- 시설업무지원 : 관련 단체 및 시설에서의 업무보조, 유해환경조사와 같은 시설지원, 사회복지시설 방문조사, 조사활동(유해문화 및 환경조사, 감시), 자원봉사활동 정보지 제작, 지역사회신문제작

6) 아동대상 자원봉사활동을 위한 자원봉사자의 자세

아동이 성장과정에서 자신과 사회에 대해 긍정적인 이미지를 형성하고 건강하게 성장하도록 돕기 위해서는 자원봉사자는 아래와 같은 사항들을 고려해야 한다.

- 자원봉사활동은 아동의 욕구수준에 맞는 '눈높이'식 개입이어야 한다. 자원봉사자는 아동의 욕구를 세심히 관찰하고 그들의 수준에서 그들이 원하는 방향과 방법을 선택해 그들과 함께 하여야 한다(류기형 외, 2009). 자원봉사활동을 계획하고 실행하는 데 있어 아동에게 능동적으로 참여할 수 있도록 기회를 제공하는 것은 주체성과 책임감, 성취감 등의 획득을 통해 긍정적인 자기 이미지 형성을 돕는다.
- 변화에 대한 인내심과 여유를 가져야 한다. 심각한 문제를 갖는 대상일수록 변화 유도까지의 과정은 많은 인내를 필요로 한다. 부정적인 행동과 정서에 대해서 인내심을 갖고 믿어주며, 지지해 주는 자세가 필요하다. 만약 인내를 갖지 못하고 포기할 경우 클라이언트는 자신의 사고의 왜곡된 도식을 재차

합리화하며 부정적인 측면들을 더욱 단단히 고착시킬 수 있다.

- 일상생활을 영위해 나가는 데 있어서 필요한 다양한 기술을 학습할 수 있도록 좋은 모델링의 역할을 수행할 수 있어야 한다.
- 아동과의 관계에서 말과 행동은 가식이 없는 진솔성을 지녀야 한다.
- 의사소통 시 역기능적이고 간접적인 표현은 피하며 직접적이고 자기, 타인, 상황이 일치된 순기능적인 의사소통을 하도록 노력해야 한다.
- 아동과의 사소한 약속도 소중하게 지키며 이행할 수 있어야 하며, 약속된 시간을 철저히 엄수함을 통해 신뢰관계를 형성할 수 있어야 한다.
- 자신의 말과 행동에 책임을 질 수 있어야 한다.
- 안정적이고 지속적인 자원봉사가 이루어질 수 있도록 무리한 개입이나 일관성 없는 활동은 자제한다. 아동으로 하여금 충족되지 못할 과대한 욕구와 기대를 갖게 하는 것은 욕구충족의 실패에 따른 좌절감을 낳게 한다. 따라서 자원봉사활동에서 중요한 것은 아동에 대한 지속적인 관심과 지속가능한 안정적인 개입, 그리고 아동에 대한 진정한 이해라 하겠다.
- 자원봉사자는 아동의 올바른 사회화를 위해 이들로 하여금 스스로의 감정을 언어로 표현할 수 있도록 격려하며 적의나 소극적인 감정을 희망적인 것으로 승화시킬 수 있도록 도와야 한다(류기형 외, 2009).
- 민감성을 길러야 한다. 아동은 어른과 달리 자신의 감정과 상황, 문제를 논리적으로 표현하고 분석하는 데 있어 미숙하다. 이에 자원봉사자는 아동의 정서와 환경변화에 대한 민감성을 길러 문제 상황을 적절히 대처하고 해결해 나갈 수 있어야 한다.
- 아동의 잠재능력에 대한 믿음을 가져야 한다. 변화를 가능케 하는 원동력은 현란한 사회복지실천기술이 아니다. 클라이언트가 변화될 수 있고, 성장할 수 있다는 믿음이 필요하다. 이것은 자원봉사자의 눈빛, 말과 행동을 통해서 아동에게 전달된다. 한결같이 자신을 믿어주고 기대해 주는 사람이 있다는 것은 세상을 살아가는 데 큰 힘이 된다.

- 시혜적인 차원에서의 접근은 부정적인 결과를 낳는다. 섣부른 동정심과 연민에 의한 시혜는 클라이언트에게 수치심을 줄 수 있다. 일회성의 시혜적 지원은 일시적으로 물질적인 만족감을 줄 수는 있지만 자칫 부정적인 결과로서 의존심만을 조장할 수도 있다. 또한 인간과 사회에 대한 무기력감, 불신, 자존감을 낮추는 역효과를 불러일으킬 수 있기 때문에 유의해야 한다.

2 청소년을 위한 자원봉사활동

1) 청소년의 일반적 특성

청소년기가 되면 부모의 보호와 간섭으로부터 벗어나 부모보다는 또래관계에게 더 많은 관심을 갖고 또래와의 동일시를 통해 또래문화에 쉽게 동조하는 경향이 있다. 외모에 상당한 관심을 보이며, 소비 지향적이고, 현실감각이 부족하여 인기연예인과 대중문화에 대한 관심이 높다. 〈표 11-2〉와 같이 청소년들의 유해한 영상매체에 노출될 위험성이 지속적으로 증가하고 있고 특히 특수집단(위기청소년-비행, 가출, 학교부적응 청소년)에는 노출위험도가 일반집단의 청소년들에 비해 많게는 30% 이상 높게 보고되고 있어 매우 심각한 수준임을 알 수 있다. 이에 위기청소년들의 건강한 성장을 위한 사회적 관심과 적극적인 개입이 절실히 요구된다.

〈표 11-2〉 **청소년 유해매체 이용경험률**

(단위: %)

	2007		2008		2009		2010		2011
	일반 집단	특수 집단	일반 집단	특수 집단	일반 집단	특수 집단	일반 집단	특수 집단	일반 집단
	청소년	청소년	청소년	청소년	청소년	청소년	청소년	청소년	청소년
성인용간행물	27	45.5	29.6	60.5	35.9	61.5	38.3	66.4	41.1
성인용영상물	33.4	52.2	37.3	64.8	28.7	52.4	27.8	57.1	32
인터넷사이트 (음란물)	32.7	48.3	35.9	60.9	36.6	46.7	38.3	55.7	37.3
일반방송프로그램 (19세 미만 시청불가)	35.8	46.2	41.8	61.5	30.8	43.8	29.4	48	25.3
온라인사행성게임	32	48.1	37	65.2	37.2	53.6	46.1	66	41.2
청소년이용불가게임	35.5	47.9	44.1	63.9	36.2	42.9	49.5	58.7	47.4

* 청소년 유해 매체물 이용 경험률.
  - 인터넷사이트 : 음란사이트, 청소년유해사이트.
  - 일반방송프로그램 및 성인케이블방송 : 19세 이상 시청프로그램.
  - 2011년도 조사에서 특수청소년에 대한 조사는 예산 부족 등의 사유로 미실시함.

출처: 여성가족부 홈페이지. 청소년유해환경접촉종합실태조사.

또한 청소년기는 입시, 친구선택, 진로결정, 신념체계의 확립 등 아동기와는 달리 달성해야 될 과업이 과중하여 상당한 역할스트레스를 경험하게 된다. 다음 [그림 11-3]과 [그림 11-4]와 같이 청소년상담원에 접수된 청소년들의 상담은 지속적으로 증가하고 있으며, 중학생들의 상담이용이 가장 높음을 알 수 있고 청소년들은 학업 및 진로에 대한 스트레스로 가장 힘들어 하고 있으며, 그 다음으로는 대인관계문제가 큰 고민거리임을 알 수 있다.

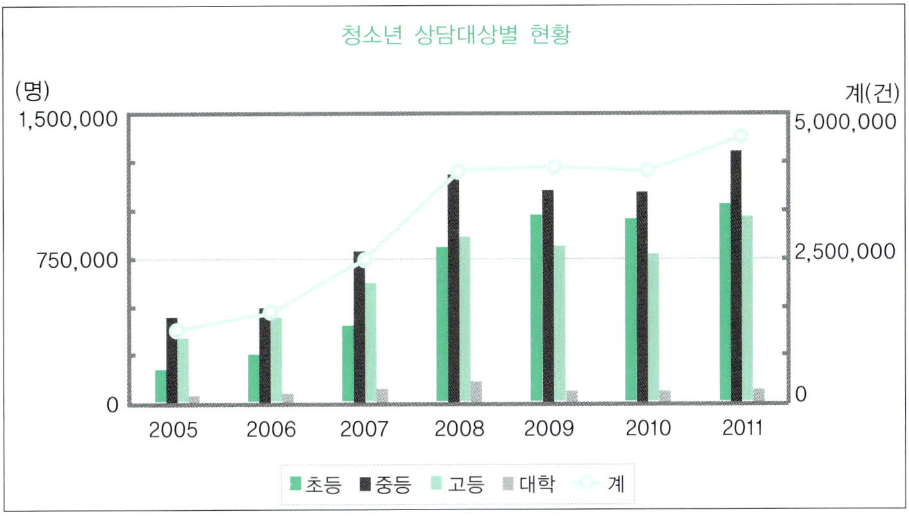

[그림 11-3] 청소년 상담원의 상담대상별 현황

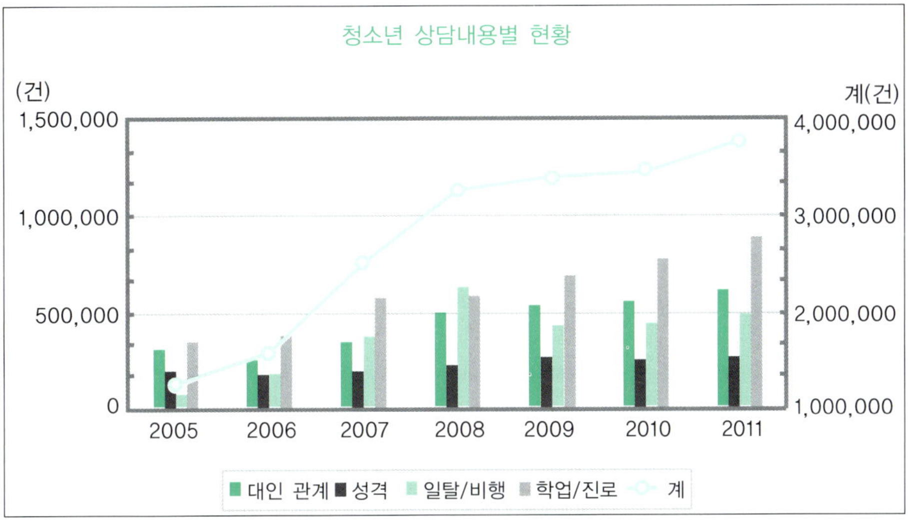

* 1998년 이후 전국적인 상담내용별 통계 집계가 시작.
* 1998년에는 16개 시도청소년상담지원센터(당시 청소년종합상담실)의 실적만 집계, 1999년 이후 시군구청소년지원센터(당시 청소년상담실)의 실적이 합산되었음.
* 2004년 이후 실적은 전체 지역청소년(상담)지원센터의 실적에 한국청소년상담원의 실적을 합산함.

출처: 보건복지가족부 홈페이지. 청소년백서 및 한국청소년상담원상담통계.

[그림 11-4] 청소년 상담원의 상담내용별 현황

또한 아래 [그림 11-5]와 같이 우리나라 청소년들은 성인에 비해 높은 우울감과 자살생각을 경험하는 것으로 나타났다. 특히 스트레스와 우울감 정도가 성인에 비해 상당히 심각한 수준이고, 자살생각 또한 성인보다 높게 나타나 이들의 정신건강에 대한 사회적 관심이 요구됨을 알 수 있다. 이렇듯 청소년기는 생애주기에서 가장 많은 스트레스를 경험하는 때이다. 이들을 대할 때는 권위적인 태도보다는 따뜻하고 수용적이며, 비심판적인 태도가 우선되어야 함을 명심해야 하겠다.

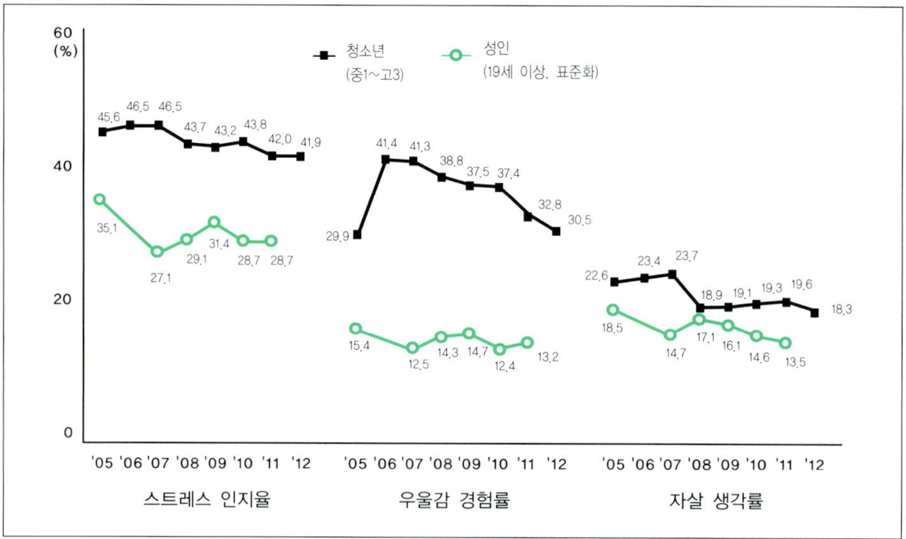

* 스트레스 인지율: (청소년) 평상시 스트레스를 '대단히 많이' 또는 '많이' 느끼는 편인 사람의 분율 / (성인) 평소 일상생활 중에 스트레스를 '대단히 많이' 또는 '많이' 느끼는 분율.
* 우울감 경험률: (청소년) 최근 12개월 동안 2주 내내 일상생활을 중단할 정도로 슬프거나 절망감을 느낀 적이 있는 사람의 분율 / (성인) 최근 1년 동안 연속적으로 2주 이상 일상생활에 지장이 있을 정도로 슬프거나 절망감 등을 느낀 분율.
* 자살 생각률: (청소년) 최근 12개월 동안 심각하게 자살을 생각한 적이 있는 사람의 분율 / (성인) 최근 1년 동안 죽고 싶다는 생각을 해본 적이 있는 분율.
* 자료원: 청소년건강행태온라인조사 '05~'12년(조사대상은 '05년 중1~고2, '06년부터 중1~고3이므로 연도 비교 시 주의), 국민건강영양조사 '05~'11년.

출처: 보건복지부 홈페이지. 질병관리본부/교육과학기술부 보도자료(2012. 11. 02일).

[그림 11-5] 스트레스 인지율, 우울감 경험률, 자살 생각률

2) 개입대상 청소년

청소년들을 위한 자원봉사활동은 개입대상에 따라 특수 욕구를 지닌 청소년과 일반 지역사회 청소년으로 구분할 수 있다. 특수욕구를 지닌 청소년으로는 환아(백혈병, 심장병 등), 고아 및 입양청소년, 생활시설거주 청소년, 새싹가정 청소년, 실직가정 청소년, 저소득층 가정의 청소년, 비행청소년, 범죄청소년, 학습부진, 학교부적응, 한부모 가정의 청소년, 조손 가정의 청소년, 특수교육 대상 청소년, 장애청소년 등이 있다. 아동과 마찬가지로 일반가정의 청소년들보다 특수한 욕구를 지닌 청소년들에 대한 일차적인 개입이 우선된다. 일례로 아래 〈표 11-3〉과 같이 일반집단청소년들에 비해 위기(비행, 가출, 학교부적응)청소년들의 가출경험률이 월등히 높음을 들 수 있다.

〈표 11-3〉 청소년 가출실태

(단위: 가출경험률, %)

	1999		2002		2005		2006		2007		2008		2009		2010		2011	
	있다	없다	있다	없다	있다	없다	있다	없다	있다	없다	있다	없다	있다	없다	있다	없다	있다	없다
일반집단	8.6	91.4	8.5	91.5	9.9	90.1	10.9	89.1	12.1	87.9	12.8	87.2	11.6	88.4	13.7	86.3	10.2	89.8
특수집단	64.8	35.2	70.4	29.6	67.9	32.1	67.1	32.9	59.2	40.8	73.8	26.2	72.6	27.4	73	27	-	-

* 청소년들의 생애 가출 경험률을 나타냄.
* 2010년 조사까지는 일반청소년과 특수집단(위기청소년(비행, 가출, 학교부적응 청소년))을 조사하였으나, 2011년 조사에서는 일반청소년만 조사를 진행함/ 2010년 이전의 자료들을 일반청소년과 위기청소년 각각 통계 처리하였기 때문에 2010년 이전의 일반청소년 자료와 2011년의 자료는 시계열적으로 동일함.

출처: 여성가족부 홈페이지. 청소년유해환경접촉종합실태조사.

3) 청소년을 위한 자원봉사활동 내용

- 가족지원 : 부모역할코칭, 가족관계개선, 의사소통훈련, 가족구성원 개별상담
- 일상생활지도 : 청소, 취사, 세탁, 수선, 가계관리, 위생지도

- 교육지원 : 정보화교육, 학습지도, 성교육, 사회교육, 문화 및 역사교육
- 특수지원 : 교정치료, 특수교육
- 보호육성 : 청소년 유해환경 모니터, 청소년 보호선도, 학교폭력예방, BBS운동(Big Brothers and Sisters movement), 각종 캠페인(유해물질 및 흡연금지, 학교폭력예방, 비행 및 범죄예방, 학교체벌금지, 촌지 및 불법찬조금 근절, 성폭력 피해사례보호, 소년·소녀가정 돕기 등)
- 사회활동지도 : 농·어촌 봉사활동, 지역사회참여활동
- 노동분야 : 취업훈련, 청소년 노동인권보호
- 정서·심리지원 : 청소년상담, 성상담, 또래상담, 집단상담
- 여가지도 : 취미 및 동아리활동지도, 특기교육, 야영활동, 종교활동, 자원봉사활동 지도

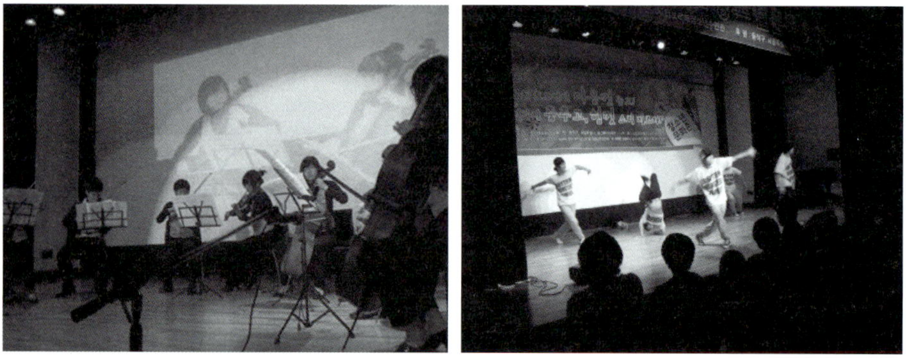

출처: 보라매청소년수련관 홈페이지(http://www.boramyc.or.kr). 청소년문화존. 사진게시판.

[그림 11-6] 청소년 동아리 활동 사례

- 보건지원 : 의료봉사, 보건진료활동
- 생활안정 및 경제생활지원 : 결연과 후원을 통한 보호활동, 고충상담, 경제적 지원(생활용품, 학습용품 지원)
- 시설업무지원 : 청소년 관련 단체 및 시설에서의 업무보조, 청소년 유해환경

조사와 같은 시설지원, 사회복지시설 방문조사, 조사활동(청소년 유해문화 및 환경조사, 감시), 자원봉사활동 정보지 제작, 지역사회신문제작

시설 자원봉사활동 시 유의사항

- 기관과 시설에 약속한 날짜를 지켜야 한다. 부득이한 경우에는 사전에 꼭 연락하여 양해를 구해야 한다.
- 활동영역 외의 일을 허락 없이 해서는 안 된다.
- 동료 자원봉사와 협조해야 한다.
- 그날 봉사할 것을 준비하는 마음과 활동 이후 함께 했던 청소년에 대한 전반적인 내용을 담당자에게 이야기해 주어야 한다.
- 직원과의 조화로운 관계를 유지하고 업무상 비밀을 유지해야 한다.
- 활동에 대한 대가를 요구해서는 안 된다.

출처: 양점도 외(2010). 자원봉사론. 양서원.

4) 청소년 대상 자원봉사자의 역할

자원봉사자는 청소년기에 나타날 수 있는 일반적 특성과 더불어 개입대상 청소년만이 갖는 독특한 욕구와 특성을 개별화하여야 한다. 즉, 청소년의 욕구 및 정서 상태, 당면한 문제와 처한 상황, 또래와의 관계, 교사와의 관계, 학교생활 등에 대한 전반적인 이해를 갖추고 접근해야 한다. 또한 개입 전 청소년이 서비스에 대해 어떠한 생각과 정서를 갖고 있는지를 확인해 볼 필요가 있다.

청소년들의 욕구를 반영하지 않은 자원봉사자의 일방적인 개입은 청소년을 무기력하게 만들고 자존감의 손상, 열등감과 소외감을 가져올 수 있다. 자원봉사자는 시작에서 종결까지 당사자인 청소년과 충분한 상호교류를 통해 협력적인 관계를 조성하려는 노력을 해야 한다. 최근 당사자를 자원봉사활동에 직접 참여시켜 함께 진행하는 방식도 선호되고 있다. 자원봉사활동의 계획에서 종결까지 전 과정을 주체적으로 참여함으로서 청소년은 성취감을 통해 정체성 확립

과 자존감 향상을 경험하게 된다. 자원봉사자와의 공동 작업을 통해 청소년들은 자원봉사자를 모델링할 수 있는 기회를 갖는다. 따라서 자원봉사자는 청소년들이 바람직한 사회화를 이룰 수 있도록 긍정적인 영향을 미칠 수 있어야 하겠다.

3 노인을 위한 자원봉사활동

1) 노인 자원봉사활동의 필요성

우리나라는 전체인구에서 출산율은 감소하고 노령인구의 비율이 현저히 높아지는 등 인구의 고령화현상이 가속화되고 있다. 급속한 산업화로 자녀교육과 부모부양으로 미처 자신의 노후를 준비하지 못한 세대들의 대거 고령화가 사회적으로 큰 문제가 되고 있다. 그러나 핵가족화와 여성의 사회진출확대로 인해 노부모 돌봄을 가족차원에서 해결하는 데는 한계가 있고, 또한 노인들의 자녀와의 동거율도 지속적으로 감소하고 있어 노인부양에 대한 사회적 대책마련이 시급하다. 이러한 사회적 여건은 노인들을 빈곤의 사각지대로 내몰고 있다. 특히, 도시 빈곤노인의 문제가 심각하다. 연락이 두절되어 경제적 도움을 받지 못하지만 자식이 있다는 이유로 정부지원에서 배제된 쪽방촌의 빈곤노인이 있다. 또한 홀로 손자들을 양육해야 하는 노인이 있고, 불편한 몸으로 좌판으로 겨우 생활을 꾸려나가야 하는 노인과 파지를 주워 근근이 생활을 유지해 가는 도시의 빈곤노인들의 모습을 주변에서 자주 볼 수 있다.

급속한 고령화는 도시지역보다 농촌지역에서 더 두드러지게 나타나고 있다. 성장한 자녀는 도시로 떠나고 평생을 함께 하던 배우자는 사별하여 홀로 남게 된 여성노인들이 전체 농촌인구의 상당한 비중을 차지하고 있다. 고령의 몸으로 근근한 생활마저 꾸리기 어려운데 이들을 위한 복지수준은 매우 열악한 수준이다. 육체적으로 고된 농사일로 얻은 건 각종 만성질환뿐이지만 이들을 위한 공공영역의 서비스는 도시와 동일하게 획일적으로 적용되고 있다.

〈농촌현장〉 농촌 노인들의 '고단한 삶'

경제발전으로 풍요롭고 안락한 삶을 이어가는 도시와는 달리 농촌 노인의 삶은 낙후한 인프라와 열악한 복지 및 주거 환경으로 갈수록 고단하다. 정부 통계에 따르면 65세 이상 농산어촌 인구의 비율은 18.6%로, 도시의 7.2%보다 배 이상 높다. 그만큼 농촌의 고령화가 급속히 진행되고 있음을 반증하고 있는 것이다. 이런 가운데 '질병'과 '빈곤', '소외감'은 그들의 노후를 괴롭히는 최대의 적이다. 농림식품부가 2008년에 조사한 보고서에 의하면 농산어촌 거주 주민 중 '농부병' 증세를 보인 사람이 18.0%, 유사 증세를 보이는 주민이 34.9% 등 반절 이상이 장기간의 농사일로 요통과 관절염, 골다골증 등의 만성질환에 시달리는 것으로 나타났다.

농림수산식품부 관계자는 "대다수 농촌 노인들은 평생 자식을 뒷바라지하느라 노후 대책과 자신의 몸을 돌보는 데 소홀히 했다."라면서 "생활고에다 몸은 병들고 자식들은 곁을 떠나 고독하게 살아가는 것이 작금의 농촌 노인의 현실"이라고 말했다. 국무총리실 산하 농촌경제연구원 박대식 박사는 "현행 노인복지 제도가 외향적으로는 잘 짜여 있지만 속을 들여다보면 사각지대가 광범위하고 대부분 지원제도도 그림의 떡"이라면서 "기초생활보장 제도의 경우 부양 의무자 기준을 대폭 완화해서 그 수혜의 폭을 넓히는 등 제도손질이 절실하다."라고 지적했다.

출처: 연합뉴스(2010.05.16). 〈농촌현장〉 농촌 노인들의 '고단한 삶' 재구성.

현재와 같이 '가려내기 식' 공공영역의 복지서비스는 그 수혜층이 일부에 한정된다. 2008년 7월부터 국가가 노인장기요양보험제도를 시행함으로써 노인성 질환인 치매와 중풍에 대해서는 돌봄서비스를 제공하고 있으나 등급판정을 받지 못한 다수의 노인들의 문제는 여전히 해결되지 못하고 있다. 등급(1, 2, 3)판정을 받은 노인에게는 요양보호기관을 통해 신체·가사활동 지원 및 목욕, 기능 훈련, 치매 관리, 간호 등의 서비스를 제공하고 있지만(매경이코노미, 2010) 등급판정의 요건이 까다로워 등급판정을 받지 못한 노인, 등급 외(A, B, C) 노인들에 대한 정부의 대책은 실효성이 부족하다. 대부분 기존에 존재하는 보건소와 지역사회 복지기관의 서비스를 연계하는 수준에 그치고 있고, 등급판정 기준 역시 문제이다. 신체장애 위주여서 치매노인의 기능 상태와 욕구수준을 충분히 파악하는 데는 부족한 부분이 많다. 보건복지부는 치매 노인은 2008년 42만 1,000명에서 2012년 53만 4,000명으로 늘었다고 하였으나 실제 노인장기요양보험 서비스를 이용하는 치매 노인은 11만 8,000명[3)]에 불과하였다. 이에 치매노인 돌봄은 고스란히 주부양자의 몫으로 남는다. 또한 치매노인 주부양자의 스트레스를 완화시킬 수 있는 다양한 서비스를 개발하고 보급, 그리고 실제 적용하는 일에도 많은 관심을 가져야 할 필요가 있다. 치매가 인지 기능 장애뿐만 아니라 불안, 초조, 우울감, 환각, 망상, 수면장애 등의 정신증상도 흔히 동반[4)]되기 때문에 주부양자들은 심리적 고통과 고립감, 우울 등에 빠지기 쉽다. 이들의 스트레스 완화에 도움을 줄 수 있는 여가활동지원서비스(예를 들어 치매노인돌봄서비스 + 나들이 서비스), 주부양자 자조모임, 상담 등의 정서적 지원서비스를 제공하는 것은 궁극적으로 노인 학대예방과 가족건강성 회복에도 도움을 줄 수 있다. 다음으로 매년 가족에 의한 노인 학대사례는 지속적으로 증가하고 있고, 보건복지부에 따르면 2011년 노인 학대 신고 건수는 5,076건으로 2007년 3,805건에 비해 크게 증가하고 있지만[5)] 이를 예방할 수 있는 정부의 역할에는 한계가 보인다. 이에 학대피해사례에 대한 신고와 더불어 학대예방을 위한 노력(캠페인, 가족 및 시설 관계자들을 대상으로 한 학대예방교육)도 노인대상 자원봉사자들의 주요한 활동이 될 수 있다.

3) 노인 10명 중 1명 치매의 덫에…무방비 사회·멍드는 가족들 - '고령화의 그림자' 치매노인 급증 실태와 정부대책. 서울신문. 2012.10.31. 3면.
4) 건강샘(http://www.healthkorea.net/HealthInfo/?kspid=HI000299&disease=362)
5) '효도는 못할망정…' 폭력에 속수무책인 노인들. 뉴시스(http://www.newsis.com). 2012.5.7. 05:00:00.

2) 노인대상 자원봉사활동의 내용

노인이 갖는 욕구와 문제는 단순히 노인이라는 특성 외에도 '성불평등', '사회·경제적 불평등', '지역 간 불평등' 등이 복합적인 양상을 띠고 있다. 이에 자원봉사활동 시 노인의 욕구와 상황 등을 개별화하여 접근하는 것이 필요하다.

- 정서적 지원 및 사회성 증진 : 노후생활설계서비스, 말벗서비스, 안부전화, 책읽어주기, 자서전쓰기, 외출동행, 상담, 결혼상담, 가정에의 초대, 가정방문, 생일잔치, 스포츠지도, 레크리에이션 지도, 편지 등의 대필, 고령자모임 운영, 독거노인 모임, 장애노인 및 허약노인 외출동행, 치매노인 사회적응지도, 노인시설 위문공연, 노인정 방문 등의 방문활동 등
- 건강생활 및 의료지원 : 욕창관리, 인지치료, 작업치료, 회상치료, 병원 동행 및 간호, 약물투약관리, 손톱 깎기, 입욕보조, 약타오기, 휠체어 보조, 산책보조, 무의탁 장애노인 수발, 노인건강 강좌, 호스피스, 저소득층 노인 진료단 조직

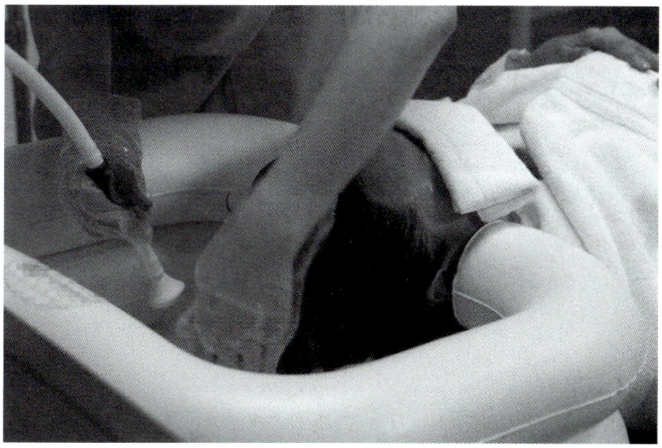

출처: 보건복지부 홈페이지 자료: (제2판) 요양보호사 표준교재 수정본. 온라인자료 p. 384.

[그림 11-7] 와상노인 일상생활 지원을 위한 자원봉사활동

- 가사지원 : 청소, 취사, 세탁, 수선 및 심부름, 세탁물 정리, 이불말리기, 식사 준비, 장보기 등
- 생활안정 및 경제적 지원 : 후원, 화기 등의 안전점검, 식사보조, 법률상담, 취직알선, 위탁보호, 밑반찬 제공, 급식, 도시락배달, 이미용, 세탁물 배달, 주거환경미화 등
- 교육지원 : 노인대학운영보조, 문맹노인 학습지도 등
- 여가생활지원 : 노인체육지도, 취미활동그룹지도, 특기개발지도 등

출처: http://www.yakup.com/news.

[그림 11-8] 발마사지 자원봉사활동

- 시설 업무지원 및 사회환경조성 : 시설환경정리, 차량운행 등의 업무보조, 휠체어 등 노인장비 정비, 시설노인 생활보조, 시설환경미화, 사회환경조사, 노인기능상태 및 욕구조사, 노인관련 출판물 제작 등

3) 노인 대상의 자원봉사자의 유의사항

노인을 대상으로 하는 자원봉사활동을 위해서는 다음 여섯 가지를 고려해야 한다.

첫째, 노인의 욕구와 기능 상태를 고려한 개입지식과 기술을 갖추어야 한다.

둘째, 노인의 관심사와 욕구를 기반으로 하여 자원봉사활동 계획을 세워야 한다.

셋째, 노인과의 약속된 시간은 반드시 엄수해야 한다. 자원봉사자의 개인적 사정으로 인해 약속을 지키지 못할 경우 충분한 시간을 두고 미리 연락하여 양해를 구하거나 약속시간을 재조정한다.

넷째, 자원봉사활동을 통해 획득한 노인의 신상과 관련된 모든 사항에 대해서는 비밀보장을 원칙으로 한다.

다섯째, 장기적 관점에서 자원봉사활동을 꾸준히 하는 것이 중요하다. 자원봉사활동을 지속적으로 유지해 나가기 위해서 자신의 생활여건과 건강상태에 무리가 가지 않는 여건에서 자원봉사활동을 계획하여야 한다.

여섯째, 서비스가 제공하기 전 진행될 서비스에 대해서 노인에게 사전에 안내해 주고, 동의를 구하는 작업이 우선되어야 한다. 이러한 작업은 노인의 적극적인 동참을 이끌 수 있다.

일곱째, 노인을 돌봄의 대상만이 아닌 능동적인 삶의 주체자로서 인식하여야 한다.

여덟째, 노인을 대할 때는 연장자에 대한 공경과 존중하는 마음을 갖고 겸손한 태도로 임해야 한다.

아홉째, 노인의 인권에 대해 민감성을 가져야 한다. 인지기능이 손상된 치매노인일지라도 인간은 누구나 인권을 보호받고 존중받아야 한다. 화장실 이용을 돕거나 기저귀를 갈아줄 때, 목욕을 도울 때 등 어떠한 상황과 여건에서도 자원봉사자의 편이보다는 노인의 인권이 우선적으로 고려되어야 한다.

열번째, 노인이 자신의 살아온 생애에 대해 긍정적인 평가를 내리고 통합할 수 있도록 지지적인 관점에서 접근해야 한다.

4 장애인

1) 장애인에 대한 개념

유엔의 장애인 권리선언(1975) 제1조에서는 장애인을 "선천적 혹은 후천적인 신체적 및 정신적 능력의 불완전함으로 인하여 일상생활을 스스로의 능력으로 완전히 혹은 부분적인 수행이 어려운 사람으로 규정하고 있다." 세계인권선언(1948) 제1조에서 "모든 인간은 태어날 때부터 자유롭고 존엄성과 권리에 있어 평등하다"고 명시되어 있지만 장애인은 기능손상으로 인하여 능력장애를 그리고 능력장애를 이유로 사회로부터 배제와 소외를 경험하게 된다.

일차적 손상은 개별 특정기능 및 형태장애로서 일차적 기능에 근거한 생물학적이고 장기적 수준에서 파악되는 장애이며, 능력장애(Disability)는 정상적인 생활범주에서 활동조성능력이 기능적·형태적 장애(손상) 때문에 제한되거나 결핍된 상태를 말한다. 사회적 장애(Handicap)는 3차적 수준에 해당되는 장애로서, 질환, 손상 혹은 사회적 불리함을 통해 비롯된 능력의 장애로서 사회적 결과라고 볼 수 있다. 즉, 능력의 장애는 동일하나 장애인에 대한 사회적 인식정도, 활동에 불편함이 없는 환경적 여건, 그리고 사회복귀 및 재활을 독려할 수 있는 제반여건의 부족이 장애인의 일상생활 영위능력에 차이를 발생케 한다고 보는 것이다.

2001년, WHO는 ICF를 통해 장애인의 개념을 새롭게 제시하였는데, 이것은 장애인에 대한 분류체계와 언어사용을 보다 긍정적으로, 그리고 환경의 영향력을 강조하였다. 장애인의 개념이 ICF로 진화되면서 장애의 정상화이론과 사회통합이 더욱 강조되었고, 최근 진보적인 일부 학자들은 원천적으로 장애인에 대한 차별을 없애기 위해서는 장애인이라는 용어 자체를 철폐해야 한다고 주장을 하기도 한다. '장애인'이라는 말 대신 새로운 단어를 사용하는 것이 장애인에 대한 낙인을 줄일 수 있다는 것이다.

〈표 11-4〉 **ICF에 의한 장애개념(WHO, 2001)**

<table>
<tr><th>구분</th><th colspan="2">영역 1: 기능과 장애</th><th colspan="2">영역 2: 상황적 요소</th></tr>
<tr><td>구성 요소</td><td>신체기능과 구조</td><td>활동과 참여</td><td>환경적 요소</td><td>개별적 요소</td></tr>
<tr><td>영역</td><td>신체기능
신체구조</td><td>생활영역
(과업, 행동 등)</td><td>기능과 장애에 영향을 미치는 외적 영향력</td><td>기능과 장애에 영향을 미치는 내적 영향력</td></tr>
<tr><td>구성물</td><td>신체기능의 변화(생리학)</td><td>• 표준 환경에서의 과제 수행능력
• 현재 환경에서의 과제 수행정도</td><td>물리적, 사회적, 인식적 측면에서 촉진 또는 방해하는 힘</td><td>개별특성에 의한 영향</td></tr>
<tr><td rowspan="2">긍정적 측면</td><td>기능적, 구조적 통합성</td><td>활동과 참여</td><td rowspan="2">촉진요소들</td><td rowspan="2">해당 없음</td></tr>
<tr><td colspan="2">기능</td></tr>
<tr><td rowspan="2">부정적 측면</td><td>손상</td><td>활동제한 및 참여제한</td><td rowspan="2">장벽/방해물들</td><td rowspan="2">해당 없음</td></tr>
<tr><td colspan="2">장애</td></tr>
</table>

출처: WHO(2001). ICF : International Classification of Functioning, Disability and Health. Geneva: Author.

2) 장애 범주

우리나라는 1999년 개정된 장애인복지법을 개정하면서 장애의 개념을 보다 포괄적으로 제시하였다. 동법 제2조 제1항에 따르면 장애인을 "신체적·정신적 장애로 인하여 장기간에 걸쳐 일상생활 혹은 사회생활에 상당한 제약을 받는 자"로 규정하고 있으며, 제2항에서는 "이 법의 적용을 받는 장애인은 제1항의 규정에 의한 장애인 중 다음 각 호의 1에 해당되는 장애를 가진 자로서 대통령령이 정하는 장애의 종류 및 기준에 해당하는 자를 말한다"고 하여 정신질환 및 내부 장기장애까지 장애의 범주에 포함시켰다. 이에 기존의 신체장애 중심의 분류에서 정신장애 및 내부 장애가 추가되어 장애의 범주가 확대되었다. 또한 세계적인 흐름에 따라 우리나라도 장애 개념을 "신체 및 지적 결함"에서 "능력과 일상생활의 불편함의 정도"로 패러다임의 전환을 이루고 있으며, 장애 판정과 분류에도 이러한 진보개념들을 반영하고자 하였다.

3) 장애 유형

아래 〈표 11-5〉와 같이 장애 유형은 신체적 장애와 정신적 장애로 나뉘며, 신체적 장애는 다시 외부 신체기능의 장애와 내부기관의 장애로 구분한다. 외부 신체기능의 장애에는 지체장애, 뇌병변장애, 시각장애, 청각장애, 언어장애, 안면변형장애가 있으며, 내부기관장애로는 신장장애, 심장장애, 간장애, 호흡기장애, 장루·요루장애, 간질장애가 있다. 정신적 장애는 발달장애와 정신장애로 나뉘고, 발달장애에는 지적장애, 자폐성장애가 있다. 이와 같이 우리나라 장애 유형은 총 15가지로 분류하고 있다. 최근에는 만성질환자, 각종 암 및 희귀병 환자, AIDS환자 등도 장애인과 같이 도움이 필요로 하는 대상으로 보고 있다.

〈표 11-5〉 **장애 유형**

대분류	중분류	소분류	세분류
신체적 장애	외부 신체기능의 장애	지체장애	절단장애, 관절장애, 지체기능장애, 변형 등의 장애
		뇌병변장애	뇌의 손상으로 인한 복합적인 장애
		시각장애	시력장애, 시야결손장애
		청각장애	청력장애, 평형기능장애

대분류	중분류	소분류	세분류
		언어장애	언어장애, 음성장애, 구어장애
		안면장애	안면부의 추상, 함몰, 비후 등 변형으로 인한 장애
	내부 기관의 장애	신장장애	투석치료중이거나 신장을 이식 받은 경우
		심장장애	일상생활이 현저히 제한되는 심장기능 이상
		간장애	일상생활이 현저히 제한되는 만성·중증의 간기능 이상
		호흡기장애	일상생활이 현저히 제한되는 만성·중증의 호흡기기능 이상
		장루·요루장애	일상생활이 현저히 제한되는 장루·요루
		간질장애	일상생활이 현저히 제한되는 만성·중증의 간질
정신적 장애	발달장애	지적장애	지능지수와 사회성숙지수가 70 이하인 경우
		자폐성장애	소아청소년 자폐 등 자폐성 장애
	정신장애	정신장애	정신분열병, 분열형정동장애, 양극성정동장애, 반복성 우울장애

4) 장애인 대상 개입방법

장애인은 일상생활에서 장애로 인해 각종 다양한 사회적 차별에 직면하게 된다. 최근까지 장애인에 대한 인권침해 사례도 끊이지 않고 있다. 2007년 4월 10일 '장애인차별금지 및 권리구제 등에 관한 법률 (약칭 장애인차별금지법)'이 제정됨에 따라 장애인에 대한 차별을 다음과 같이 구체적으로 명시함으로써 장애인에 대한 차별을 예방하고, 장애인을 차별로부터 보호하는 수단을 마련하게 되었다.

첫째, 직접차별로서 이것은 장애를 사유로 정당한 사유 없이 제한·배제·분리·거부 등에 의하여 불리하게 대하는 경우를 말한다.

둘째, 간접차별은 장애인에 대하여 형식상으로는 제한·배제·분리·거부 등에 의하여 불리하게 대하지 아니하지만 정당한 사유 없이 장애를 고려하지 아니하는 기준을 적용함으로써 장애인에게 불리한 결과를 초래하는 경우가 해당된다.

셋째, 정당한 편의제공 거부에 의한 차별이다. 과도한 부담이나 현저히 곤란한 사정과 같은 정당한 사유 없이 장애인에 대하여 정당한 편의제공을 거부하는 경우이다. 정당한 편의란 장애인이 장애가 없는 사람과 동등하게 같은 활동에 참여할 수 있도록 장애인의 성별, 장애의 유형 및 정도, 특성 등을 고려한 편의시설·설비·도구·서비스 등의 인적·물적 제반 수단과 조치를 말한다.

넷째, 광고에 의한 차별로서 정당한 사유 없이 장애인에 대한 제한·배제·분리·거부 등 불리한 대우를 표시·조장하는 경우가 이에 해당된다.

이와 같이 장애인 차별에 관한 법률근거가 마련됨에 따라 장애인을 단순히 복지의 수혜자만이 아닌 주체적인 참여자로서 바라보는 인식이 확산되었고, 이러한 인식변화는 자원봉사자의 활동에도 상당한 영향을 주었다. 장애인 대상 자원봉사활동의 초점은 크게 자립기능 향상과 사회적 지지로 요약할 수 있다. 이러한 목적에 근거하여 자원봉사활동의 형태는 직접 서비스와 간접 서비스로 분류하고 있다.

(1) 직접 서비스

- 사회활동지원 : 사회적응훈련지도 및 보조(대중교통이용 지도 및 보조, 지역사회시설 이용 지도 및 보조, 외출동행), 외출지원(차량봉사, 산책 동행 등), 나들이 보조, 통학지원 및 보조, 수화통역, 시각장애인 이동훈련휠체어보조, 부모회 활동의 원조, 장애인등록 등 정보이용 동행 및 지원
- 교육지원을 위한 활동 : 학습보조 및 지도, 정보화교육, 예술 및 문화교육, 체육활동 지도, 현장학습 보조, 동아리활동지도 및 보조, 그림책 만들기
- 심리적 지원 : 동료 및 또래 상담 지원, 가족지원(가족상담, 부모상담, 자녀상담), 장애청소년 진로 상담, 재활전화상담, 멘토되기, 말벗, 책 읽어주기, 취미 활동, 레크리에이션, 자기주장 훈련, 역할극(role play)

출처: 라오베이스(http://free.newsbank.co.kr).

[그림 11-9] 장애아동 숲 체험

- 취업지원 : 진로상담, 직업상담, 취업알선 및 사후지도, 작업지도 및 보조, 욕구조사, 고용을 위한 인식개선 및 홍보, 공동작업소 만들기
- 생활지원 : (이동)목욕 보조, 밑반찬 제공, 이미용, 가사활동 지원(집안청소, 세탁, 부엌일, 시장보기), 성인 장애인 공동생활가정 일상생활지도, 편지 등의 대필, 화재 안전점검 서비스, 식사도우미
- 보호활동 : 장애아동 돌보기
- 의료지원 : 순회 진료, 언어치료 보조, 병원 동행, 의료적 지원(가정방문 진단 : 재활의학 전공자), 물리치료, 가정 내 필요한 기구제작 상담, 혈압, 체온 측정 및 드레싱, 기타 의료진단(내과, 치과 등)
- 건강관리지원 : 운동프로그램(헬스, 게이트볼, 수영, 아쿠아로빅, 댄스 등) 진행 및 보조, 건강관리교육

(2) 간접 서비스

- 시설 지원 : 관련시설·단체 업무보조, 시각장애인을 위한 녹음서 제작 및 보조, 도서 전산화, 장애아동 학습증진을 위한 학습자료 제작 및 보조, 전국장

애인 체육대회 보조, 후원자 개발·관리보조, 설비·장비 보수 및 환경관리, D/M 자료번역 및 워드 입력, 자료실 관리(도서대출관리)

- 사회환경조사개발 : 장애인 관련 조사연구사업 보조
- 캠페인 : 장애인 차별 인식개선을 위한 각종 행사

출처: 미디어 다음[6]. 서울장애인종합복지관, 첫 번째 장애이해퀴즈쇼 개최. 뉴스와이어. 2011.05.16 18:08.

[그림 11-10] 장애이해 및 장애인식개선을 위한 사업

5 지역사회 대상 자원봉사활동

환경보호, 교통 및 안전, 문화예술보급 등을 주제로 지역사회를 대상으로 하는 자원봉사활동은 거시적인 사회복지실천이라 할 수 있다.

6) http://media.daum.net/press/newsview?newsid=20110516180825152

1) 환경보호를 위한 자원봉사활동

- 자연보존 : 산·강, 공원보호, 에너지, 원예, 천연자원, 국립공원, 오염, 야생동물 서식지, 도시계획, 수목원·식물원·동물원, 야생생물조사, 정보제공, 박물관 전시품 보존, 캠프장 관리
- 환경보호를 위한 현장활동 : 우리학교 푸르게 가꾸기, 환경신문 만들기, 자연 휴양림 캠프, 수목뿌리 보호하기, 나무에 이름표 달아주기, 토양보존, 수질보존, 무공해 농산물 애용하기, 폐비닐·폐농약병 수거, 비영리환경단체 지원, 분리수거, 재생비누 만들기, 중고제품 재활용 운동, 폐품으로 재활용품 만들기, 음식물 찌꺼기로 퇴비 만들기, 녹색가게, 쓰레기 문제해결, 도시 환경미화, 우리밀 살리기 운동, 유기농산물 생협운동
- 환경감시 : 수질감시(상수원 보호구역 감시, 산업폐기물 처리 감시), 쓰레기 감시(건설공사장 환경 감시, 병원폐기물 처리 감시), 대기질조사(대기오염 측정), 수질조사, 야생 동·식물 조사, 일회용품 사용량 조사, 갯벌 생태계 조사
- 환경 및 교통 시민단체 : 환경정의시민연대, 환경운동연합, 녹색 연합, 녹색교통운동, 동물보호시민단체(동물보호시민단체 카라, 한국고양이 보호협회 등)

출처: 카라 홈페이지(http://www.withanimal.net/html2/adm.html).

[그림 11-11] 동물보호시민운동 사례(카라)

2) 문화 자원봉사활동

- 문화재 보존 : 무형문화재 계승(보급활동 : 무형문화재 공연(전시) 및 강습), 유형문화재 문화시설 보호(관리활동 : 유형문화재 보호·감시·계도, 유형문화재 안전점검, 문화재지역 환경정화, 문화재보호 캠페인), 문화재 발굴(자료조사-박물관 자료정리, 향토문화 조사연구), 현장작업(문화재 발굴조사)
- 문화생활 향상 : 생활불편 및 유해환경 개선(조사활동 : 청소년 유해환경 실태조사, 유해환경시설 감시, 문화시설 이용에 관한 여론조사), 모니터링(TV 프로그램 모니터링, 만화모니터링, 컴퓨터 통신 모니터링)
- 문화예술 서비스
  - 대인서비스 : 지역사회 음악회 공연, 복지시설 위문공연, 문화행사 진행 보조, 문화공연 영상자료 제작, 유형문화재 영상자료 제작
  - 문화시설 이용서비스 : 행정지원(지역도서관 도서정리), 업무보조(지역 문화시설 안내, 문화시설 탁아보조)
- 문화보전 시민단체 : 열린문화운동 시민연합, 한국민족예술인총연합, 청주 시민회 직지찾기 운동본부 등

3) 교통 및 안전을 위한 자원봉사활동

- 교통사고 예방 : 운전자 개선·55정신차리기 프로그램
- 교통사고 처리 : 사고현장출동 구조 및 구호(교통사고 응급구조 및 현장처리), 사고처리활동(교통사고 유자녀 돕기)
- 교통편익 증진 : 교통안전지도(횡단보도 주변 교통정리, 초등학교 주변 교통 안전 지도), 교육지원(어린이 자전거 면허시험, 노인층 교통안전 교육, 어머니 교통안전 지도), 차량지원(장애인 우선 승차 및 호출택시 운영, 자동차 함께 타기 운동), 소통지원(지하철 안전 및 질서유지)

- 교통환경 개선 : 감시모니터(교통문화 시민감시, 매연차량 감시, 무단방치 차량 감시, 화물차 번호판 세척)
- 안전지도 방범활동 : 안전지도(안전한 통학로 만들기, 생활안전 모니터링, 건축물 안전진단, 인터넷 명예경찰관, 주택안전 자가진단, 어린이안전 및 모니터링, 시민안전 캠페인, 어린이 재해예방교육), 방범활동(가정순찰대, 비행청소년 선도)
- 주민불편개선 : 주민토론회, 후보자 초청 정책토론회, 후보자 모니터링
- 편익증진 : 정보공동체구축(소비자문제 상담실, 열린 정보센터, 지역신문 만들기), 시설관리 및 구축(소비자협동조합, 이웃사랑 중개실, 학교폭력 예방센터, 시민안전 고발센터)
- 공공지원 : 현장활동(수해복구 지원, 재해현장 지원, 재활용 알뜰시장, 농촌봉사활동), 시민참여(일일 자원공무원, 지방행정 감시, 시민참여조직, 119통신봉사단)
- 시민단체활동지원 : 현장활동(주민 독서운동, 청소년의 바른 성장지원, 학습중퇴자 지원), 지역복지(주민건강 증진, 노인학교와 경로잔치, 주민자활 자원, 사회복지시설 방문), 지역문화(가족운동회 및 주민잔치), 감시활동(청소년유해환경 추방운동, 번역만화 모니터링, 학교주변 불량출판물 추방운동), 조사활동(의정활동 평가, 학교주변 교통안전 실태조사, 감시모니터링－자전거 이용실태 조사 및 정보안내 장애 없는 사회 만들기, 환경개선－자동차 관련 광고 모니터링)

6 국제사회 대상 자원봉사활동

오늘날 세계는 하나의 공동체로서 사회적 약자에 대한 인권옹호와 국제사회

문제에 대한 공동대처를 위해 국경, 인종, 그리고 종교를 초월하여 다양한 형태로의 상호 협력관계를 구축하고 있다. 전 세계의 자원봉사단체 및 조직들이 연대하고 상호 연계되어 문제에 대한 모니터링은 물론 적극적인 대처활동까지 전개하고 있다. 단순서비스에서 사회적 문제해결을 위한 사회운동까지 그 활동 내용도 매우 다양하다. 이러한 자원봉사활동은 초기에는 시혜적이고 일회성 혹은 주기적 활동 수준이었던 것이 최근에는 장기적이고 정주형의 형태로 진보되어 매우 적극적인 성격을 띠고 있다.

- 난민/빈민 국제구호 : 난민 정착지원, 기아봉사단 파견, 난민 아동의료지원, 모금활동(마라톤 모금, 제3세계 빈민촌 펌프 파주기, 사랑의 동전 모으기, 사랑의 빵 운동, 북한 어린이 급식후원, 24시간 기아체험, 사랑의 쌀 한 줌 모으기, 제3세계 환아를 위한 뜨게실 모자 만들기)
- 제3세계 개발지원 : 학교 건립, 직업훈련원 사업, 지역사회 재건을 위한 교육훈련, 상수원 건설, 기술 및 정책자문(새마을운동, 양돈사업, 양어장 사업, 멜론재배를 위한 교육지원, 학교 등에서의 교육봉사(한국어 교육, 태권도교육, 보건교육), 의료지원(적십자사 혈액원지원, 진료소 건립, 병원건립, 의료지원, 가족계획 업무)
- 외국인 보호 및 지원 : 외국인 노동자 법률상담소 운영, 외국인 노동자 상담, 외국인 노동자 의료지원, 외국인 노동자 상담 및 통역
- 후원활동 : 외국인 노동자 한글교육, 해외입양동포 모국어 연수, 외국인 노동자 문화축제
- 국제친선교육 : 국제기독교 청소년 교류, 청소년 국제교류 파견사업, 편의제공(숙소제공 등), 유학생 받아들이기, 친선 문화 및 체육교류, 관광안내 및 가이드
  - 국제사회를 위한 자원봉사단체 : KOICA(한국해외봉사단), 유니세프, 월드비전, 굿네이버스, 국제기아대책기구, 의료봉사단, 선교단체

참고문헌

권중돈 외(2008). 자원봉사의 이해와 실천. 서울: 학지사.

김성이(1998). 자원봉사활동의 조직과 운영에 관한 연구. 한국사회복지협의회.

김향선 외(2011). 자원봉사론. 형설.

류기형 외(2009). 자원봉사론. 경기: 양서원

박태영·최경익(1993). 자원봉사활동 조정자－이론과 실제. 서울: 은익.

볼런티어 21(2002). '99 한국인의 자원봉사 및 기부현황.

삼성사회봉사단(1996). 자원봉사의 이해와 활동방법. 삼성사회봉사단.

양점도 외(2010). 자원봉사론. 경기: 양서원.

이만식 외(2010). 21세기 자원봉사 관리. 서울: 학지사.

이병순 외(2010). 자원봉사실천가가 풀어쓴 자원봉사론. 경기: 공동체.

이용교(2004). 디지털 청소년복지. 서울: 인간과 복지.

이용교(2007). 한국사회복지의 과제. 서울: 현학사.

한국사회복지협의회(1987). 자원봉사활동 현황 및 활성화 방안. 한국사회복지협의회.

한국사회복지협의회(1997). 자원봉사프로그램백과. 백과총론 1. 한국사회복지협의회.

한국사회복지협의회(1998). 자원봉사프로그램 백과. 한국사회복지협의회.

한국자원봉사협의회(2010). 국격제고를 위한 한국의 자원봉사 활성화방안 연구. 국무총리실.

WHO(1997). ICIDH-2: International Classification of impairments, activities, and participation. A manual of dimensions of disablement and functioning. Beta-1 draft for field trials. Geneva: Author.

WHO(2001). ICF : International Classification of Functioning, Disability and Health. Geneva: Author.

〈온라인 자료〉

건강샘 홈페이지(http://www.healthkorea.net/HealthInfo/?kspid=HI000299&disease=362)

노컷뉴스 홈페이지(http://www.nocutnews.co.kr)

대구 공간문화센터(http://samdukdong.net)

라오베이스 홈페이지(http://free.newsbank.co.kr)

라온공동체 홈페이지(http://www.raon3040.co.kr)
미디어 다음(http://media.daum.net/press/newsview?newsid=20110516180825152). 서울장애인종합복지관, 첫 번째 장애이해퀴즈쇼 개최. 뉴스와이어. 2011.5.16 18:08.
보건복지가족부 홈페이지(http://www.mw.go.kr). 「청소년백서 및 한국청소년상담원 상담통계」.
보건복지부 홈페이지(http://www.mw.go.kr). (제2판)요양보호사 표준교재 수정본 온라인자료.
보건복지부 홈페이지(http://www.mw.go.kr). 질병관리본부/교육과학기술부 보도자료(2012.11.2).
보라매청소년수련관 홈페이지(http://www.boramyc.or.kr). 청소년문화존. 사진게시판.
여성가족부 홈페이지(http://www.mogef.go.kr). 『청소년유해환경접촉종합실태조사』
청소년폭력예방재단(http://blog.naver.com/bakbht)
청예단(청소년폭력예방재단) 홈페이지(http://www.jikim.net)
초록우산 홈페이지(http://1391.org). 아동학대신고(신고요령).
카라 홈페이지(http://www.withanimal.net/html2/adm.html)
통계청 홈페이지(http://kostat.go.kr)
희망제작소 홈페이지(http://makehope.org)
KOICA 한국국제협력단 홈페이지(http://www.koica.go.kr)
UN유니세프 한국위원회 홈페이지(http://www.unicef.or.kr/unicef/active/crc.asp)
Yakup 홈페이지(http://www.yakup.com/news)

〈신문기사〉

뉴시스(2012). '효도는 못할망정…' 폭력에 속수무책인 노인들(http://www.newsis.com). 2012.5.7.
서울신문(2012). 노인 10명 중 1명 치매의 덫에 … 무방비 사회·멍드는 가족들-'고령화의 그림자' 치매노인 급증 실태와 정부대책(http://www.seoul.co.kr). 2012.10.31. 3면.
매경이코노미(2010). 노인장기요양보험 잘 운영되고 있나-서비스신청 급증 속 재정수지 '불안'(http://news.mk.co.kr). 2010.4.21.(제1552호).
연합뉴스(2010). 〈농촌현장〉 농촌 노인들의 '고단한 삶'(http://yonhapnew.co.kr). 2010.5.16.

CHAPTER 12

자원봉사활동의 과제와 전망

1 자원봉사의 전망

21세기 정보화 시대에 들어서면서 정보, 기술, 자본의 불균형으로 빈부의 격차는 더욱더 심해질 것이며, 개인주의·이기주의가 팽배해질 가능성이 높다. 그로인해 우리나라 국민들의 공동체 의식은 점점 더 사라지게 될 것이다.

이렇게 시대의 변화에 따라 새롭게 나타나는 사회문제를 해결할 수 있는 방법으로 자원봉사활동이 대두되고 있다. 자원봉사는 일시적인 연민이나 충동만으로 지탱하기 힘든 일이다. 이타심, 책임감, 지역사회에 대한 공동체 의식 등이 어우러져서 내면화될 때 비로소 지속적인 봉사활동이 가능하게 된다(권순종 외, 2010).

자원봉사활동을 통해 점점 희미해지는 공동체 의식을 유지해 나가고, 이타심을 키우는 등 민주시민으로 자리 잡는 데 커다란 역할을 하리라 생각된다.

1) 직접적인 서비스활동 제공

현재의 자원봉사활동은 대부분 사회복지시설 또는 기관중심 스포츠나 박람회 같은 대규모 이벤트, 재난 재해 활동과 사회적 약자들을 대상으로 하는 활동 등으로 이루어져 왔다. 물론 이러한 영역의 활동은 꼭 필요하고, 지속되어야 한다. 그러나 앞으로의 자원봉사활동은 여기에 머물러서는 안 된다.

지금의 자원봉사활동에 있어서 가장 큰 문제로 지적하는 것이 봉사활동을 '할 곳이 없다.'라고 느끼는 것이다. 그런데 정작 봉사자의 손길을 기다리고 있는 곳은 우리 주변에 너무나도 많다는 사실이다.

주로 대규모 행사로 진행했던 프로그램들이 많아 그 행사에 참여한 자원봉사자들이 차후 무엇을 어떻게 연계하여야 할지 몰라 머뭇거리거나 자원봉사활동을 쉬는 경우가 많다. 이 둘의 괴리는 바로 조직적이고 체계적인 관리, 정보제공의 부재라고 할 수 있다.

자원봉사활동은 지역사회 내에 다양하게 산재해 있다. 지역사회에 나타나지 않은 클라이언트와 욕구를 파악하여 그들에게 직접적인 봉사활동서비스를 제공해 주어야 한다.

따라서 자원봉사활동이 더욱 활발하게 진행되기 위해서는 자원봉사활동이 필요한 곳과 필요한 내용에 대한 정보나 자료의 제공이 원활히 이루어져야 한다.

2) 전문적활동

자원봉사활동은 대부분 대학생, 주부 등 소수계층을 중심으로 시간적·경제적 여유가 있는 사람만이 주로 참여하고 있으며, 활동 내용도 복지시설을 중심으로 일시적 차원의 단순한 일손 돕기와 노동력 제공이 주류를 이루어 왔고, 자원봉사자의 목적과 동기와 상관없이 무료로 제공되어 왔다. 그러나 사회의 변화에 따라 문제와 욕구가 다양화되어가기 때문에 자원봉사활동도 기존의 비전문적활동뿐만 아니라 전문가들의 자원봉사활동 참여 폭이 확대되어질 것이므로 전문적 활동이 증가하게 될 것이다. 이는 전문적인 기술과 지식을 활용함으로 자원봉사활동의 질적 향상과 양적 확대를 가져올 수 있으며, 궁극적으로는 사회계층 간의 통합에 기여하게 되는 것이다.

그러나 현재 의사, 약사, 간호사, 연구원, 교사, 행정공무원 등의 전문직 종사자는 4.6%의 참여에 불과하다(권순종 외, 2010). 따라서 전문가들이 자원봉사활동에 참여할 수 있는 다양한 방법을 개발해 나가야 한다.

2 자원봉사활동의 과제와 활성화 방안

자원봉사에 대한 관심과 참여가 높아지면서 이에 따라 해결해 나가야 할 과제들도 적지 않게 나타나고 있다. 자원봉사활동의 획기적인 발전을 위해서는 지금과는 다른 여러 상황들의 변화와 재구조화가 필요할 것이다.

1) 자원봉사활동 전담기구의 설치

자원봉사활동에 대한 조사·연구, 교육·훈련, 상담·지도, 프로그램개발, 수급·조정, 홍보 및 개발, 평가, 각종 자료의 제공, 국내·외 교류, 사고보장수속 등의 전문적 기능을 통합 관리·전담할 수 있는 기구의 설치가 필요하다.

현재 자원봉사활동과 관련된 중앙 행정부를 보면 행정안전부, 보건복지부, 여성가족부 등 부처 간 통신망 서비스 및 DB가 구축되어 있지 않은 상태에서 각기 산발적으로 실시하는 관계로 지방정부에서 업무 추진 시 중복과 불필요한 행정낭비 및 필요한 정보를 공유하지 못하는 경우를 초래하고 있고, 정부의 업무부서가 단일화되어 있지 않아 봉사자, 활용기관, 중개기관 간의 종합적인 긴밀한 상호협조가 이루어지지 않고 있다. 또한 자원봉사자를 필요로 하는 곳에 배정해 줄 수 있는 종합적이고 체계적인 연계기능을 수행하지 못하고 있다(양점도 외, 2010).

그로인해 지역별, 기관별, 시설별로 진행되고 있어 수급정보제공, 활동기록의 유지, 교육 및 활동사례, 자원봉사자 개발 및 교육훈련, 프로그램의 평가, 봉사인력의 효율적 관리가 이루어지지 않고 있다. 단적인 예로, 자원봉사자가 서울지역에서 자원봉사활동을 하다가 타 지역으로 이주해 가면 봉사자에 대한 정보가 전혀 연계되지 않아 봉사활동의 기회를 갖지 못하는 경우가 많다.

따라서 해당 부처 간 업무 조정을 통하여 각각의 영역에서 자원봉사행정도 특화해 나가는 것이 필요하다.

2) 자원봉사관리자의 부족과 관리의 체계화

지역사회를 둘러싸고 있는 사회 환경의 전반적인 추세가 전문지식이나 기능을 가진 자원봉사의 요구가 증가하고 있는 데 반하여, 자원봉사 분야에서 전문가와 관리자 및 자원봉사자를 체계적으로 육성·관리할 수 있는 전문 인력의 양성의 제도적 뒷받침이 마련되어 있지 못하고 있다. 현재 우리나라는 자원봉사관리에 대한 전문적 기술과 지식을 가진 자원봉사관리자가 부족할 뿐만 아니라 배치가 이루어지지 않고 있다(양점도 외, 2010). 자원봉사관리자는 자원봉사자들의 욕구와 능력에 적합한 자원봉사프로그램을 개발하고, 자원봉사자들의 적성을 제대로 파악하고, 책임감과 인간관계 기술이 뛰어나며, 적성에 맞는 업무에 배치하고 격려하고, 직무분석을 정확하게 하여 봉사자 중심의 효과적인 활동이 되도록 관리해 나가야 하는 것이다. 즉, 프로그램의 기획에서부터 홍보·모집, 교육·훈련, 선발·배치, 평가·보상 등의 전 과정에 걸쳐 보다 체계적인 관리기법을 적용하는 담당이다(김범수 외, 2011). 또 자원봉사단체의 요구와 지역사회의 요구를 조화롭게 통합하여 조정할 수 있는 능력이 있어야 한다. 자원봉사관리자를 통해 자원봉사활동을 보다 체계화하는 일은 자원봉사 인력관리를 통한 자원봉사의 활성화라는 측면에서 매우 중요하다.

따라서 자원봉사활동을 육성·지도·관리하는 실천경험을 바탕으로 다양한 욕구를 조정하고 자원봉사활동을 계획·홍보·안내·지원·평가·관리 등의 업무를 수행하기 위한 전문가와 자원봉사자에게 업무를 효과적으로 지도하기 위한 일정한 자격을 갖춘 전문직원의 배치가 시급하다(류기현 외, 2007).

전문적인 자원봉사 관리를 위해서는 교육이 굉장히 중요하다. 그러나 아직까지 우리나라에는 자원봉사관리자들을 위한 교육 기회를 제공하는 곳이 부족할 뿐만 아니라 체계적인 교과과정을 통한 전문가로서의 자질을 함양시킬 수 있는 관리자 교육 프로그램이 미흡한 실정이다. 이로 인해 자원봉사관리자들이 프로그램 개발과 관리 운영에 큰 어려움을 겪고 있다. 따라서 자원봉사프로그램의 기회 및 운영 시 필요한 지식과 기술을 습득할 수 있는 훈련 프로그램을 실시하여 자원봉사관리자의 전문성을 강화해야 한다. 또한 자원봉사관리자의 자격제도를 도입하여 처우에 대한 문제를 개선하고 높은 이직률을 방지해야 할 것이다.

앞으로 사회복지뿐 아니라 모든 영역에서 자원봉사가 활성화될 것을 기대한다면, 자원봉사자를 개발하고 교육·훈련하며 관리하는 문제는 경쟁력이 되고 기관의 관리 능력과 기술에 따라 그 결과가 크게 차이가 날 것이다. 따라서 자원봉사전문기관이나 민간단체들은 자원봉사 업무를 전문적으로 다룰 관리자를 육성·개발하고 확보하는 일이 중요하게 되었다. 자원봉사기관들은 전문적인 자원봉사관리자를 고용함으로써 자원봉사자들을 만족스럽게 관리하고 새로운 자원봉사자들을 개발할 수 있으며, 지역사회와 보다 나은 협력체계를 구축해 나갈 수 있을 것이다.

3) 자원봉사자의 교육의 체계화

자원봉사활동이 세분화, 전문화되어감에 따라 다양한 자원봉사교육과 훈련이 더욱 체계화되어야 한다. 교육은 현재 일회적으로 진행되고 있는 오리엔테이션의 수준을 보강하여 자원봉사의 정신과 자원봉사의 태도에 대한 기초교육을 실시하며, 자원봉사활동의 중요성을 강조하고, 자원봉사자의 특성과 서비스 대상 및 유형을 고려하여 실효성 있는 교육이 되도록 해야 한다(박태영 외, 2009).

여성 취업의 증가, 삶의 질에 대한 관심의 증가, 주당 근무 시간의 축소, 새로워지는 기술과 지식, 노인 인구의 증가 등 사회적 변화로 새로운 자원봉사자들이 개발되고 등장하고 있다. 따라서 이들 자원봉사자가 가진 특별한 지식이나 기술을 활용하는 일은 앞으로 중요한 과제가 될 것이다.

특히 청소년은 자원봉사활동을 통해 다양한 일을 경험하게 되고 새로운 기술들을 배울 수 있게 하는 기회를 제공하여 잠재능력을 발견하고, 자긍심을 갖게 되며, 사회적 책임감, 공동체 의식, 이타심, 문제 해결 능력을 배울 수 있게 된다.

따라서 청소년의 자원봉사활동은 단순한 여가선용 차원에서의 일시적, 즉흥적인 활동이 아니라 최대한의 자발성, 자율성이 존중되고 실천되어야 하며, 이를 위해서는 합리적이고 과학적인 교육이 뒷받침되어야 한다.

예로, 자원봉사활동에 관한 모임을 갖고서 활동에 관한 계획이나 정보에 관해 학생들 각자가 토론하는 시간을 갖도록 하거나 자원봉사 전담교사를 통해 봉사에 대한 개념을 확실하게 교육하고, 자원봉사활동이 필요한 곳과 자매결혼을 맺어 활동할 수 있는 기회를 마련해 주며, 전문기관이나 현장 견학의 실습 기회를 마련해 주는 등의 실천방법이 있다.

자원봉사활동의 많은 부분에 참여하고 있는 대학의 자원봉사자에 대한 교육은 일단 교내의 모든 홍보수단을 이용하여 봉사활동의 필요성과 사례들을 지속적으로 홍보하여 자원봉사에 대한 분위기를 조성하며, 자원봉사의 기본이념에 대한 이해와 활동기법을 체계적으로 제대로 교육하여 봉사활동에 대하여 확고한 신념을 가지고 참여하도록 해야 한다. 그리고 클라이언트의 다양한 욕구에 적절히 대처할 수 있는 능력을 개발하여야 한다(조휘일 외, 2010).

교육의 종류는 필요와 목적에 따라 오리엔테이션, 간담회, 보충교육, 상담, 평가회 등이 있으며, 정규 교과목과 연계되어 각 학과의 특성에 맞는 프로그램을 봉사에 기초한 학습이 되도록 하는 것도 좋은 교육 방법의 하나이다.

결론적으로, 가장 중요한 것은 교육은 계획적이고 지속적으로 이루어져야 한다는 것이다. 자원봉사자에게 다양한 교육의 기회를 통해 자신에게 가장 적합한 업무가 무엇인지 스스로 탐색할 수 있는 기회를 갖도록 하여 자신의 관심과 수준에 맞는 영역에서 봉사할 수 있도록 하는 것이 중요하다.

4) 자원봉사활동 프로그램의 다양화

자원봉사활동 프로그램을 보면 대학생, 주부 일부계층에서 사회복지시설, 의료기관 등 일부분만을 중심으로 사회 취약계층을 위한 봉사로 산발적으로 필요에 따라 기관 자체만을 위한 프로그램 위주로 운영되고 있다. 봉사활동은 단순한 내용을 중심으로 한 일손 돕기, 복지시설 위문, 공공기관의 휴지 줍기 또는 행사보조, 정돈 등의 비전문적인 단순 업무에 머물러 있다(박태영 외, 2009).

그러나 자원봉사활동의 관심이 높아지면서 일부계층에서 주로 이루어지던 것이 다양한 계층(여성, 노인, 청소년, 장애인)과 단체(직장, 사회단체, 동호회 등)로 폭이 넓어짐에 따라 자원봉사활동 프로그램에 대한 한계를 느끼게 되었다. 또한 우리가 흔히 인식하고 있던 보호를 해줘야 하는 대상으로 여긴 노인, 장애인 등 이들도 자원봉사에 참여하고자 하는 의지가 점점 높아지고 있다. 그러나 지금의 자원봉사활동은 이렇게 다양한 인적자원을 제대로 활용하지 못하고 오히려 창의성 개발과 전문성 확대에 걸림돌이 되고 있다. 그리고 새롭게 등장한 자원봉사활동 계층의 사람들은 자원봉사로 단순히 봉사, 헌신의 마음만을 생각하지 않고 더 나아가 자아 성취감을 높이기 위한 하나의 활동으로 여기고 있다. 자원봉사활동을 통해 자신의 역량을 발휘함은 물론, 그로인해 성취감, 만족감을 느낄 수 있게 되며 이로써 자원봉사활동의 동기 부여와 지속성에도 커다란 영향을 주고 있다.

따라서 이들의 능력과 욕구를 잘 파악하여 프로그램을 개발하고 그에 맞는 서비스를 제공할 수 있도록 해야 한다.

5) 자원봉사센터의 운영과 재원의 문제

자원봉사활동은 자율성과 창의성을 바탕으로 민간 중심의 운동으로 이루어지는 것이 바람직하다. 그러나 현재의 우리나라의 행정안정부의 자원봉사센터 운영체계를 보면 전체의 과반수 이상이 관 직영으로 되어 있고, 상근직원의 경우도 공무원이 1/3 이상을 차지하고 있다(류기현 외, 2007). 이는 정부의 과도한 개입으로 자원봉사활동의 자율성과 자발적 시민참여, 전문성에 문제를 일으킬 우려가 있다. 특히 자원봉사센터의 사업운영비가 대부분 지방자치단체의 예산에 편중되다 보니 자원봉사센터의 운영에 대한 지방자치단체의 개입 및 간섭에 따른 부작용을 방지하거나 견제할 수 있는 제어장치가 없다. 따라서 자원봉사센터의 민간 운영을 확대해야 한다.

또 자원봉사센터는 기관특성상 회비나 후원금 모금이 불가하여 재정적 어려움을 겪고 있다. 오늘날 자원봉사의 사회적 가치와 역할 중요성이 점차 증대되고 자원봉사센터가 하나의 사회적 제도로서 발전하고 있음에도 불구하고 이 예산부족 현상은 여전히 개선되지 않고 있다. 자원봉사센터뿐만 아니라 자원봉사단체들 가운데 봉사자들을 위한 별도의 공간을 제공하거나 충분한 예산과 전담인력을 확보하고 체계적인 계획을 수립하여 자원봉사 업무를 추진하는 곳은 많지 않다. 정부는 민간부분의 자원봉사가 보다 짜임새 있는 인프라를 구축하고 효과적으로 단체를 운영할 수 있도록 적절한 예산과 인력의 지원을 강화해야 한다. 특히 교육, 연구 및 협력체계 구축 등을 위해 집중적인 지원이 요청된다.

현재 자원봉사센터의 예산은 전액 국가 지원이 아니기 때문에 센터 운영에 재정적 부담은 항상 중요한 문제로 대두되고 있다. 정부의 경우 자원봉사센터에 국고 및 지방비 보조금, 정부기금 지원 등을 행하고 있으나 그 액수가 부족하여 자원봉사의 활성화를 달성하기 어렵고, 그나마 최근 들어 기업, 학교, 언론, 기타 사회복지 관련기관, 공공부문에서의 지원이 행해지고 있으나 시작단계라고 할 수 있다. 열악한 상황에서 후원이나 기업의 기부문화가 성숙되지 못한 사회문화적 상황을 고려해 볼 때 안정적 예산지원 및 증대가 필요하다(양점도 외, 2010).

따라서 자원봉사활동을 위한 독립재단의 설립으로 안정된 재원을 확보하거나 재정적 안정을 국가가 책임지되 운영에 있어서는 전문적 민간기관이 참여하도록 하는 것이 필요하다. 정부는 자원봉사센터의 재원 확보를 위한 지속적인 노력을 기울여야 한다. 그리고 운영기관은 정부 부담의 재정을 효율적으로 집행하여 최대한 효과를 도출하기 위해 노력해야 할 것이다. 또한, 자원봉사활동을 조정·관리할 수 있는 전문인력의 배치가 무엇보다 중요하다. 그러나 지방자치단체가 직영하고 있는 경우 공무원을 배치하여 자원봉사활동을 일반 행정수준으로 다루고 있으며, 민간단체가 운영하고 있는 센터의 경우에도 직원 처우의 열악성으로 이직률이 높아 전문 인력을 지속적으로 유지하지 못하고 있다(박태영 외, 2009).

우리나라 자원봉사센터 조직의 가장 큰 문제점은 정부 부처별로 지원하는 방식과 운영하는 형태가 다르며, 센터별로 이용대상이 달라 종합적인 지원체계로서의 자원봉사센터의 기능을 수행하는 데는 한계를 내포하고 있다는 것이다. 그러므로 자원봉사센터가 적절한 기능을 수행하기 위해서는 센터별 특성화와 전문화에 기초한 적정한 역할의 설정이 이루어져야 한다. 그리하여 목적에 따른 역할을 결정함으로서 업무의 중복을 피하고, 자원봉사활동의 효율성과 효과성을 증대시킬 수 있을 것이다.

6) 자원봉사활동의 인식의 변화

우리나라에 자원봉사가 많이 활성화되었지만 더 많은 사람들이 자원봉사에 대한 이해를 높이고 참여하기 위해서는 자원봉사에 대한 인식제고가 무엇보다 중요하다.

따라서 자원봉사에 대한 인식을 향상시킬 수 있는 교육교재를 개발하고, 분야별 자원봉사 전문 강사를 훈련·배출하여야 한다. 그리하여 자원봉사는 내가 속한 지역사회의 문제를 해결하기 위해 참여하고 책임감을 느끼는 활동이라는 것을 인식시킬 필요가 있다(김범수 외, 2011).

또한 자원봉사활동은 봉사의식과 책임감 없이 여가시간을 보내기 위해서 일시적, 감상적, 영웅심, 자혜심 등에서 무계획적으로 참여하는 봉사자는 경우에 따라 주어진 일이 마음에 들지 않거나 이해를 잘하지 못하면 사소한 일에도 지나친 반응을 하고, 무책임하게 행동하는 경우가 발생하고 있다(권순종 외, 2010). 이런 폐단을 막기 위해 인식을 바꾸고 활동을 지속시키기 위한 새로운 방법이 필요하다.

현재는 자원봉사활동이 사회복지 분야를 중심으로 이루어지고 있으나, 교육·보건·문화·스포츠·환경보호·공공사업·국제협력 등 사회발전에 필요한 모든 영역으로 확대되어가고 있다.

이에 맞는 새로운 관점의 자원봉사활동에 대한 의미를 새롭게 다져야 할 시기이다.

7) 인정과 보상체계 정립

자원봉사자의 동기부여 및 사기 진작을 위해 봉사활동에 대한 포상이나 적절한 차원의 인정과 보상제도가 필요하다. 이것은 자원봉사활동의 지속성과 바로 직결된다고 하겠다.

자원봉사자의 중도 탈락은 기관의 입장에서 중요한 인적자원의 낭비를 발생하고, 클라이언트의 입장에서는 서비스 제공이 지속되기 어렵기 때문에 불만의 요인이 되며, 기관에 대한 신뢰도에도 크게 작용할 수 있게 되기 때문에 적절한 강화의 방법이 필요하다(류기현 외, 2007).

그러나 대부분의 사회복지시설 및 기관의 재정상태가 빈약한 점을 고려하여 본다면 자원봉사자에 대한 보상체계가 미흡할 수밖에 없다는 사실을 알 수 있다.

인정과 보상은 금전적인 것도 좋으나 자원봉사자의 심리적, 사회적인 관점에서 이루어지는 것이 효과적이다. 예를 들어 상장이나 상패를 수여하여 책임감과 자부심을 높여주거나, 편안히 휴식을 취할 수 있는 작은 공간의 제공, 적절한 칭찬과 고마움 표시, 지역신문이나 기관지에 우수 봉사자로 선정하여 보도, 가족과 함께하는 축하파티 등을 들 수 있고, 경력이 많은 자원봉사자에게는 프로그램 기획 시 참여하게 하거나, 신입 자원봉사자에게 프로그램에 대한 오리엔테이션을 교육할 수 있는 기회를 제공해 주는 것이다.

또한 자원봉사활동에 대한 사회적 경력을 인정할 수 있도록 제도적으로 평가체계가 마련하는 것도 좋은 방법이라 할 수 있겠다.

자원봉사활동은 새로운 봉사자를 개발하는 것도 중요하지만 그와 아울러 기존의 자원봉사자를 지속적으로 활동시키는 것 또한 중요하다.

따라서 인정과 보상은 자원봉사기관의 특성과 활동하는 자원봉사자의 욕구와 특성을 고려하여 개별화, 다양화될 필요가 있다.

참고문헌

권순종 외(2010). 자원봉사론. 경기: 양서원.

김동배 외(2010). 자원봉사의 이해. 서울: 학지사.

김범수 외(2011). 자원봉사론. 서울: 학지사.

류기현 외(2007). 자원봉사론. 경기: 양서원.

박태영 외(2009). 자원봉사론. 경기: 공동체.

서울사회복지사협회(www.sasw.or.kr)

서울자원봉사센터(www.volunteer.seoul.go.kr)

양점도 외(2010). 자원봉사론. 경기: 양서원.

전국자원봉사센터중앙회(www.kfvc.or.kr)

전대성(2006). 지역사회복지 서비스 향상을 위한 자원봉사활성화에 관한 연구. 단국대 박사논문.

정옥경(2007). 한국 노인의 자원봉사활동 실태와 활성화 방안에 관한 연구. 광의여대 석사논문.

조휘일 외(2010). 자원봉사론. 경기: 공동체.

한국사회복지사협회(www.e-educampus.co.kr)

한국자원봉사관리협회(www.kavm.or.kr)

한국자원봉사교육협회(www.kvea.or.kr)

한국자원봉사협의회(www.vkorea.or.kr)

저자소개

구재관 연성대학교 사회복지과 교수

권향임 백석문화대학교 사회복지학부 교수

김근아 김근아가족치료 연구소장, 한국군사회복지학회 부회장

김남용 서울시립 성동노인종합복지관 총괄부장

김현옥 백석문화대학교 사회복지학부 겸임교수

박성석 백석문화대학교 사회복지학부 교수

박정숙 선문대학교 겸임교수

이민숙 과천종합사회복지관 사회복지연구소장, 삼육대학교 사회복지학과 강사

이영실 성결대학교 사회복지학부 교수(사회복지대학원장, 안양시수리장애인종합복지관장 역임)

조미숙 삼육대학교 사회복지학부 사회복지학과 교수

자원봉사론

초판 1쇄 인쇄 2013년 6월 19일
초판 1쇄 발행 2013년 6월 27일

지은이 | 구재관·권향임·김근아·김남용·김현옥·박성석·박정숙·이민숙·이영실·조미숙
펴낸이 | 김기섭
편집인 | 오경미
펴낸곳 | 창지사 www.changjisa.com
153-802 서울특별시 금천구 가산디지털 1로 83 파트너스타워1차 9층
전화 (02) 719-2211~3
팩스 (02) 701-9386
등 록 | 1977년 4월 28일·제1-421호

ISBN 978-89-426-2246-7 (93330)

값 17,000원